本书内容，经历了三次"双流金马河历史文化研究会"的探讨评议。参加会的专家教授和领导及学者有：

谭继和　四川省社会科学院研究员　四川省历史学会会长　享受国家特殊津贴专家

祁和晖　西南民族大学文学院教授　四川杜甫研究学会副会长　享受国家特殊津贴专家

彭　华　四川大学历史文化学院　古籍整理研究所教授

王泽枋　双流区原政协副主席　《双流县志》副总编辑　资深文史专家

陈伟芳　双流区原文联副主席　知名文史专家

熊德成　双流区原档案局（馆）副局长　文史档案专家

刘泽夫　双流区委宣传部副部长　区文联主席　《双流县志》总编辑

陈廷刚　双流区金桥镇党委书记

钟胜生　双流区文化旅游体育局副局长

高存勇　双流区档案局（馆）副局长

李玉虎　双流区政协文史委副主任　《双流文史资料》编辑

李思健　双流区委史志办地方志编撰科科长

李　国　双流区文物管理考古队队长　考古专家

刘贤虎　双流区空港融媒体记者　金马河历史文化研究者

伍兴德　双流区楹联诗词学会名誉会长　金马河历史文化研究者

魏鸿斌　双流区楹联诗词学会会长　金马河历史文化研究者

李文旭　双流区楹联诗词学会副会长　金马河历史文化研究者

陈世云　双流区剪纸艺术大师　金马河历史文化研究者

蒋剑康　金马河历史文化考察研究者　本书作者

作者简介

蒋剑康,双流擦耳岩人,生于1954年,在金马河边长大。1976年经推荐到重庆电力学校读书,工作后自修四川自修大学汉语言文学专业,1988年考入北京大学读书,毕业后在国电企业工作至退休。2014年开始对岷江金马河进行考察,写有十余篇考察研究文章(包括十余万字的考察纪实等),多篇文章被成都、双流等地媒体转载。

认识金马河

蒋剑康 著

四川大学出版社

项目策划：张伊伊
责任编辑：张伊伊
责任校对：袁　捷
封面设计：墨创文化
责任印制：王　炜

图书在版编目（CIP）数据

认识金马河 / 蒋剑康著． — 成都：四川大学出版社，2020.7
ISBN 978-7-5690-3783-8

Ⅰ．①认… Ⅱ．①蒋… Ⅲ．①文化史－成都 Ⅳ．① K297.11

中国版本图书馆 CIP 数据核字（2020）第 114554 号

书　名	认识金马河 RENSHIJINMAHE
著　者	蒋剑康
出　版	四川大学出版社
地　址	成都市一环路南一段 24 号（610065）
发　行	四川大学出版社
书　号	ISBN 978-7-5690-3783-8
印前制作	四川胜翔数码印务设计有限公司
印　刷	成都国图广告印务有限公司
成品尺寸	170mm×240mm
印　张	15.5
字　数	290 千字
版　次	2020 年 7 月第 1 版
印　次	2020 年 7 月第 1 次印刷
定　价	92.00 元

◆ 版权所有 ◆ 侵权必究

扫码加入读者圈

四川大学出版社
微信公众号

◆ 读者邮购本书，请与本社发行科联系。
　电话：（028）85408408/（028）85401670/
　（028）86408023　邮政编码：610065
◆ 本社图书如有印装质量问题，请寄回出版社调换。
◆ 网址：http://press.scu.edu.cn

序　言

彭　华

关于人类文明，英国历史学家汤因比（Arnold Joseph Toynbee，1889—1975）有过一个宏观论断：人类文明的产生是自然环境选择的结果，优越的自然环境是文明产生的温床，而大江大河之畔往往是人类文明产生的沃土。① 就中华文明而言，就巴蜀文明而言，其情形亦大致如此。

关于中华文明的起源问题，学术界的认识有一个渐进的过程。过去的观念认为，黄河是中华民族的摇篮，中华文明发源于黄河流域。到了后来，随着长江流域考古发掘工作的开展与深入，于是有人提出长江也是中华民族的摇篮。再到后来，学者们又发现，东北、西北、西南、东南等地的考古学文化也颇为灿烂。于是，有人提出了"满天星斗"说，认为中华文明是遍地开花、到处结果。到目前为止，学者们大都认为，考古学家苏秉琦（1909—1997）提出的"考古学文化的区系类型"说最具有说服力。② 辽河流域的红山文化是典型的水系文明，良渚文化更是地处水乡泽国，新近发现的"河洛古国"就在黄河南岸③，而巴蜀文明也离不开江河。

四川地处长江发源之地的上游（江之源），而古蜀文明是名副其实的"江源文明"。大禹治水，"岷山导江，东别为沱"（《尚书·禹贡》），这是广为人知的史事。天下闻名的三星堆遗址、金沙遗址，均位于河流之畔（鸭子河、摸底

---

① 汤因比：《历史研究》（修订插图本），刘北成、郭小陵译，上海：上海人民出版社，2000年版。
② 苏秉琦、殷玮璋：《关于考古学文化的区系类型问题》，《文物》1981年第5期。苏秉琦：《华人·龙的传人·中国人——考古寻根记》，沈阳：辽宁大学出版社，1994年版。苏秉琦：《中国文明起源新探》，北京：生活·读书·新知三联书店，1999年版。
③ 双槐树遗址在河南省巩义市河洛镇双槐树村，位于黄河南岸以南2公里、伊洛河东4公里。遗址东西长约1500米，南北宽约780米，残存面积达117万平方米。经考古勘探发掘和科学测年确认，其为距今5300年左右仰韶文化中晚期的一处具有中心聚落性质的都邑遗址，被学者称为"河洛古国"。

河）。而李冰主持修建都江堰，使四川盆地成为"沃野千里"的"陆海"与"天府"，千百年来一直造福蜀人。诚如常璩《华阳国志·蜀志》所说，"（李）冰乃壅江作堋，穿郫江、检江，别支流双过郡下，以行舟船。岷山多梓、柏、大竹，颓随水流，坐致材木，功省用饶；又溉灌三郡，开稻田。于是蜀沃野千里，号为'陆海'。旱则引水浸润，雨则杜塞水门。故记曰：水旱从人，不知饥馑，时无荒年，天下谓之'天府'也"。

研究古蜀文明，自然离不开岷江水系。史学大师蒙文通（1894—1968）在研究古地理、古民族、古文化之时，亦尝留意江河。根据蒙文通的考证，古蜀"二江"就是郫江、流江，就是《尚书·禹贡》之江、沱。[①] 在当代，亦不乏研究岷江流域历史文化的论著。[②] 而即将付梓印行的《认识金马河》，也是其中一部有分量、有特色而且别开生面的著作。

金马河是属于岷江水系的一条大河，是流淌在成都平原上的重要河流，是成都人民的母亲河之一。但是，由于金马河自身的变化和历史记载的复杂[③]，以致世人对金马河的真实历史（自然历史与人文历史）已经认识不清了。比如说，关于金马河自都江堰到新津所流经的五个县市，都江堰、双流、新津、温江、崇庆诸地县志的记载便各不相同，以致读者无所适从。至于金马河的历史文化，世人的认识也是不清楚的，留下了许多空白。

《认识金马河》的作者蒋剑康先生，是一位执着于地方历史文化研究的有心人。自2014年退休以来，为了弄清楚金马河的真实面貌，他多次自费考察金马河。经过调查、比对、研究和写作，逐渐形成了一部近30万言的著作。这是可喜可贺的好事，我为他感到由衷的高兴。

《认识金马河》分为上下两篇。上篇"揭开金马河神秘面纱"，主要钩沉的是金马河的历史文化；下篇"旅游优势显著的金马河"，主要是为金马河的旅游蓝图进行了规划设计。作者的研究，为我们揭示了金马河深厚的历史文化；作者的规划，为我们展示了金马河美好的旅游蓝图。

《认识金马河》展示了金马河全面而独特的风貌，使我们从多个维度立体地认识了金马河的三副面孔：

第一，魅力不凡的金马河。

---

① 蒙文通：《成都二江考——附论大城、少城、七桥、十八门》，《蒙文通全集》（四），成都：巴蜀书社，2015年版。
② 如，冯广宏：《岷江志》，成都：四川省水利电力厅，1990年版。冉光荣、工藤元男：《四川岷江上游历史文化研究》，成都：四川大学出版社，1996年版。
③ 由于都江堰内江等的层层分水，历史上的金马河时而大河、时而小河、时而正流、时而支流，故而文献中便有不同的记载。

金马河有诸多神奇之处，展示了她非同凡响的魅力。比如，关于擦耳岩古渡小镇，便有着许多传奇故事（与杨遇春有关）。又如，在金马河上，有不用人工撑船划桨，而借助河水流动之力驾船摆渡的千年奇观——"筜索挂船，借力驾船"，这就是陆游所说的"断筰飘飘挂渡头，临江立马唤渔舟"（《自江源过双流不宿径行之成都》）。再如，金马河上曾有川西平原的第一廊桥——双流擦耳岩廊桥。

双流擦耳岩廊桥的照片曾被收入《中国名胜》画册，作为国家礼品赠外国。根据画册中的照片显示，廊桥有 48 间桥楼，长约 200 米。由此可见，双流擦耳岩廊桥确实是川西平原上的美丽廊桥，并且堪称"第一"。

第二，文化深厚的金马河。

与金马河历史文化有重要关联的历史人物，有东晋的常璩（约 291—361）、唐朝的王勃（649—675，或 650—676）与杜甫（712—770）、宋朝的陆游（1125—1210）等，以及安息在金马河畔的晚清四川大儒刘沅（1768—1855）、清末学部左丞乔树枏（1849—1917）、中国近代词人乔大壮（1892—1948）等。在此，不妨重温一下其中的两首经典诗篇：

王勃《送杜少府之任蜀州》："城阙辅三秦，风烟望五津。与君离别意，同是宦游人。海内存知己，天涯若比邻。无为在歧路，儿女共沾巾。"这是脍炙人口的诗句，世人早已耳熟能详。

陆游《自江源过双流不宿径行之成都》："断筰飘飘挂渡头，临江立马唤渔舟。少城已破繁华梦，老境聊寻汗漫游。斜日驿门双堠立，早霜风叶一林秋。诗材满路无人取，准拟归骖到处留。"根据《认识金马河》作者考证，陆游所走的是一条到成都的"捷径"，而这条捷径的必经之路是双流擦耳岩，即在擦耳岩"唤渔舟"摆渡过河。

第三，前景广阔的金马河。

作者立足当下，既回顾金马河的过去，又展望金马河的未来。在作者看来，"金马河双流河畔呈现显著的旅游区位优势"，并且"已具备基本发展条件"，故而构拟了"最适合开发打造的旅游景区公园及项目"等，如风烟望五津公园（简称五津公园）、擦耳岩红色广场、岷江主题雕塑公园等。

《认识金马河》显示了作者的治学特色与运思风范。我认为，大约有以下两点：

第一，文献记载与实地考察相结合。

地方人士研究地方历史，有一个独到的优势——"地利"。这一独到的"地利"优势，是外地人士不具备的。《认识金马河》的作者曾经多次实地调查金马河两岸，从而为其准确考证金马河的历史地理提供了宝贵的依据。仅举一例：

《华阳国志·蜀志》中记载："其大江，自湔堰下至犍为有五津：始曰白华津；二曰皂里津；三曰江首津；四曰沙头津……五曰江南津。"关于"五津"，当代学者的看法存在分歧。①《认识金马河》的作者经实地调查后认定，"五津"就是金马河上的五个著名大渡，而"五津"中的沙头津（涉头津）就是双流擦耳岩古渡。其考证学理性强，证据充分，论证严谨，我认为是可信的。

第二，学术研究与学以致用相结合。

"经世致用"，是中国的悠久传统；"学以致用"，是国人的孜孜追求。《认识金马河》的作者曾长期从事企业管理工作，拥有丰富的经验，故而能娴熟地规划金马河的旅游文化蓝图。这一长处，充分体现在《认识金马河》的下篇之中，在此无需赘述。

总体看来，《认识金马河》厘清了金马河的历史脉络，揭示了金马河的历史文化，展示了金马河的丰厚内涵，弥补了这一区域研究的空白。也就是说，这是一部不错的著作！

对于想了解金马河历史文化的人而言，对于关心金马河未来发展的人而言，《认识金马河》无疑是值得一读的好书。

是为序。

2020 年 6 月 6—7 日于四川成都

彭华，字印川，四川丹棱人。华东师范大学历史学博士，四川大学古籍整理研究所教授，中国先秦史学会常务理事。主要从事先秦秦汉史、近现代学术史以及中国儒学、巴蜀文化研究。著有《燕国八百年》《阴阳五行研究（先秦篇）》《印川集：蜀学散论》等。

---

① 常璩：《华阳国志校补图注》，任乃强校注，上海：上海古籍出版社，1987 年版。常璩：《华阳国志新校注》，刘琳校注，成都：四川大学出版社，2015 年版。

目 录

上篇　揭开金马河神秘面纱 ……………………………………… 001

第一章　从扑朔迷离到脉络清晰的金马河历史 …………………… 003
　一、五《县志》对金马河历史的不同记载 ………………………… 004
　二、对金马河的历史考察 …………………………………………… 006
　三、金马河被层层分水 ……………………………………………… 012
　四、金马河分水后出现四大特征 …………………………………… 014
　五、对金马河的历史误解 …………………………………………… 017
　六、认清金马河真实历史的突破口 ………………………………… 023
　七、金马河主要图示 ………………………………………………… 026
　八、清晰的金马河历史 ……………………………………………… 041

第二章　文物佐证五津之涉头津为双流擦耳岩古渡 ……………… 045
　一、五津热议 ………………………………………………………… 045
　二、五津考证 ………………………………………………………… 047
　三、擦耳岩出土文物的涉头津信息 ………………………………… 053

第三章　金马河上的中国名胜廊桥 ………………………………… 057
　一、发现，120年前擦耳岩廊桥 …………………………………… 057
　二、晚清，成都川西平原三廊桥 …………………………………… 060
　三、考察，确定了擦耳岩廊桥的具体位置 ………………………… 062
　四、如今，三廊桥何时再比肩 ……………………………………… 064

第四章　不用人撑船划桨的天下神奇古渡 ………………………… 066
　一、摆渡背景 ………………………………………………………… 066
　二、摆渡方法 ………………………………………………………… 067
　三、原理分析 ………………………………………………………… 070

四、环境条件 ·· 073
　　五、摆渡历史悠久 ··· 074
　　六、创造全新纪录 ··· 075
　　七、与赵州桥历史文化之比较 ··· 077
　　八、陆游诗对古渡历史的考证价值 ··· 079

第五章　金马河擦耳岩奇观 ·· 082
　　一、金马河最窄河道 ··· 082
　　二、神秘的河堤奇观 ··· 083
　　三、金马河的传说 ·· 085

第六章　擦耳岩小镇传奇 ··· 091
　　一、擦耳岩之名 ··· 091
　　二、擦耳岩历史记载辩误 ·· 094
　　三、一江一路交汇的古渡小镇 ··· 097
　　四、曾经的岁修之都 ··· 101
　　五、被座座庙宇包围的民国宗教文化特色 ···································· 103
　　六、碉堡坡坡的三重记忆 ·· 105
　　七、菩萨被关禁闭活埋的擦耳岩学校 ··· 108
　　八、大朗和尚化缘而来的河 ··· 110
　　九、设计成都保路纪念碑的擦耳岩人王枘 ··································· 112
　　十、成都十二桥革命烈士徐茂森、徐海东 ··································· 114
　　十一、傍晚，擦耳岩河边响起枪声 ·· 116
　　十二、擦耳岩街的现代传奇：最穷最富有的冷街鬼镇 ··················· 123

第七章　数次管辖金马河的川西古镇彭家场 ····································· 128
　　一、多次分合的彭家场 ·· 128
　　二、悠久的历史文化 ··· 129
　　三、第一春波桥 ··· 130
　　四、观音阁老茶馆 ·· 131
　　五、我与彭家场 ··· 133

第八章　金马河的历史文化人物 ·· 135
　　一、常璩：记载大江金马河　注解五津涉头津 ····························· 135
　　二、王勃：海内存知己　风烟望五津 ··· 136
　　三、杜甫：观搭临时竹桥　透金马河水枯 ··································· 136
　　四、陆游：过笮索挂船渡　自江源去成都 ··································· 137

第九章　静默于金马河畔的乔大壮、刘沅两家文化名人墓 ······ 139
　　一、乔树枏与乔大壮 ······ 140
　　二、乔家祖茔的百年岁月 ······ 142
　　三、刘沅及后人 ······ 160
　　四、刘沅珍藏及槐轩活动 ······ 164

下篇　旅游优势显著的金马河 ······ 167

第十章　金马河双流河畔呈现显著的旅游区位优势 ······ 169
　　一、显著的旅游集散中心地理位置 ······ 169
　　二、独特的历史文化旅游资源 ······ 170
　　三、宽阔的两岸河湾沙滩空间 ······ 170
　　四、方便快捷、四通八达的交通路线 ······ 172

第十一章　我省旅游线路模式出现难以避免的发展弊端 ······ 173
　　一、我省旅游线路辐射特征 ······ 173
　　二、难以避免的发展弊端 ······ 174
　　三、中心城区环境恶化迫使旅游集散中心转移 ······ 175

第十二章　双流河畔发展旅游业的主客观需求和连带效应 ······ 177
　　一、城市化发展的需要 ······ 177
　　二、成都发展卫星城市的需要 ······ 178
　　三、本地区域发展的需要 ······ 179
　　四、发展的连带效应 ······ 179
　　五、对相关产业的吸附和带动 ······ 181

第十三章　金马河双流河畔已具备基本发展条件 ······ 182
　　一、金马河已消除水灾威胁 ······ 182
　　二、成都市政府对岷江金马河的规划 ······ 183
　　三、我省旅游线路模式"金三角" ······ 183

第十四章　金马河双流河畔明确清晰的城市功能定位 ······ 185
　　一、旅游集散和旅游游览是发展成旅游之都的功能性定位 ······ 185
　　二、旅游周转集散功能 ······ 186
　　三、旅游游览功能 ······ 188
　　四、旅游之都功能概要图示 ······ 188

第十五章　最适宜开发打造的旅游景区公园及项目等 ······ 189
　　一、风烟望五津公园（简称五津公园）······ 189

二、公园里可开发打造的景点景物 ……………………… 190
三、开发打造"风烟望五津公园"的现实价值 …………… 195
四、擦耳岩红色广场 ……………………………………… 195
五、擦耳岩古渡镇 ………………………………………… 197
六、岷江主题雕塑公园 …………………………………… 199
七、岷江河堤长廊 ………………………………………… 202
八、岷水湖十里水街 ……………………………………… 204
九、标志性建筑风景 ……………………………………… 206
十、岷江夜游文化 ………………………………………… 206

后记 ……………………………………………………… 209
主要参考资料 …………………………………………… 229

上 篇
揭开金马河神秘面纱

第一章
从扑朔迷离到脉络清晰的金马河历史

本章提要：历史既有对金马河是支流、小河、在某河起水等的不同记载，也有它是岷江正流、大江等的记载，这些复杂而又扑朔迷离的记载，导致人们对金马河的历史认识不清。金马河流经的五个县市，其《县志》有不同的历史记载，致使人们至今都没有弄清楚金马河的真实历史。笔者经过五年多考察研究分析，最终找到了对金马河产生误解误读的根源所在，从而弄清了金马河的真实历史，厘清了金马河的历史脉络，力图为读者呈现一条历史清晰的金马河。

图1-1 金马河擦耳岩

金马河是成都西边，都江堰至新津的一段岷江主流河，俗称金马河。修都江堰以前，金马河就是古岷江，修都江堰后，为岷江主流河道。

根据成都市河长制办公室《河湖水系》一文：从都江堰外江闸至新津县南河汇合口河段称金马河，河段长81公里，平均比降3.5‰，河宽300~500米，最宽处广滩达 1200 米。

对金马河的河长,各记载没有统一说法,有说 76.1 公里的,有说 79 公里的。不过,这只是各自所说的起点和终点不一致而已。这里暂以新近的成都市河长制办公室的"81 公里"为准。

金马河河长不统一,还可说清楚。但金马河的历史,没有统一的认识和记载,就让人迷糊了。金马河从都江堰流到新津,流经的五个市县其《县志》对金马河的历史记载各不相同,归纳起来,共有三种截然不同的记载。有记载说金马河是岷江正流,有记载说金马河是被 1933 年的叠溪地震后的洪水冲宽变成岷江正流的,有记载说 1933 年又成岷江正流的。

县志是地方文史权威,其真实性是不容质疑的。但若五《县志》的记载都是真实的话,那么,金马河的历史究竟又以哪种说法为准呢?

时至今日,只有 81 公里长的金马河,其历史竟然如此扑朔迷离,让人看不清它的真面目,这种现象实属奇怪。

我是在金马河边玩着水长大的。凡是金马河边的人,都认为金马河自古就是大江大水的岷江,绝不可能九十年前(1933 年地震洪水)还是条小河。因为,两岸宽阔的河滩水洼沙洲,厚实的卵石沙层等,无不说明,金马河是条古老的自然河流。没有上千万年的洪水冲击积沉,是不可能有这样的情形的。但说金马河以前是小河,1933 年才被洪水冲宽河床变成岷江正流的话,这就让我不理解了。退了休回到家乡,我常来到金马河边看看。我想弄清楚,这究竟是怎么一回事,于是我开始了考察。

让我们从五《县志》的记载说起吧。

一、五《县志》对金马河历史的不同记载

都江堰市的《灌县志》记载:岷江在都江堰分为内、外二江,外江为岷江正流。灌县旧志称为正南江,今称金马河。《都江堰志》记载:岷江干流(金马河段)是自然河道。都江堰渠首以下至新津大桥称"外江",又称"金马河"。《都江堰市志(1986—2005)》只记载岷江,不记载金马河,说明岷江就是金马河了。

温江区的《温江县志》记载:金马河的名称,见诸《蜀水考》:"流汶二江之源,其正派曰金马河",又说:"江水东南流至温江县西为金马河,即皂江正流也。"清末,羊马河变成岷江干流,金马河改由此河起水。民国二十二年(1933),叠溪洪水暴发,金马河河床被冲宽,又成岷江干流。《温江县志(1986—2005)》,不再记载金马河的历史了。

图1-2 《灌县志》相关记载

图1-3 《温江县志》相关记载

崇州市的《崇庆县志》记载：金马河系岷江正流，金马河于1933年叠溪洪水后，河面逐渐加宽，过去它是灌排相兼河道，现在主要作为排洪河道。《崇州市志（1986—2000）》中，对金马河的记载，与《崇庆县志》完全相同。

图1-4 《崇庆县志》相关记载

双流区的《双流县志（1911—1985）》中记载：清初，金马河在温江玉石堰下与石鱼河分流，时为小河。清末，羊马河是岷江干流，或有羊马大河之称。1933年（民国二十二年）岷江暴发大洪水后，金马河河床被冲宽，变成岷江正流。

图1-5 《双流县志》相关记载

新津区的《新津县志》（1989年版）记载：清初，金马河在温江玉石堰下与石鱼河分流，时为小河，与杨柳河并流。清末，当羊马河变成岷江干流时，金马河改由羊马河起水。民国二十二年，叠溪洪水暴发后，金马河被冲宽，形成了岷江正流。《新津县志（1986—2005）》中，不再记载金马河以前的历史了。

图1-6 《新津县志》相关记载

从以上五《县志》的记载看出，《灌县志》和《崇庆县志》，认为金马河历史上就是岷江正流；《温江县志》则认为，1933年洪水冲宽金马河，又成岷江正流，其言外之意，金马河以前曾是岷江正流；《双流县志》和《新津县志》记载一致，都认为金马河以前是小河，1933年才冲宽成岷江正流的。

短短81公里的金马河，流经成都平原五市县，而五《县志》对其历史认识不一致，记载不一样，扑朔迷离的金马河，究竟是怎么回事呢？

对此，我也深感迷惑，久久解不开其中之谜。

我只能从考察中去寻找金马河历史真实的答案了。

二、对金马河的历史考察

我从三个方面入手，对金马河进行考察。一是水利专家，听听他们是怎么说的；二是实地考察，了解金马河两岸的实际情况；三是查阅历史记载。

（一）水利专家

水利专家是权威，金马河的历史是怎样的呢？这自然应该听听都江堰水利专家的说法。

谭徐明①是都江堰水利史专家。据谭徐明著《都江堰史》记载："638年至今，岷江上游流域有记载的7次以上或更高的强地震发生过4次，近代如1933年的叠溪地震，形成堰塞湖泊后发生溃坝洪水，导致了成都平原最大的地震次生灾害——洪水灾害。"

洪水汹涌而下，摧枯拉朽，金马河就是在无数次地震洪水冲击下形成的岷江自然河道。2008年的汶川地震也形成了堰塞湖，但被现代科学技术和先进的社会生产力给消除了，否则又是一次地震洪水对金马河的冲击灾害。

水利专家谭徐明告诉我们，金马河自古就是岷江，是岷江上游的地震洪水，在成都平原上冲击形成的自然河流。岷江上游是龙门山地震带，千万年中发生过无数次地震。

金马河是岷江从都江堰到新津的一段河流，是岷江出灌县，经地震洪水冲击形成的一段较直的自然河流。

图1-7 都江堰至新津的岷江金马河

根据专家的说法，金马河是成都平原上的岷江，是由于多次地震洪水在平原上自然冲击形成的古河道。

（二）实地考察

改革开放以来，金马河为成都地区的发展建设提供了大量的河沙卵石建路原料，说明金马河是条历史久远的古老河流。原来的金马河河道，是宽阔平坦浅浅的河道，现在的金马河河道，是硬生生挖走砂石，掏出来的一条深河道。原擦耳大桥，就是因河沙石被淘走，不得不又重建的一座大桥。

---

① 谭徐明，女，成都人，中国水利学会水利史研究会秘书长，水利史研究所所长，博士生导师，都江堰水利史专家，著有两本不同版本的《都江堰史》：一本为2004年科学出版社出版，另一本为2009年中国水利水电出版社出版。

图 1-8　金马河两岸大量沙石为成都地区建设所用

金马河两岸宽阔的河湾沙洲,如今多被开发利用。如都江堰下金马河边的翠月湖,就是当年四川省电力系统的子女上山下乡,利用金马河边宽阔的河湾沙洲,办起农场,开荒种地,后成了电力系统的疗养院。现为翠月湖风景旅游区。

图 1-9　金马河上游的翠月湖、金桥镇的十里养鱼场、沙洲种植地等

双流金桥镇下游金马河东岸的十里养鱼场，河西的沙洲地等，都是金马河两岸宽阔的河湾沙滩，现在都还有大量等待开发的沙石地。

（三）历史记载

尽管有《县志》记载金马河是小河支流，但《都江堰文献集成》等文献也有记载金马河为岷江正流的。

金马河，曾称郫江、皂江、正南江等。金马河名，早见于公元1728年的清代《古今图书集成》成都府疆域图中的金马河标注，说明金马河之名，在1728年以前就存在了。1800年，清代陈登龙《蜀水考》有"流汶二江，其正派曰金马"，金马河有了书面文字记载，也记载了金马河为岷江正流（正派即正流）。

以下选录一些文献中关于金马河为岷江正流的记载。

> 大江：源出岷山，北自茂州汶川县流入；东南经灌县西、崇庆县东，又东南经新津县东，又东南入眉州彭山县东；亦称岷江。《明统志》：大皂江在温江县治西南。旧《志》：大皂江本岷江正流；自离堆凿后，始以流江为正流；而以此为南江。按：自汉以来，皆以李冰所凿、经成都为大江；其南流者为"郫水"；得谓之"入江"。《汉志》云：江原县"郫水首受江，南至武阳入江"是也。《元和志》以郫江即皂江，与温分为二（笔者注：金马河在温江石鱼河分流）；又与流江互称大江。《寰宇记》讹称郫为"鄂"。其源流皆未明晰。宋、元以来，始专以皂江为正流。近时南流数道，有金马、洋马、白马诸名，而皂江之名又混。
>
> 以今考之，江水自汶川流经灌县，称呼沫江。经县城西，东南流，东分为沱江。稍南，分一支入崇庆州界；其流又分二派：一经州东为白马河；一经州西为西河，即味江也。江水又东南，东分为油子、走马河，即成都之二江也。其南分者曰洋马河；亦入崇庆州界。江水又东南，至温江县西，为金马河；南流入新津县。金马河之东，又分一支，历温江县南、双流县西，为杨柳河。杨柳河之东，分一支经双流县城西，数派分流，皆合于新津县东北。又南流入眉州彭山县界，与成都之二江会。旧《志》或以白马河为皂江；或以洋马河为郫江。按诸派中，唯金马河在温江县西，与《元和志》合。《新津县志》云：岷江正流派为金马河，自温江县东南流，经双流县西，又二十里

经县北界,又南二十里合洋马河、西河;至县东门外,又合南河;又五十里,入彭山县界。据此,当金马河为皂江正流也。①

金马江:在治西二十里……按皂江南注,本岷江正流。自离堆凿后,乃以流江为正流。金马江,皂江支流也。② 意为:金马江本岷江正流,自修都江堰后,内江为正流。但金马江也是当时双流境内的最大河流,然后才是杨柳江、新开江等,是双流的三大河流。《双流县志》为清嘉庆十九年(1814)篡修。

金马江:即大江正流,亦曰岷江,亦曰皂江。③《温江县乡土志》为宣统元年(1909)篡修。

金马江,即大江正流,亦曰岷江,亦曰皂江。④

大江:在县东北,今名金马河。即皂江,古之郫江,岷江正流也。⑤《新津县志》修于清道光九年(1829)。

金马江,在治西二十里。源出都江堰,经温江刘家濠入县界。迤南注新津、彭山;即岷江正流也。……据《华阳国志》,李冰治水,酾二渠。二渠即内外二江也。外江以金马江为正流,古统名皂江;在灌县为正南江;经温江入县界,为金马江。⑥《双流县志》重修于民国十年(1921),重刊于民国二十六年(1937)。

外江则金马江,岷江之正流也,由其旧源呼之,亦曰皂江。⑦

金马江者,岷江正流也。⑧

金马河:在治西南,由温江刘家濠入县界,下注新津、彭山,合

---

① 和珅等:《大清一统志》,转引自冯广宏:《都江堰文献集成》(历史文献卷·先秦至清代),巴蜀书社,2007年版,第320~321页。
② 汪士侃等:《双流县志》,转引自冯广宏:《都江堰文献集成》(历史文献卷·先秦至清代),巴蜀书社,2007年版,第530页。
③ 曾学传等:《温江县乡土志》,转引自冯广宏:《都江堰文献集成》(历史文献卷·先秦至清代),巴蜀书社,2007年版,第534页。
④ 四川省地方志编纂委员会:《四川历代方志集成》第二辑(10),国家图书出版社,2015年版,第210页。
⑤ 王梦庚、陈霁学等:《新津县志》,转引自冯广宏:《都江堰文献集成》(历史文献卷·先秦至清代),巴蜀书社,2007年版,第552页。
⑥ 双流县旧志丛书整理委员会:《双流县志》(民国版),中国文史出版社,2014年版,第14页。
⑦ 双流县旧志丛书整理委员会:《双流县志》(民国版),中国文史出版社,2014年版,第405页。
⑧ 四川省双流区地方志编纂委员会:《双流县志》(1911—1985),四川科学技术出版社,2016年版,第775页。

岷江。县属金马河、杨柳河、新开河皆源于岷江，而金马河水大，两岸之地，连年坍损，尝语人曰："人望高来水望低。今东流低则决而东，东岸崩矣。西流低则决而西，西岸塌矣。皆粮地也，弃之可惜，且为累。吾为尔计：须于冬春水涸时，就河中间浅处淘深，导使中流。两岸水冲处，急作支篓以撇开水势。且下可保不再坍。更每年修淘，将渐次淤起，仍可垦种矣。"①

上述金马河的岁修记载，说明金马河是大江大河大水的岷江正流。

民国版的《双流县志》中有张民国九年绘制的全县地形图，清楚地绘制出金马河河道宽阔，河湾沙滩密布，说明金马河并非小河，而是大江大水的大河。

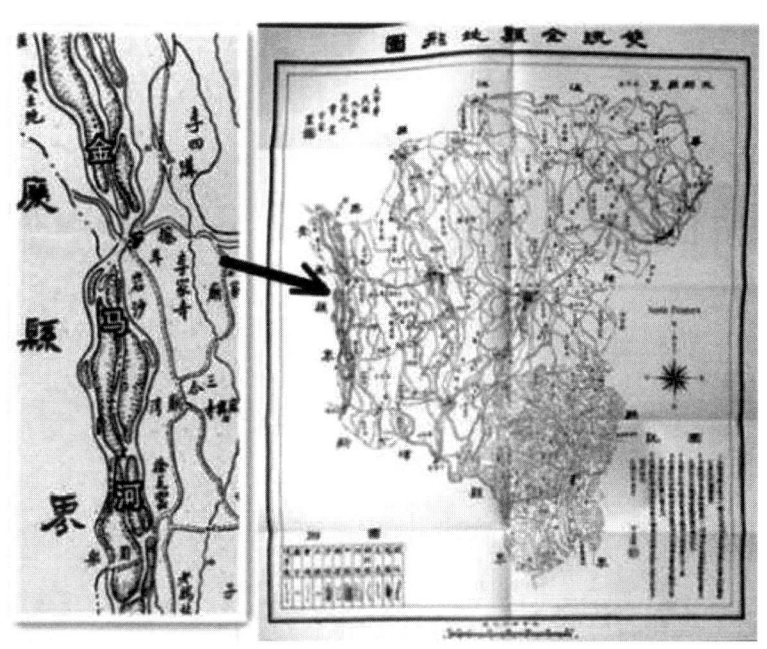

图1-10 《双流县志》民国九年绘制的全县地形图

根据以上考察，说明金马河就是岷江正流，并非"支流""小河"等。特别是民国九年（1920）绘制的双流全县图，其中金马河的河形图，非常说明问题。《大清一统志》中也说，历史对岷江正流的记载杂乱纷纷，但最终归结认为，岷江正流为金马河。

---

① 双流县旧志丛书整理委员会：《双流县志》（乾隆版），中国文史出版社，2014年版，第7页。

三、金马河被层层分水

考察中发现，金马河不光是都江堰内江分水，还经历了以下的层层分水。

古代蜀地成都平原非涝即旱，有"泽国""赤盆"之称。为治理岷江水患，李冰修建都江堰分岷江水，公元前256年都江堰建成，从此，岷江水被分流，成都平原成了"水旱从人，不知饥馑"的天府之国。岷江在都江堰分为内外江后，外江金马河又被层层分水了。

（一）都江堰第一层次内江分水

李冰凿离堆开宝瓶口分岷江水，宝瓶口成内江，金马河为外江。都江堰一江变二江，形成第一层次分水。

图1-11　内外两江/图片引自成都武侯祠三国图

内外江的分水比例为"四六分""八二分"。意为，平常的岷江水，内江分六份，外江分四份；发洪水时，因宝瓶口的进水口固定，内江进两份，外江为八份，外江成为排洪泄洪河道。但还有一个常态的分水比例，这就是"零十"分水比例。意为，到了冬春季节，岷江水全部被内江分走，外江金马河呈枯水状态。

图 1-12　2015 年 8 月所摄，可见内外江分水情况

现在的金马河绝大多数时间，就处于"零十"分水状态（如图 1-12 所示）。有时，到了多雨的夏秋季节，都江堰外江金马河都被河闸拦干，全部水都进入了内江。

（二）新开河、羊马河第二层次分水

金马河从都江堰外江出口为正南江，即岷江正流，东南流约十里，右分一支羊马河水，流经崇州，左分一支新开河，流经温江、双流，下为江安河。此为金马河上的第二次大分水。

图 1-13　新开江、杨柳河等在金马河上分水

（三）杨柳河第三层次分水

如图 1-13 所示，清朝时，金马河洪水溃口，杨柳河在金马河温江杨武堰分水，谭徐明《都江堰史》记载：岷江中段金马河左岸支流，为经人工改造的天然河流。水源自金马河左岸引水渠首，以前进口为旧名杨武堰，位于温江县河坝场玉石堤张扉滩。此外，还有玉石河在金马河的分水等。

（四）大朗堰河第四层次分水

如图 1-13 所示，金马河在温江刘家壕处，开了口子大朗堰分水，灌溉着温江双流新津上万亩水田，形成第四层次分水。大朗河经双流去新津。此为金马河上的最后一次分水。

由于层层分水，金马河水被减少到了极致，以至双流及以下，裸露出大量的河湾沙洲，水退后，两岸干涸沙洲被种上庄稼，大江大水的金马河在此成了"小河"。

金马河的层层分水，说明她就是一条母亲河，一条供层层分水的岷江主流。特别是唐宋时船运兴起，到了明清，船运达到高潮，金马河大量河水被拦走行船。如温江杨柳河分水走船，使双流彭镇的水码头繁荣鼎盛，被誉为双流八景之"第一春波"水码头。

经历了四层次分水后，金马河真的由大江变成小河了。

考察分析，修都江堰后，由于分水，金马河出现了四大特征。

四、金马河分水后出现四大特征

（一）金马河两岸出现大量干涸河滩沙洲

岷江金马河之水，被都江堰、羊马河、新开河、杨柳河、大朗河等层层分水后，两岸出现了大量干涸的河湾沙洲，特别是大朗堰分水后的金马河东西两岸，绵延二三里宽的沿河干涸沙洲出现了。大量干涸的河滩沙洲，特别适合种植蔬菜、花生、中药材郁金等。

民国二十五年（1936），双流县政府第三科科长熊倍卿对金马河擦耳岩水灾损失进行调查，并组织绘制了金马河被洪水冲宽的调查图（如图 1-14 所示）。图中标注了金马河两岸大量的河湾滩涂沙洲等，被张家、陈家、罗家等种了庄稼，后被洪水冲毁的情况。从图中标注可看出，被冲毁的张家河心、陈家河心、罗家河心，原来就是宽阔的岷江河心，后因层层分水而干涸。

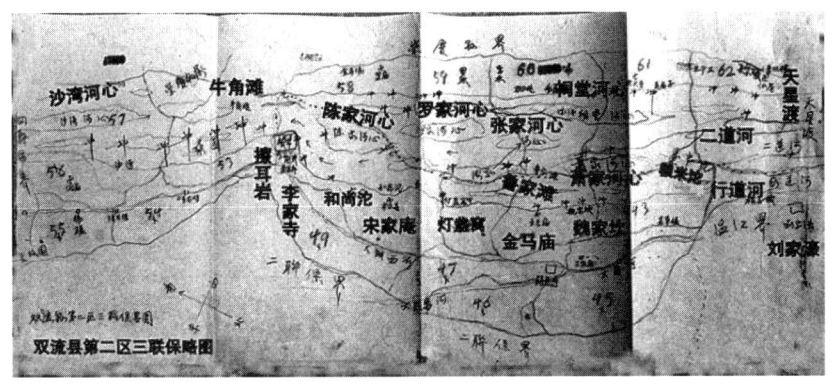

图1-14　民国二十五年金马河双流段水灾调查手绘图/熊德成供图

（二）夏秋季丰水摆渡过河

夏秋季节，岷江上游雨水丰沛，金马河呈现出大河大水的丰水状态，此时，都江堰因宝瓶口的进水受限，呈二八分水状态，大部分水走外江金马河。由于夏秋丰水，东西两岸人们的来往被河水阻隔，需要摆渡过河。

1933年的6至8月间，刘文辉与刘湘在岷江金马河打了一场四川军阀史上最大的"岷江战役"，刘文辉就利用金马河夏季大水，成功地阻挡了刘湘的进攻。刘湘最后通过策反刘文辉部下，才突破刘文辉的金马河大水防线。

常璩《华阳国志》所记载的"五津"，就是金马河夏秋季丰水期时的五个摆渡点。

图1-15　夏秋季丰水期时的金马河

（三）冬春枯水搭桥过河

到了冬季，岷江上游来水少，因各河行船的需要，金马河水被全部分走，春季一来，农田灌溉开始用水，因此，冬春两季，都呈现"零十"分水状态。人们多搭竹木临时桥过河，甚至涉水过河。图1-16中，一群抬轿人正在涉水过河，可见宽阔的金马河，河中基本枯水。唐朝杜甫有《陪李七司马皂江上观造竹桥》诗，描写的正是金马河冬季枯水之景。

图1-16 民国时期,金马河干涸,人们涉水过河/引自流沙河的《老成都》

(四)排洪泄洪

当岷江上游下大雨,或暴发大洪水,或地震形成洪水时,金马河就是主要排洪泄洪河道。由于洪水的洪峰冲力,直冲金马河,宝瓶口常被漂木等堵塞,各分水河道在大洪峰来临时的分流微不足道,绝大部分洪水都直冲金马河,金马河成排洪泄洪主渠道,承受洪水灾难。

明、清时期,北京修皇宫紫禁城,都江堰上游岷江一带的楠木被伐,利用岷江涨水冲到下游长江,金马河就一直是漂伐木的河道,俗称"放登子"。20世纪五六十年代以前,岷江上游还在伐木,大量木材随金马河洪水漂流下来。这就是利用岷江金马河洪水漂木。

1933年8月25日的四川叠溪大地震,形成堰塞湖,于10月9日傍晚溃决,10月10日早晨,洪水冲到都江堰,中午冲到双流及以下。叠溪地震洪水形成次生灾害,使金马河沿河人民遭受了极大的损失(如图1-17、1-18所示)。

图1-17 洪水冲毁后的情况/引自彭述明主编的《都江堰史》第77页

图1-18 1933年红十字调查水灾/都江堰市档案馆存

以上就是金马河被层层分水后出现的四大显著特征。

这四大特征，随明清船运兴起而达到高峰，至民国开始修建公路（马路），陆地运输开始替代河上船运，大部分的分水回归了金马河，除农田灌溉和城市用水外，金马河回归大河大水、岷江正流状态。

五、对金马河的历史误解

考察中发现，在李冰修都江堰以来的两千多年岁月中，人们没有总结和认识到金马河的四大特征，特别是明末清初以来，对金马河有误导性的记载，使我们对金马河的历史产生了一些误解误读，其中兼有惯性思维导致的错误认识。

（一）误认为修都江堰后内江成为岷江正流

都江堰从岷江分水，经宝瓶口流进内江，有记载认为，内江从此成为岷江正流了。

北魏郦道元《水经·江水注》记载："江至都安，堰其右，捡其左，其正流遂东。"其意为：岷江到了都江堰，左边的捡江（内江）为岷江正流。清代汪士侃等在《双流县志》中记载："按皂江南注，本岷江正流，自离堆凿后，乃以流江为正流。"[①] 其意为：皂江金马河，本岷江正流，自修都江堰后，内江为正流了。《岷江志》记载："都江堰内江水系，古代亦视为岷江干流，而以外江为支流。"[②] 从汉代以来的历史记载看，基本都认为内江为岷江正流。

经分析，古人之所以认为内江为正流，是因为内江分水多，比外江的水大。因此，以水的大小为判断，就把内江记载为岷江正流了。

这种判断，初看似客观，但仔细分析，是不符合客观实际的。因为水有季节性变化，若是以水大小为标准，那么，金马河夏秋季水比内江大，冬春季水又比内江小，能说金马河夏秋季是岷江正流，到了冬春季就是支流了吗？这种以水的大小为判断，显然是不严谨的，并具有认识上的误导性。

这种判断，把修都江堰前的岷江金马河，因分水就被误认为是"小河、支流"，并把这一季节性出现的临时性的"小河、支流"，与真正的小河混为一谈，以致后来对金马河的历史产生了两种完全不同的认识。如前述《温江县

---

① 转引自冯广宏：《都江堰文献集成》（历史文献卷·先秦至清代），巴蜀书社，2007年版，第 530 页。

② 冯广宏：《岷江志》，四川省水利电力厅，1990 年版，第 43 页。

志》认为金马河以前就是岷江正流，而后来因分水成为"小河"，1933年叠溪洪水后，金马河又成为岷江正流；而《双流县志》《新津县志》认为金马河历史上有"小河""支流""起水"的记载，由此肯定金马河一直是小河，并得出1933年才冲宽成岷江正流的结论。

两河分水，判断谁是正流、谁是支流，应以"谁分谁的水，分水后原河道是否还存在"为基准。因为分水后，正流河道还在，承载原有水量的河道没有变，且正流河还保障着原有水量的回归。因此，正流河与分流河的区分，应以原正流河道变化与否、原有河道的功能变化与否为标准，而非单纯从水量多寡的变化来区分。

在凿离堆前，岷江就是金马河。凿离堆，不过是在岷江河道上掘开个口子分水，把岷江水分走了一部分，岷江金马河的原有河道完全没有变，功能也没有变。在这种情况下，应该说，内江分多少水走，外江金马河都是岷江正流河道，即便全部水被分走，金马河承载岷江原有水流的能力和功能也没有任何改变，金马河依然是岷江正流。

然而，一些历史文献根据金马河分水后出现的季节性水小状况，将其记载为"小河""支流"，而后人又依照惯性思维，把"小河""支流"，理解成了真正的小河，从而产生误解。

对金马河的上述记载，错误是显然的。

我认为在根源上有两点混淆，导致错误的出现。

首先，上述判断混淆了主流河与分流河的关系。把都江堰分水后的二江称为内外江，这在名称上就混淆了二江的关系。外江金马河是岷江正流河，正流河是母亲河，内江分岷江的水，是分流河，分流河是女儿河。女儿河是从母亲河的河道中掘开口子分流出来的一支。因此，女儿河分流的水再多，也是女儿河；母亲河的水被分流出去再多，也是母亲河，就是把水分流完，只要河道承载原水量的能力和功能没有改变，她依然是正流河。岷江在都江堰分水，外江是原岷江，自然是母亲河，内江是新凿开的内江，自然是女儿河。历史把正流河与分水河记载为内外两江，本身就混淆了主、次河流的关系，就像把母亲与女儿的关系混淆为姊妹关系一样，又因水大，把内江说成了正流，从而再次把母亲颠倒为女儿，把正流河颠倒为分流河了。

正流河的功能作用，就是保证原有河水的承载流行，供各分流河分水，并排洪泄洪等。分流河的功能作用，主要是把水分去供人"用"，带有明显的"用"功能。如行船、农田灌溉、人类生活用水等。

金马河是岷江正流，是母亲河，它的作用和功能就是提供各分流河分水，保障夏秋季涨水排洪泄洪等。金马河的保障功能作用，自古至今一点都没有变。其他分流河都是女儿河，是在金马河上分水，按人们的意愿去满足人们生活的分流河，分水再多，也是女儿河。

其次，上述判断搅浑了金马河的历史。翻开金马河的历史，有说金马河在这条河分水，时为小河，另又说金马河与那条河分水，又为支流；还有说金马河是在某条河上起水的小河等。对于这些记载，我们不能否认其当时客观现象的存在，但这些记载把金马河历史搅成了一潭浑水，使我们丈二和尚摸不着头脑，弄得头发晕。

从都江堰开始，金马河被记载为支流，后又层层分水，也就层层被记载为小河。如清初，金马河在温江玉石堰下与石鱼河分流，时为小河。清末，羊马河是岷江干流，金马河改由羊马河起水，或有羊马大河之称；"明、清之际，杨柳为大江，金马河为支流"等。

其实，金马河为岷江主流河道，始终都没变，只是因层层分走水后，河水减少，水面变窄而已。明末清初，因战乱，金马河失修，河道堵塞，河水旁流。又因船运兴起，人为拦走金马河水而行船。但金马河宽阔的河道还在，只是因河水减少，河两岸出现宽阔的干涸的河湾沙洲，并长满野草，被种了庄稼等。金马河因此看似小河。

两河之分所说的大河小河不是一般意义上的大河小河。历史记载的正流、支流之分，大河、小河之说，大江之说等，都是针对两河之分而说的，而不是我们一般理解的大河小河，正流、大江也不是指岷江。不能一说正流、大河、大江，就理解为岷江正流。如"按皂江南注，本岷江正流，自离堆凿后，乃以流江为正流"，就不能把"乃以流江为正流"理解为真的是岷江正流，这里只是说流江分水多而已；又如"明、清之间，杨柳为大江，金马为支流"，这里是说，明清之际，为行船，金马河水被拦杨柳河，以保证杨柳河行船，因此杨柳河水大，金马河水小，不能把杨柳大江理解为岷江正流。

上述历史记载，把古老的岷江金马河，说成是一条没有历史的小河、起水河，这就混淆了正流河与分流河的关系，搅浑了金马河的历史。

以上两点，也是人们看不清金马河历史，产生误解的重要原因之一。

都江堰是一座建在岷江上的分水水利工程。在成都平原，大大小小的堰成千上万，但功能都一样，就是分水。我们川西坝子的百姓农民，都有一个直白认识，堰，就是在正河道上用来拦水分水的水利设施。把水拦走再多，正河道再没水，正河道还是正河道，不能说水被拦干分干了，就不是正河道了。如今的金马河就说明了这一点，尽管当前金马河的水被都江堰拦干了，但金马河毋庸置疑还是岷江正流。

清朝及以前的历史，把都江堰内江记载为岷江正流，而把外江金马河记载为小河支流，这种看似客观，但不符合实际的记载，混淆了金马河正流河与分流河的关系，也导致了后人对金马河历史的误解，致使人们得出"金马河为1933年冲宽成岷江正流"的错误结论。

（二）误解了金马河为"支流""小河"的记载

"明、清之间，杨柳为大江，金马为支流"，是《四川省内河航运史志资料（第二辑）》中的记载，其意是：明、清时期，杨柳河在金马河分流，杨柳河分得的水大，金马河的水小，这主要是为了行船。杨柳河行船多，金马河行船少。

这里的"杨柳为大江"，是针对金马河而言的，并不是针对岷江而言，跟是不是岷江正流没有半点关系。但我们将其误读为"杨柳河为岷江正流，金马河为支流"，于是得出"民国二十二年茂汶县叠溪地震造成的洪水将金马河河床冲宽，使之成了岷江正流"的结论。这完全是对原话的误读。

"清初金马河在温江县玉石堰下与石鱼河分流，时为小河"，"清末，金马河改由羊马河起水"，这里实质上都是只针对两河分水，谁的水大、谁的水小而说的，金马河是大河流小水，并非说金马河就是真的小河，更跟是不是岷江正流没有关系。

金马河的"小河"现象，为什么都出现在"清初""清末"的时间节点上？根据我的理解，金马河年年都会出现河道堵塞，都要有人清理河道，但"清初""清末"正值改朝换代，处于无政府管理状态，此时的金马河，因河道堵塞，河水自然出现改道旁流了。

《双流县志》中民国九年（1920）绘制的《双流全县地形图》，就清楚展现出金马河在民国二十二年（1933）叠溪地震前，就是大江大河，并非小河。

清朝的温江历史和新津历史，都有金马河为岷江正流的记载。嘉庆时期的温江县志图中，就有"金马河在江安堰起水"的标注（如图1-19所示）。

嘉庆二十年（1815）《温江县志》卷首第17页就有图注："金马河从江安堰（都江堰）来，上右岸有新开河分水，下右岸为杨柳河分水，再下左岸为玉石河分水，中间为金马河。"此图说明，金马河是都江堰外江下来的大河，左右都有分水河。

《温江县志》记载："金马江即大江正流亦曰岷江亦曰皂江。"（如图1-20所示）

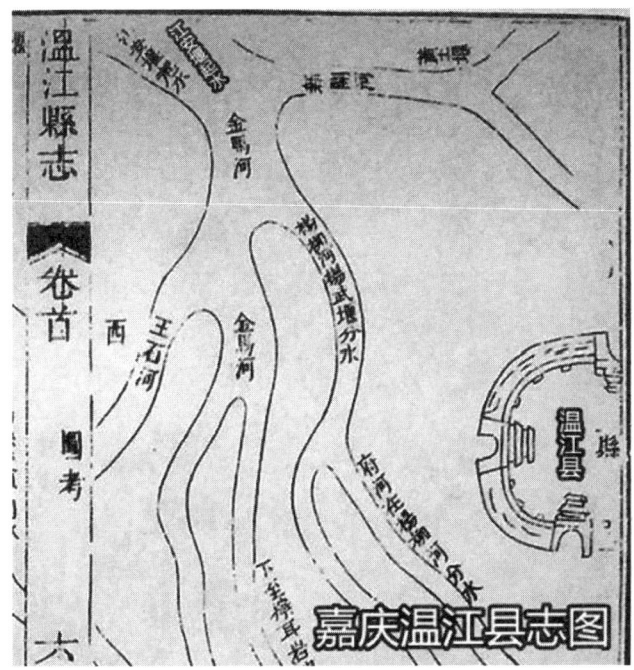

图 1-19 嘉庆时期《温江县志》图

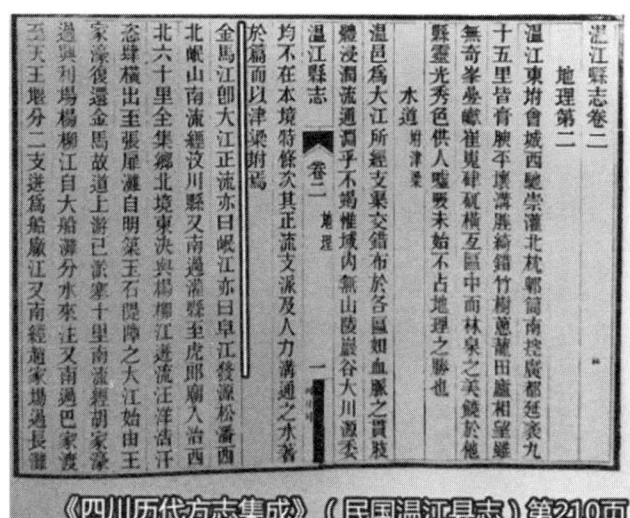

图 1-20 《四川历代方志集成》(民国温江县志)的相关记载

根据《温江县志》对金马河的历史记载可见，金马河并非"小河""支流"等，而是实实在在的大河，是岷江正流。

《新津县志》（康熙版）有"岷江正派曰金马自双流县流来"的记载（如图1-21所示），说的就是"岷江正流金马河自双流来"。

图 1-21　《新津县志》（康熙版）关于岷江正流金马河的记载

（三）误认为金马河为 1933 年洪水冲成岷江正流的

1933 年叠溪地震引发洪水，冲毁农田庄稼，冲毁房屋，冲走猪牛羊，淹死人等，都是事实，但说金马河是被这次地震洪水才冲宽成为岷江正流，这就有误了。金马河不是现在的一两次地震洪水冲击形成的，而是受历史上千万年的无数次地震洪水冲击形成的自然河流。历史上岷江金马河河道很宽很宽，但修都江堰后，河道被层层分水，两岸出现大量干涸的河滩沙洲。久而久之，人们开始在干涸的沙洲地里种菜、种庄稼、种植中药材郁金，后又开始栽竹建房，慢慢成为住家林盘。

地震形成堰塞湖，堰塞湖决口后导致特大洪水。特大洪水直冲而下，冲毁淹没原岷江干涸沙洲地里的庄稼房屋等。应该说，1933 年的叠溪地震洪水，只是历史上无数次地震洪水的其中一次。它冲毁的是在原岷江古河道干涸沙洲地里种的庄稼和建的房屋等。

双流县 1936 年洪水受灾调查手绘图中（如图 1-22 所示），最外的两条虚线为叠溪洪水冲宽河道线，在内的两条虚线为洪水前的金马河河道线。而冲宽的，都是原古岷江河道。因修都江堰分水后，出现干涸沙滩，被陈家、罗家、张家、萧家等种了庄稼，说明这里以前就是大江大水的古岷江。

确实，1933 年的洪水灾害严重，双流档案馆的一份民国二十二年年度灾害损失表上清楚记载：被灾面积，田 0.172 平方公里，地 0.58 平方公里，灾民户数 824 户，灾民人数 5064 人，因灾死亡人数 6 人（男 2 女 4）。根据都江堰

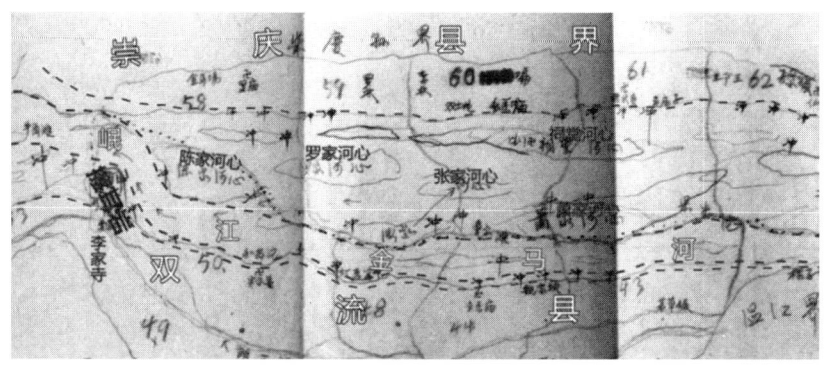

图 1-22　金马河双流段 1936 年水灾调查手绘图/熊德成供图

记载的灌县受灾情况，洪水冲毁田地数万亩，冲毁都江堰渠首的韩家坝、安澜索桥、新工鱼嘴、金刚堤、平水槽、飞沙堰、人字堤等水利工程，洪水毁桥 30 余座；灌县境内死亡人数超过 5000 人。洪水退后，红十字会等单位沿途捞尸 717 具。

图 1-23　金马河道两岸沉积下来厚实的沙石积层

但受灾再严重，与金马河是不是此时才冲宽成岷江正流，是没有必然联系的。

金马河道河床厚实的沙石积层，不要说 1933 年暴发的是洪水，就算暴发的是沙石流，也达不到金马河现在沙石积沉的宽度和厚度。

六、认清金马河真实历史的突破口

(一) 对"按皂江南注，本岷江正流"的理解

认清金马河真实历史的突破口，就是对"按皂江南注，本岷江正流"的理解。当理解了这句话的含义后，就如同拨云见日，对金马河历史记载的"主流支流""大河小河"等谜团，都能一一识破理解了。

"按皂江南注，本岷江正流。自离堆凿后，乃以流江为正流。金马江，皂江支

流也。"① 仔细琢磨，这句话表面上的意思是：金马江本岷江正流，自修都江堰后，以流江即内江为正流了。金马江即皂江（皂江是金马江以前的名称），变为支流了。

而深层的意思是：金马河本就是岷江正流，修都江堰后，内江分水多，于是认为内江就是岷江正流，而外江金马河河床河道等一切都没有变，只是水被分走，河道里的水减少了而已。

由此得知：与金马河分水的河，分走的水比留在金马河的水大，分水河就成了主流，就是大河，金马河由此也就成了支流、小河了。也就是说，历史记载，是以分水的大小作为判断标准，谁的水大，谁就是正流、大河，反之则是支流、小河。

这句话说明，金马河并非真正意义上的支流、小河，只是水被分走，水量减少了，但金马河原就是岷江正流的河床未变，是大河流的河道未变。

理解了"皂江金马河，本岷江正流，自离堆凿后，皂江金马河，支流也"的含义，就如同找到了一把打开金马河历史谜团之门的钥匙，推开门，一道亮光呈现，金马河的真实历史都展现在了我们面前，一切都看得清清楚楚了。

历史记载金马河为支流、小河，甚至在某河起水，其实金马河并非支流小河，也非才起水的河，她一直都是岷江正流的都江堰外江，只是河水被分走，甚至被全部分走而成干涸的河道而已。民国二十二年（1933）叠溪地震，洪水流入金马河，就说明了这点。还因民国开始修路，船运减少，河水又回归金马河了，从此金马河恢复了岷江正流水量状态。

所谓金马河是民国二十二年（1933）叠溪洪水冲宽成岷江正流，以前是小河，在羊马河起水等说法，其实是没有理解到金马河自古就是岷江大河，只是水被分走后成为小水河，而非真正意义上的小河。因此，《温江县志》记载民国二十二年洪水冲宽金马河又成岷江正流，一个"又"字，很说明问题。

（二）以水量大小判断主流支流的记载，是造成认识迷惑的原因所在

金马河自古就是岷江在成都平原上自然冲击形成的河道，修都江堰后，外江金马河也是岷江主河道。但历史上以"水大就是主流，水小就是小河、支流"作为判断标准进行记载，使金马河的历史变得混乱，误导了后人对金马河的历史认识。自今，都使人看不清金马河的历史。这样的判断标准是金马河历史被误解的根本原因。

---

① 汪士侃等：《双流县志》，转引自冯广宏：《都江堰文献集成》（历史文献卷·先秦至清代），巴蜀书社，2007年版，第530页。

按皂江南注，本岷江正流。自离堆凿后，乃以流江为正流。金马江，皂江支流也。①

金马河之名，见诸《蜀水考》。清初，金马河在温江玉石河分流，时为小河，与杨柳河并流。清末，当羊马河变成岷江干流时，金马河改由羊马河起水。民国21年，金马河与羊马河在羊马口分流。民国22年，叠溪水暴发，金马河被冲宽，形成了岷江正流。②

金马河：清初，金马河在温江玉石堰下与石鱼河分流，时为小河。清末，羊马河是岷江干流，或有羊马大河之称。1933年岷江暴发大洪水后，金马河河床被冲宽，变成岷江正流。③ 金马河堤防：明、清之际，杨柳为大江，金马河为支流。1933年汶茂县叠溪地震造成的洪水将金马河河床冲宽，使之成了岷江正流。④

金马河的名字，见诸《蜀水考》："流汶二江之源，其正派曰金马河"，又说："江水东南流至温江县西为金马河，即皂江正流也。"清末，羊马河变成岷江干流，金马河改由此河起水。民国22年，叠溪洪水暴发，金马河河床被冲宽，又成岷江干流。⑤

以上就是典型的以河水大小为判断标准的实例。李冰凿离堆，在岷江开口子分水，分走的水，大于岷江金马河主流的水，于是内江被记载成了主流，金马河外江成了支流。这些都是被误导的认识。

表面上看，谁的水大，谁就是主流，好像客观，但实质是不严谨的。因为这些都是表象，是暂时的，金马河在修都江堰之前就是岷江。因都江堰分水，只是在冬春季时，全部水都被分进了内江，内江水大；而到了夏秋雨季，外江金马河的水，就比内江的水大，此时还能说内江是岷江主流吗？洪水来时，大量洪水都流入金马河，此时能说内江是岷江主流吗？显然不能以"水大水小"作为判断标准。

以上关于金马河一会儿是"支流"，一会儿是"小河"，一会儿又是在某河"起水"等的历史记载，其根本原因，就是金马河被分水河分水时，分水河的

---

① 汪士伋等：《双流县志》，转引自冯广宏：《都江堰文献集成》（历史文献卷·先秦至清代），巴蜀书社，2007年版，第530页。
② 四川省新津县志编纂委员会：《新津县志》，四川人民出版社，1989年版，第59页。
③ 四川省双流区地方志编纂委员会：《双流县志》（1911—1985），四川科学技术出版社，2016年版，第88页。
④ 四川省双流区地方志编纂委员会：《双流县志》（1911—1985），四川科学技术出版社，2016年版，第208页。
⑤ 四川省温江县志编纂委员会：《温江县志》，四川人民出版社，1990年版，第107页的

水比金马河水大的缘故。同时，这种记载还搅乱了主流河与分水河的关系，让人误认为金马河一直都是真正的小河。

历史文献中一直都有关于金马河为岷江正流的记载，但因"水大水小"的判断"音浪高"，压住了"正流"声音，使得"正流"声音苍白无力了。

以"水大水小"作为判断标准进行记载，带来的后果是可怕的。

其一，模糊了人们对金马河真实历史的认识视线，使人们看不清金马河的历史，不知道金马河究竟是一条什么样的河流。

其二，掩盖了金马河上承载的历史文化，如东晋常璩《华阳国志》记载的五津，就是金马河上的五个古渡。但因金马河的历史一会儿是"小河""支流"，一会儿又是在某条河上"起水"等，使人们都不敢认可五津在金马河上，以致王勃的"风烟望五津"，至今找不到在四川的哪条河，或哪条河的哪段河上，更不敢说是千年古渡了。

其三，造成了人们对金马河的特征认识不清，弄不清楚金马河冬春季枯水搭桥过河，夏秋季丰水摆渡过河的特征。如唐代杜甫冬季在温江金马河上观搭造竹木桥，有《陪李七司马皂江上观造竹桥》诗，于是就被认为：唐朝时，金马河还在搭竹木桥过河，说明那时金马河就是小河。进而产生金马河1933年才冲宽成岷江正流的推论认识。

网上有文章说："根据历史资料可知，杨柳河在历史上相当长的时期里，它是岷江（汶江）的正流，金马河反而是岷江（汶江）的支干或叉河。古杨柳河系自然河流，河水来自金马河玉石堤杨武堰，河宽，水深，流量大，是排灌、航运兼用河道。它的正流地位后来才被支干金马河取代。"

这种说杨柳河是岷江正流，金马河是支流，又说杨柳河的水来自金马河，自相矛盾，实在让人哭笑不得。可就是这样的述说，还在网上广为流传。

以上可见，以"水大水小"作为判断的记载，造成谬误百出，带来的后果相当严重。

七、金马河主要图示

（一）晋"都江堰两江图"

成都博物馆和武侯祠的三国形势图中，却含有都江堰的两江图（如图1-24所示）。这两江图，直观地说明了金马河自古就是岷江一条江，李冰修都江堰凿离堆分水后，才形成内外两江。

图1-24 成都博物馆三国图中的两江图

两江图是关于都江堰最早的图示，时间大约为公元220年—250年。

本图直观地说明了金马河就是古岷江。这一说明很重要，这是认识金马河，考察研究金马河以后历史的基础。有了这一说明，对以后错综复杂的记载，就可透过现象看到金马河的历史原貌，并对其做出合理的解释。这是我们认识和认清金马河的基本要点。

本图还透露出另一个重要信息：两江汇于犍为郡，新津属犍为郡，郡治武阳。这一图示信息，为考察考证《华阳国志》五津，提供了地域证据。东晋常璩《华阳国志》（卷三·蜀志·十）记载："其大江，自湔堰下至犍为有五津，入犍为有汉安桥，玉津，东沮津。"

（二）北魏《水经注》"都江堰分水河图"

《水经注》是北魏郦道元为《水经》作的注解。《水经》是一部专门记载我国江河水道的古书，分三卷，介绍河流137条，从形式上看，《水经注》是对《水经》的注释，但在内容上，它扩充了20多倍，而且丰富生动，成为一部不朽名著。《水经注》记述的大小河流共有1252条。

图上未标注图示年代，但从下方标注犍为郡的情况看，应属于魏晋南北朝时期。

从图中标注的河流来看，都江堰分流河有：西河；黑石河，其下为龙安河、羊摩河；郫江水、金马河、羊马河，支流杨柳河；江水，下分郫江、检（捡）江；柏水河等。而江安河（新开河）未标注名称。

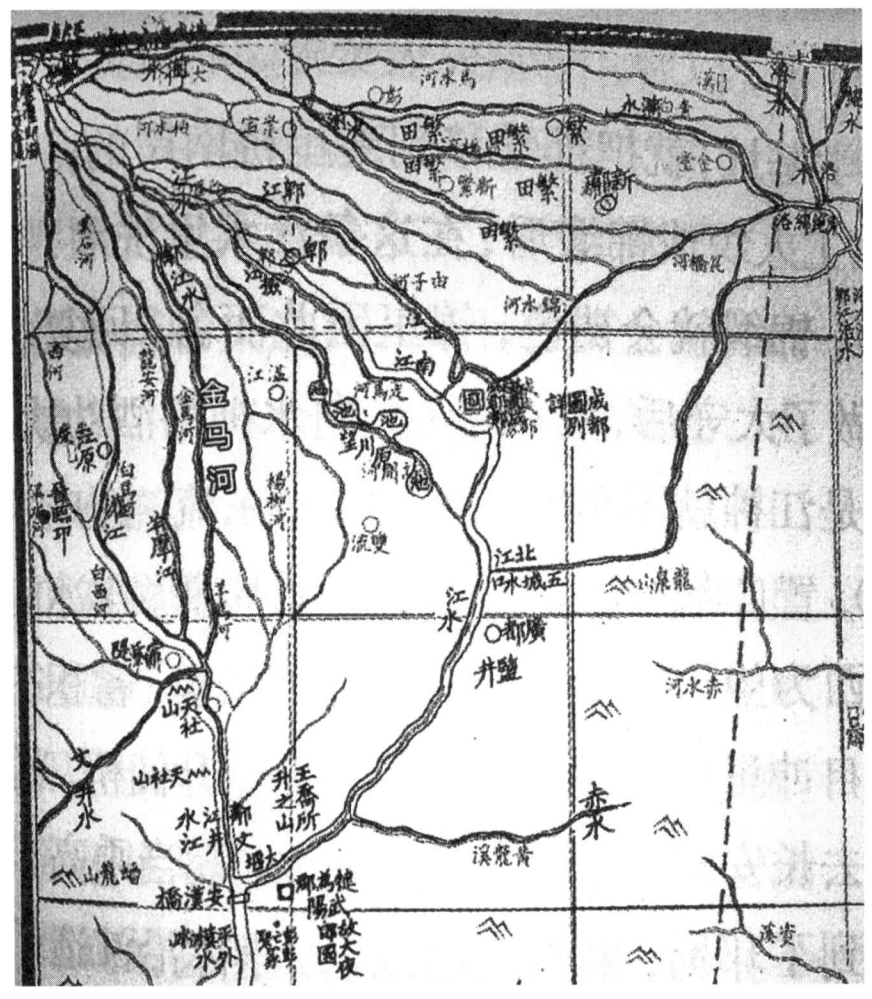

图 1-25　图为都江堰分水河图①

此图对主要河流及走向，标注还是清楚的。如黑石河、金马河、柏水河等。因是白话插图，河流名称"金马河""杨柳河"等，经查《水经注》原书并无此称，疑是现代配图标注的。

（三）唐"都江堰分水河图"

都江堰分水河图（如图 1-26 所示）中绘制了都江堰的各分水河情况，承载了许多重要信息。其中也有我们从未知晓的信息。

---

① 郦道元：《水经注》（白话插图全本），易洪川、李伟译，重庆出版社，2008 年版，第 33 卷江水第 545 页。

图1-26 唐朝都江堰分水河局部放大图①

1. 两条"大江"

一条是从都江堰内江出来到成都的流江,被标注为"大江",另一条是外江郫江(皂江)上分水的江,应是新开江即江安河,也被标注为"大江"。这是因为,从汉代起,就把大水之江,都称为大江了。

《水经·江水注》中写道:"江至都安,堰其右,捡其左,其正流遂东。"其意为:岷江到了都江堰,左边的捡江(内江),为岷江正流。《双流县志》记

---

① 图片引自肖姗姗、文莎:《"风烟望五津"里的五津在四川的哪条河上?》,载《川报观察》,2018年8月24日。

载:"按皂江南注,本岷江正流,自离堆凿后,乃以流江为正流。"① 其意为:皂江金马河,本岷江正流,自修都江堰后,内江为正流了。

《岷江志》记载:"都江堰内江水系,古代亦视为岷江干流,而以外江为支流。"②

2. 粗线条郫江(皂江)

图中郫江(皂江)尽管没有标注"大江",但所画的线条很粗,俨然是一条没有标注"大江"的大江。清朝以前的图,都有这条粗线,这就是岷江正流金马河。《华阳国志》(卷三·蜀志)中说:"其大江,自湔堰下至犍为(郡)有五津。""大江",大水之江。以上标注的"大江",有岷江正流之说。任乃强的《华阳国志校补图注》,也认为外江金马江才是岷江正流之大江,如图1-27所示。

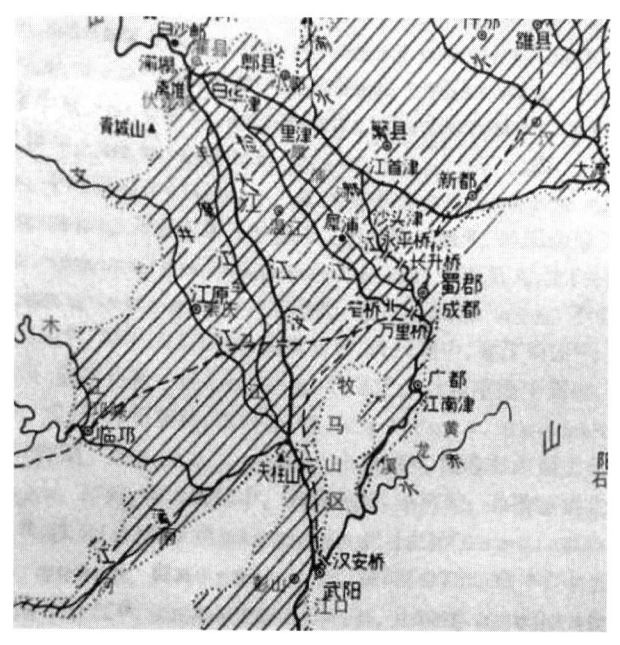

图1-27 《华阳国志校补图注》中的金马河

3. 金马河标注存疑

据史料记载,金马河自古有郫江、皂江之称,即郫江、皂江才是金马河。清朝才有金马河之称,《双流县志》和《新津县志》说,金马河之名,见诸《蜀水考》③"流汶二江之源,其正派曰金马河"。那为何唐朝图中(图1-26)郫江、皂江的旁边有条"金马河"呢?

---

① 汪士侃等:《双流县志》,转引自冯广宏:《都江堰文献集成》(历史文献卷·先秦至清代),巴蜀书社,2007年版,第530页。
② 冯广宏:《岷江志》,四川省水利电力厅,1990年版,第43页。
③ 《蜀水考》为清代陈登龙著,乾隆三十九年(1774)举人,成书约在嘉庆五年(1800)。

《都江堰文献集成》记载:"乃自湔堰上,分穿羊摩江,灌江西。"① 注解:"羊摩江:李冰时修建的岷江右岸引水干渠,即后世羊马河的前身。"② 《水经注》"都江堰分水河图"中,均有"羊摩江"等河的标注,而唐朝图中仅没有"羊摩江",该图中的"金马河",正是"羊摩江"。此外,该图中标注的文字均为简化字,说明是现代人标注的,因此我认为,图1—26中对金马河标注有误,应该是"羊摩江"。

(四)宋"成都通航水道图"

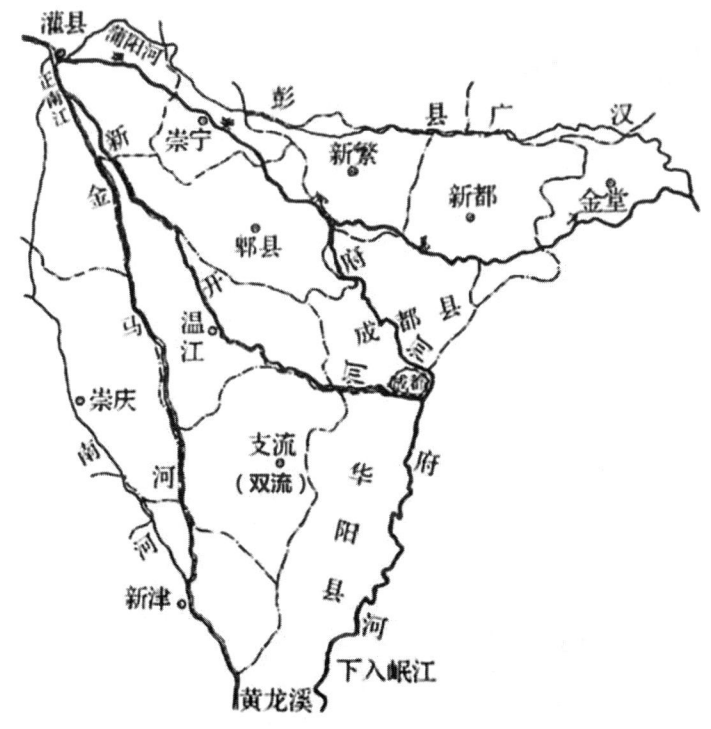

图1—28 历史时期成都平原的通航水道③

宋代的成都云集了全国的富商大贾,大宗的蜀锦、布匹、粮食、茶叶、药材等土特产和手工业产品等蜀物,水运走岷江—长江航线转运东南,或陆运北出剑门而达西北,而在成都平原,上千条河渠,几乎都是通航水道,这一状况

---

① 冯广宏:《都江堰文献集成》(历史文献卷·先秦至清代),巴蜀书社,2007年版,第17页。
② 冯广宏:《都江堰文献集成》(历史文献卷·先秦至清代),巴蜀书社,2007年版,第21页。
③ 图片引自谭徐明:《都江堰史》,中国水利水电出版社,2009年版,第54页。

一直保持到 20 世纪 50 年代。为适应大宗贸易的需要，世界上最早的纸币——"交子"就是在这一时期开始在成都平原流通。

作为水运通道，图 1-28 清楚地描绘了金马河，上游为正南江灌县，下游为新津的水运通道，汶川茂县等山货，通过灌县走金马河去新津，直接进入岷江下游了。图中，新开河还是金马河上的分流河，此时还没有杨柳河。

（五）清雍正"成都府疆域图"

成都府疆域图是《古今图书集成》中的插图。

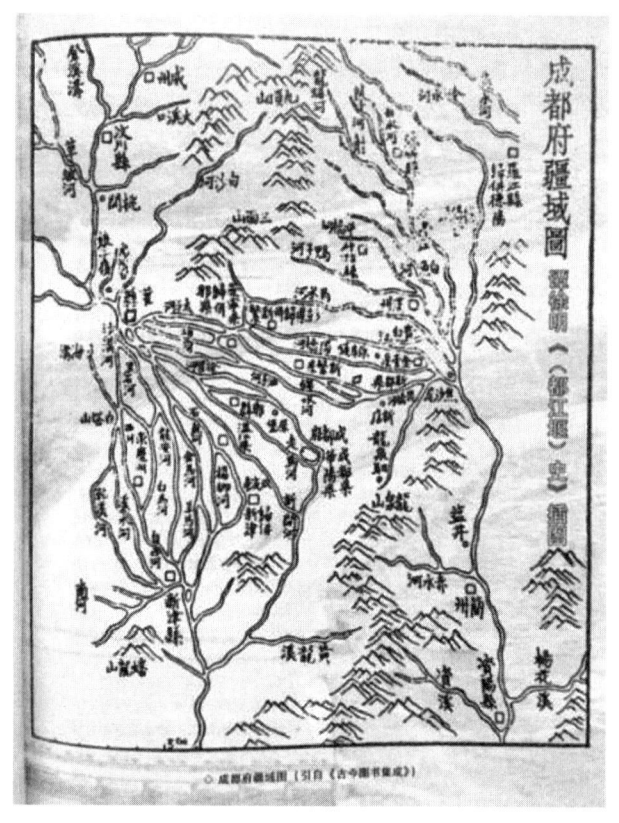

图 1-29 成都府疆域图/谭徐明《都江堰史》

《古今图书集成》是清康熙、雍正时期编纂刊行的大型类书。全书共一万卷，由福建侯官人陈梦雷所编辑，该书历时 28 年，是现存规模最大、资料最丰富的类书。康熙四十年（1701）完成初稿，雍正四年（1726）用铜活字排印，雍正六年（1728）成书。

图 1-29 清晰地描绘了都江堰的各分水河情况。图中表明，清康熙、雍正时期，金马河与石鱼河分水，金马河是岷江正流，承载着各分水河的层层分流。

(六)民国九年"双流全县地形图"

如图1-30所示,金马河是大江,杨柳河为小河。

这是《双流县志》(民国版)的全县地形图,为民国九年(1920)绘制。《双流县志》(民国版)于民国二十六年(1937)所著,从该书对金马江和杨柳江的记载来看,并没有杨柳江是岷江正流的记载,从民国九年绘制的地图中也能看出,金马江之宽阔,杨柳江之狭窄。

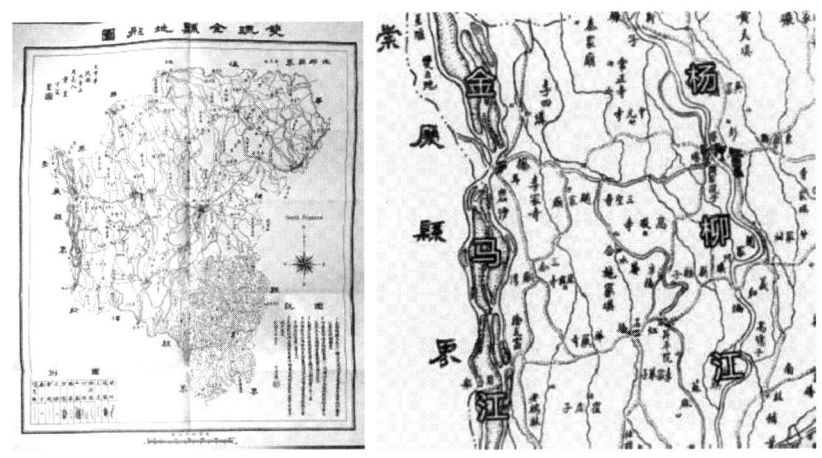

图1-30 双流全县地形图中的金马江与杨柳江

图1-30清晰地描绘了双流西边岷江金马河的河道情况。河中,上下游都是宽阔的沙洲滩涂,金马河无疑为大江大水的河流,并非小河。

民国版的《双流县志》中记载:

> 金马江,在治西二十里,源出都江堰,经温江刘家濠入县境,迤南注新津、彭山,即岷江正流也。按:县境水三派,西为金马江,迤东十里杨柳江,迤东北二十里新开江,皆源岷江。据《华阳国志》,李冰治水,酾二渠。二渠即内外二江也。外江以金马江为正流,古统名皂江,在灌县为正南江,经温江入县界,为金马江,南注新津、彭山,合羊马、黑石、南河诸水。
>
> 杨柳江,在治西十里,源出都江堰,经温江杨武渡,分派入界柑树场,迤南二十里,东注为黄水河,至彭山合岷江。①

---

① 双流县旧志丛书整理委员会:《双流县志》(民国版),中国文史出版社,2014年版,第14页。

这幅民国九年绘制的双流全县地形图,真实地描绘了金马河在叠溪地震洪水前,就是大江大河、岷江正流,而杨柳河并非岷江正流。

(七)民国二十五年金马河水灾调查图

民国二十五年(1936)8月6日,双流县政府第三科科长熊倍卿到擦耳岩金马河灾区进行调查,组织绘制了"双流县第二区第三四五联保水灾损失详图"①,这是1933年叠溪地震后的水灾调查手绘图(如图1-31所示)。

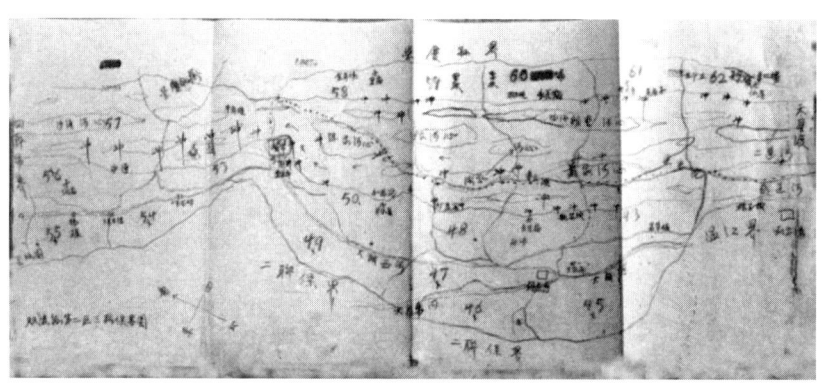

图1-31 双流县第二区第三四五联保水灾损失详图

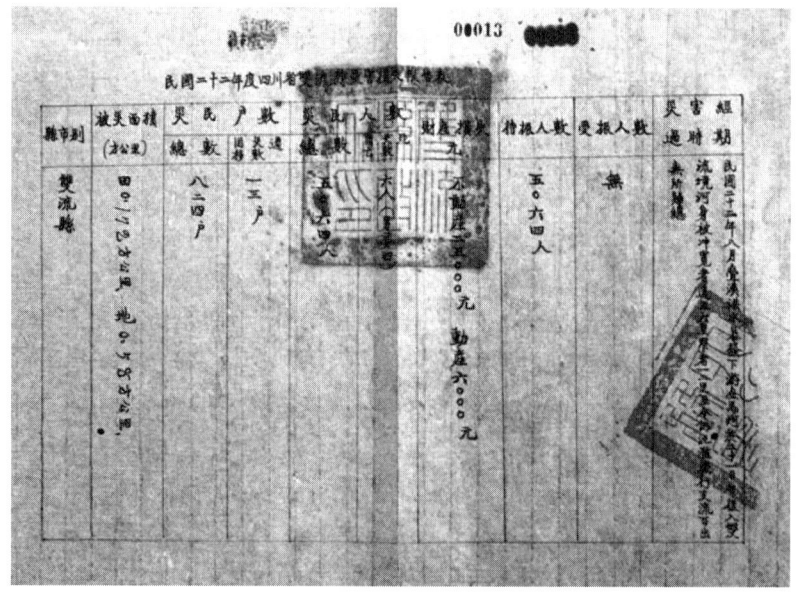

图1-32 民国二十二年(1933)四川省双流县灾害损失年度报告表

---

① 图1-31、1-32由双流区文史档案专家熊德成提供。

如图1-32所示，报告表"灾害经过时期"栏记载："民国二十二年八月叠溪洪水暴发下游金马河于二十一日午后入双流境河身被冲宽者达五六里窄者一二里至今仍泛滥流行支流百出无所归总。"

根据史料记载，1933年8月25日下午3时15分，岷江上游距茂县县城56公里的叠溪发生7.5级大地震，震后第45天，即10月9日下午7时许，叠溪海子溃决，洪水奔腾而下，10月10日凌晨3时左右到达灌县，金马河涨水被洪峰冲击。

熊倍卿在他的报告中说："大雨连日，河水即涨于八月一日晨，岷江上游之水，骤涨丈余，竟将东岸水田、古坟、冲刷新漕一道，横宽约数十丈，正流改入新漕，黑浪滔天，较之叠溪震灾为巨，街市成为泽国，一片汪洋，船由街市而达里许之李家寺高埂。再由东岸沿岸勘视，冲刷新漕，水横流约四十余丈，沿岸冲毁田亩数千亩，全成沙滩，已被沙畏之田，约七八百亩，家屋全冲毁者数十间，河心居民数百户，房屋多被冲毁，所种药材、花生、苎麻、包谷，尽被淹毁，被灾面积计约二千亩，灾情尤比河东为甚。"

以上图表和报告，表述了金马河受叠溪地震洪水灾害的两大现象：

第一，擦耳岩街被淹，水至李家寺高埂子，洪水在擦耳岩与李家寺高埂子间形成水流河道，说明擦耳岩与李家寺之间，在修都江堰分水之前，历史上就是水流河道。

第二，河心居民数百户受灾惨重。从图1-31可看出，这是指洪水冲击的河西居民，他们都居住在修都江堰前的古岷江"河心"里，所冲毁的也都是种在都江堰分水后干涸的沙洲地里的"药材、花生、苎麻、包谷"等。这说明，他们所居住和所种植之地，原就是"河心"，图上标注的也是"河心"。而这"河心"，就是原古岷江河道。双流县余县长在给四川振务会的民国二十四年（1935）灾情报告中写道："县二十二年叠溪洪水暴发，下游金马河未能容纳，流行泛滥，冲毁成灾，经此洪波，河床增高，每到夏伏大水时间，沿河田地，概成汪洋，至二十四年七八两月，金马河洪水迭涨，较前两年尤甚，沿江田地，被水冲打，尽成泽国，芦舍为墟，禾豆无存，频江住户被灾较钜……"

此报告说明：第一，叠溪暴发洪水，是金马河自身涨水，不是杨柳河容纳不下洪水才冲到金马河的，说明金马河并不是这一年才冲宽成岷江正流的。第二，1933年叠溪洪水，使金马河河床增高（河道堵塞），才造成了后来夏伏涨大水，沿河田地概成汪洋，比前两年尤甚的状况。

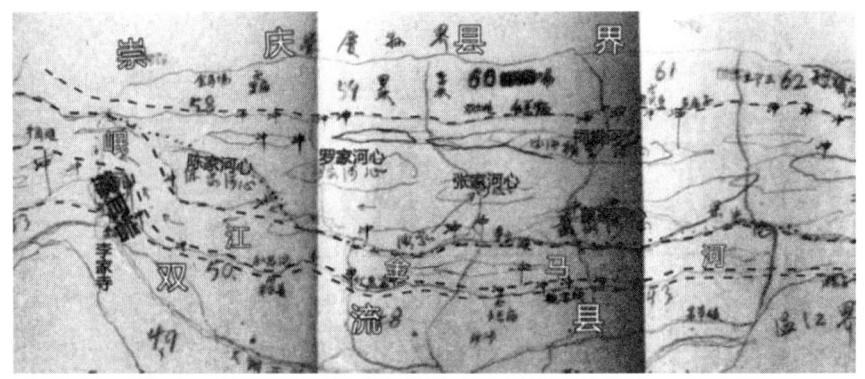

图 1-33 双流县第二区第三四五联保水灾损失详图

图中标注的陈家河心、罗家河心、张家河心、萧家河心等，说明这里原就是岷江河心。以上报告和绘图均说明，金马河在叠溪地震洪水前，就是岷江古河，并非小河，也不是叠溪地震的洪水才冲宽成岷江正流的。

特别要说明的是，民国二十二年（1933）叠溪洪水，造成河道堵塞，河床增高，二十三年（1934）又堵塞河道，以至二十四年（1935）七八两月，金马河洪水迭涨，较前两年尤甚。

（八）民国中期"四川都江堰水道全图"

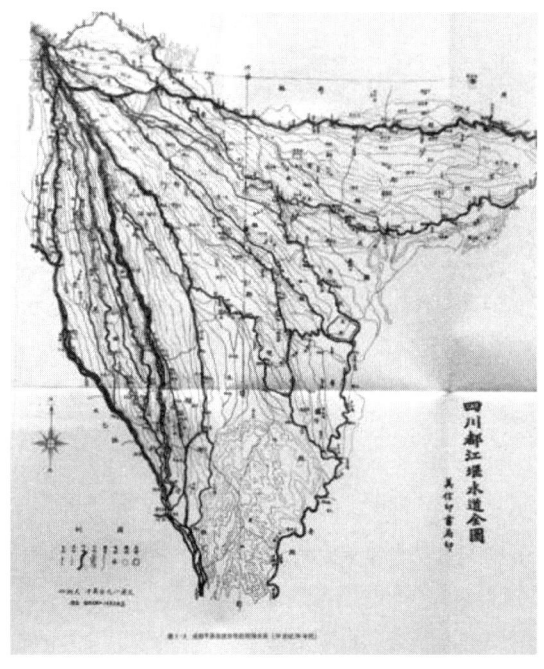

图 1-34 四川都江堰水道全图/谭徐明《都江堰史》

图 1-34 展现的是 20 世纪 30 年代成都平原枝状分布的河网水系。图中，粗线条表示金马河为岷江正流的宽阔河道。将图放大后，可清楚地看到金马河的情况（如图 1-35 所示）。图中大朗河、擦耳岩等，都清楚标注着。图中可见金马河宽阔的河道、河湾沙洲等，说明金马河一直是岷江古河道。

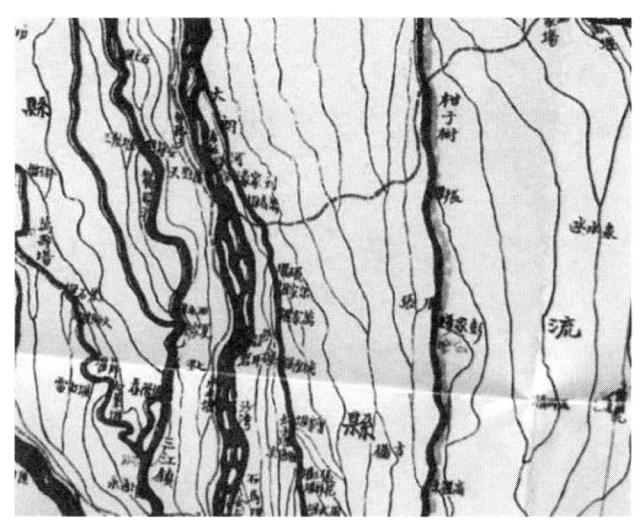

图 1-35　金马河局部放大图

（九）离堆公园伏龙观"都江堰内外江河流分水鸟瞰图"

图 1-36 在都江堰离堆公园内的伏龙观里。该图为 1933 年叠溪地震五年后所作的都江堰各分水河的情况图，真实描绘了各分水河的走向，对考察都江堰历史上的各分流河，有一定的参考价值。

图 1-36　都江堰各分流河图

图上标注有字，可惜标注的字较小，不认真看，是看不出来的。

2015年8月29日，我就照了这张图片（图1-36），当时没有注意图中对各分水河的标注。由于年久褪色，有几处看不出标注字样。2019年9月27日，我又专程去了都江堰离堆公园，专门照了此图，并就图上的字迹，认真仔细地进行了辨认，回来后，又参考了谭徐明《都江堰史》中的多幅图，才标注出各分水河的名称（如图1-37所示）。

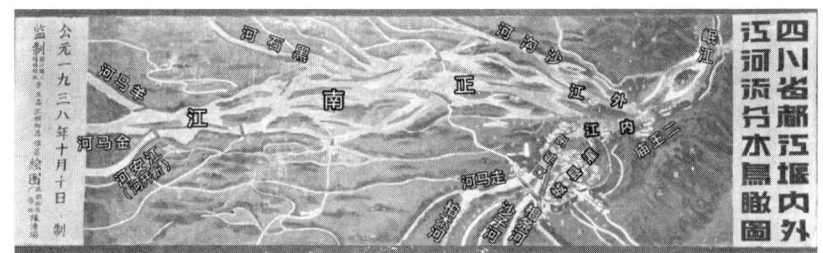

图1-37　都江堰各分流河标注图

此图，说明了两个问题。

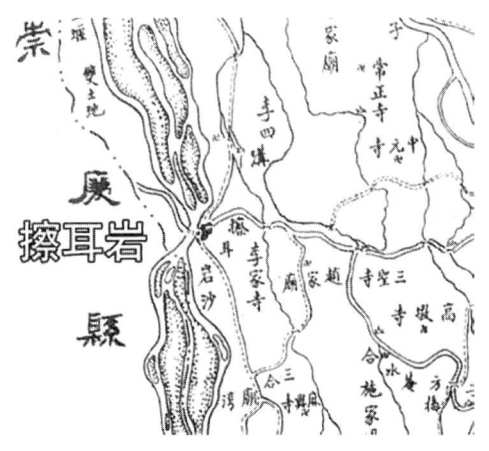

图1-38　金马河双流擦耳岩河道宽阔的沙湾滩涂状态

第一，金马河是都江堰外江的主流走向河，即岷江正流，说明金马河在自然状态下，始终是岷江主流河，羊马河和江安河（新开河）是岷江的分流河。虽然此图反映的是叠溪地震后的金马河状况，但金马河在各河道处于正中的地理位置，始终不变，洪水一来，就是岷江主流河水走向。这进一步说明，金马河是自然冲击形成的岷江主流河。

第二，正南江宽阔的多滩涂水系状况，展示了金马河作为岷江正流的沿河水系滩涂现象。当夏秋季水大时，滩涂全被水淹，形成汪洋一片。冬春季水枯时，沙湾滩涂就露出来了。都江堰外江是这样，外江下游的双流擦耳岩段，也是这样（如图1-38所示）。这种河湾滩涂现象，是岷江正流河道金马河才有的独特显著现象。这对我们进一步认识金马河的历史，提供了上下连贯的证据。

（十）离堆公园二王庙"膏流千古"图

离堆公园二王庙里，有一幅"膏流千古"图（如图 1-39 所示）。这是一幅带艺术性描绘的都江堰灌溉成都平原图。它是针对游客的观赏图，艺术性较强。它告诉游客，岷江之水，在都江堰分水后，成扇形灌溉了成都平原，使成都平原成为天府之国。膏流千古，膏润天府。

图 1-39　都江堰离堆公园"膏流千古"图

此图偏向于艺术性，而非实用性。仔细观察发现，一是地域标注差距较大，如图中温江距成都比双流距成都近，而实际上，温江距成都约 20 公里，而双流距成都约 15 公里，图比差距较大；二是对于岷江分流河，基本没有标注分流河名称；三是整幅图的象征意义，明显大于实际意义。

图 1-40　《膏流千古》中灌溉放大图

此图的原型应为 1886 年绘制的"四川成都水利全图",展现了都江堰分水后造就的河流(如图 1-41 所示)。

图 1-41　四川成都水利全图/谭徐明《都江堰史》

由于此图的象征意义大于实际意义,且艺术观赏性强,因此,在灌县古城内的杨柳河街边,就按此图做了幅石刻图,以装饰美化街道(如图 1-42 所示)。

图 1-42　灌县古城杨柳河街边的清末都江堰灌溉区域图

(十一)都江堰水系总概图

这是谭徐明教授考察研究都江堰各分水河的历史变迁后,总结归纳整理出来的,是一幅十分权威的都江堰分水河图(如图 1-43 所示)。

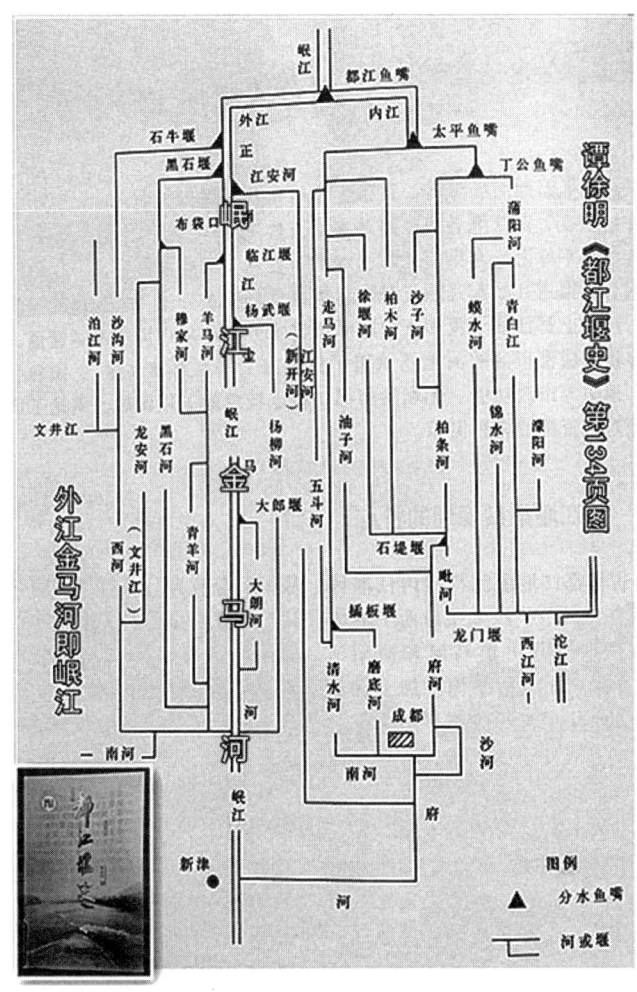

图 1-43 都江堰水系总概图

图中直接标注金马河为岷江,肯定了修都江堰后金马河为岷江正流的历史。说明未修都江堰时,金马河就是岷江,修了都江堰后,金马河被层层被分水,但还是岷江正流。

图中各河走向十分清晰,历史性强,是都江堰水利史的权威汇总图。

八、清晰的金马河历史

根据以上分析,金马河的历史终于清晰了。

我们可分四个阶段来认识金马河历史:一是修都江堰前的古岷江阶段,二是修都江堰后至元末明初阶段,三是明清至民国叠溪地震阶段,四是 1933 年叠溪地震至 2008 年"5·12"汶川地震阶段。

1. 修都江堰前的古岷江阶段

修都江堰前，金马河就是岷江在成都平原上的河道，就是古岷江。

岷江上游是龙门山脉地震带，金马河就是因地震形成堰塞湖，堰塞湖溃决形成洪水洪峰，从都江堰直冲到新津形成的古岷江河道。

修都江堰前，金马河表现为大江大水，河床平坦河面宽阔，水系众多，形成水涝。

2. 修都江堰后至元末明初阶段

秦朝时李冰修都江堰，在古岷江上分水，形成了都江堰的内外两江，原岷江就此成了外江金马河，而此阶段的金马河，成为成都平原的分水母河，一是都江堰分水，二是羊摩江（羊马河）分水，三是新开江（江安河）分水，还有杨柳江（河）等分水。

修都江堰，解决了成都川西平原西边水涝、东边干旱的问题，天府之国由此形成。同时，因社会发展，开始船运。李冰修都江堰凿宝瓶口，内江水至成都，本身就带有行船目的。

此阶段，因分水后，金马河水量减少，形成了金马河水冬枯夏丰的特征，冬季搭桥过河，夏季撑船摆渡过河。因河水被分走，金马河水面河道变窄，两岸出现干涸沙洲，农户开始利用干涸沙洲地种庄稼药材等。夏季暴发洪水，金马河就成了泄洪排洪的河道。

3. 明清至民国叠溪地震阶段

此阶段因社会发展，农田灌溉，物资交流，船运达到高峰，而金马河进一步被大量分水。除内江、羊摩江、新开江分水外，又增加了杨柳河、玉石河、大朗堰河分水，金马河进一步出现"大河流小水"的"小河"现象。

据《四川内河航运史》记载，"明、清之间，杨柳为大江，金马为支流"。说的就是杨柳河行船状况。此时的杨柳河，是温江县城等的主要行船河运通道，上可逆水回金马河去灌县转成都等地，下可顺水经双流彭镇去新津乐山宜宾等地。

需要特别说明的是：其一，此处的"杨柳大江金马支流"，是针对杨柳金马水流大小而说的，并不是说杨柳河就是岷江正流，金马河是支流，因为经过内江、新开江等的分水，到杨柳河分水时，金马河的水量已没有分水河大了，因此，此处的"杨柳大江金马支流"，只是两江之比而已，不能理解成杨柳河就是岷江正流。

其二，明末清初和清末，因战乱，社会处于无政府状态，金马河年年堵塞需要清理疏浚而无人管理，于是就有了"清初，金马河在温江玉石堰下与石鱼河分流，时为小河。清末，当羊马河变成岷江干流时，金马河改由羊马河起水"的记载。

这里的"小河""起水"，都是金马河在特殊年代出现的特殊现象，是短暂现象，不能据此理解为金马河是真正的小河，得出"民国22年，叠溪水暴发后，金马河被冲宽，形成了岷江正流"的错误结论。

此阶段的金马河，因船运达到高峰，层层被分水也达到高峰，金马河双流段以下，"大河流小水"的"小河"现象更加突出，夏秋丰水冬春枯水等特征也更突出。

4. 1933年叠溪地震至2008年"5·12"汶川地震阶段

民国二十二年（1933）的叠溪地震洪水，典型性地回演了一次金马河自古的历史形成——地震洪水冲击形成，同时，也巧合性地终结了河运历史，使分水行船的水回归金马河了。

由于明清时期，金马河被分水达到高峰，温江段及以下处于"小河"状态，民国二十二年的叠溪地震洪水，《温江县志》记载为金马河又成岷江正流了，《双流县志》和《新津县志》记载为此时才冲宽成岷江正流。

图1-44 现在宽阔的金马河

从民国叠溪地震至紫坪铺水库修好，此阶段因为社会发展，陆路（马路）开始修建，河运减少。民国二十二年叠溪地震后，船运基本就没有了，河水开始回归金马河。叠溪地震引发的洪水，促使河水回归，从此不再行船。但也恰巧给金马河戴上了"叠溪洪水冲宽金马河，从此成为岷江正流"的帽子。

由于河水的回归，金马河年年夏季涨大水，尤以1964年涨大水为甚。直到紫坪铺水库修好，在2008年的"5·12"地震中，水库受到一次前所未有的考验，金马河从此没有了洪水灾害，彻底消除了水患。

从时间上看，修都江堰到现在，不过两千多年，这对金马河漫长的历史来说，实在是太短暂了。现在的金马河，河道宽阔规整，河水很小，甚至没有水，但金马河还是岷江正流，还是岷江，这将是金马河以后永远的状态了。

这就是金马河的清晰历史。

第二章
文物佐证五津之涉头津为双流擦耳岩古渡

本章提要：《华阳国志》中的"五津"，是川人一直在寻找的古蜀历史文化地域标志。但多年来的热议，都没有使人信服的证据考证五津在何处。笔者根据常璩的记载，首先确立了五津的考证范围和考证原则，以保证和检验考证论证符合《华阳国志》五津要求，并以六考证论证了五津就是都江堰至新津金马河上的五个大渡。对五津之涉头津东州民居进行了社会背景分析，并有当地出土文物信息支撑，佐证了涉头津就是双流擦耳岩渡。此考证论证，得到了专家教授的评议和肯定。

一、五津热议

近年来，中国古诗文越来越受到人们的重视和喜爱。王勃《送杜少府之任蜀州》一诗中，不仅有千古名句"海内存知己，天涯若比邻"，诗中"风烟望五津"的五津，更是引起了人们的热议。至今还没有人能确切回答，五津在四川的哪条河上，是哪五个渡。

《中国地名》2018年第12期载有哈尔滨师范大学文学院教授刘中文的文章《"五津"究竟在哪里》。文中说，"五津"一词为蜀中地名，在现行几种主要工具书及流行颇广的唐诗选本中，对此有两种解释：其一认为，"五津"是蜀中长江自湔堰至犍为一段的五大渡口。罗竹凤主编的《汉语大词典》、朱东润主编的高校文科教材《中国历代文学作品选》、徐中玉和金启华主编的高等教育自学考试教材《中国古代文学作品选》等均采用此观点。其二认为，"五津"是四川岷江上灌县至犍为一段的五大渡口。商务印书馆编的《辞源》、台湾中华文化研究所印行的《中文大辞典》《唐诗鉴赏辞典》等均采用此观点。这两种观点或把"五津"放在长江之岸，或把"五津"置于岷江之滨，虽一字之差，却谬以千里。可见，"五津"具体在哪里的重要性。

《川报观察》2018年8月24日刊载了记者肖姗姗、文莎的文章《"风烟望五津"里的五津在四川的哪条河上？》，文中说，四川省文史研究馆馆员、四川师范大学历史文化与旅游学院教授谢元鲁认为：尽管蜀州的古今范围变化很大，但当年王勃的好友将要到任的蜀州，就在成都金马河以西，包括现在的崇州和都江堰、大邑的部分地区。"这条河是成都平原的外江，也叫金马河。它从都江堰一直往下流经新津，王勃诗中的'五津'就位于这条金马河上，历经千年，这五个古老的渡口虽早已消失，却永远存活在历史记忆中。"谢元鲁教授回答了"五津"就在金马河上，虽然没有说是金马河上的哪五个渡，但已经明白无误地肯定了在金马河上。

2018年5月4日，《成都晚报》刊载了作家林赶秋的文章《花重"锦官城" 风烟望"五津"》。文中说：五津是指岷江上的五个渡口，而且每一个都有专名。《华阳国志·蜀志》提到了这五津，从都江堰以下至彭山西北，五津分别是白华津、皂里津、江首津、沙头津、江南津。白华津大概就是今温江之三渡水，此为成都至江原（今崇州）大路之渡口；皂里津即新津县邓公场与旧县坝之渡口；江首津疑即新津东南之白果渡；沙头津在彭山县北，即今观音铺东之双江渡；江南津在沙头津之南、今彭山之北。

看得出，林赶秋文章中的五津，是引自四川大学刘琳教授《华阳国志校注》中的五津注解。

2012年，有篇名为《"五津"寻踪》的文章，刊载在《中华文化论坛》（2012年第2期）探索争鸣栏中，作者张起，系成都大学文学与新闻传播学院副教授。文章认为："五津"在古江原县境内，从今崇州市至新津县的金马河（岷江）段，约为七十里范围，因为江原县包含了岷江中段的全部水系，也可以说江原依傍岷江而成。蜀郡江原作为常璩故乡，他最为熟悉，在《华阳国志》中记载江原的"五津"亦定是准确的，"大江自湔堰下至犍为有五津……""五津"在江原境内确凿无疑。张起说的五津在江原境内，其实也就是在都江堰至新津的金马河上。

还有文章，说五津对应的是都江堰至新津的金马河上的五个现代渡。《成都晚报》2019年11月19日刊载了周洁薇的文章《几千年舟船过渡的历史 三渡：水唐诗吟咏的古渡口》，文中说：这河，就是金马河，即岷江（历史上又名皂江），形成了历史上著名的"五津"，初唐诗人王勃在《送杜少府之任蜀州》里起句就说"城阙辅三秦，风烟望五津"，据考证，这五津，指的就是金马河上曾经的五个古老渡口：今都江堰市的徐渡、崇州市与五津区交界的晏家渡、温江区的"三盛渡"（即三渡水）、崇州市与双流县交界的擦耳渡、新津渡。文中还提到，唐代每年十月，皂江（今金马河三渡水）搭竹木桥以济来往商贾行人，第二年五月夏季涨水则撤桥以舟船渡人。

这后两篇文章，是最早把常璩《华阳国志》记载的五津，考证为都江堰至新津的金马河上，并考证到五津对应金马河的现代五渡。尽管没有对"据考证"的"证据"和考证过程进行详述，但也是第一次把五津落到了金马河上的现代五渡上。

经这几年的考证，我认为，谢元鲁、周洁薇二位专家学者认为五津在金马河上的观点，是值得肯定的，是有证据支撑的。我以证据，考证论证了五津为金马河上五渡的观点。

二、五津考证

（一）考证常璩《华阳国志》五津的范围和原则

五津考证，首要的，就是要确立考证范围和考证原则，没有确立考证范围和考证原则，就容易出现偏差，甚至错误。那么，考证五津的范围和原则是哪些呢？

东晋常璩《华阳国志》（卷三·蜀志·十）记载："其大江，自湔堰下至犍为有五津：始曰白华津；二曰皂里津；三曰江首津；四曰沙头津，刘璋时，召东州民居此，改曰东州头；五曰江南津。入犍为有汉安桥，玉津，东沮津。"确立五津考证的范围及原则，不能脱离《华阳国志》中对五津的记载。因此，考证范围就是《华阳国志》记载的"其大江，自湔堰下至犍为有五津"；考证原则即"三不能"，不能脱离《华阳国志》"其大江，自湔堰下至犍为有五津"的范围，不能脱离常璩"刘璋时，召东州民居此"的时代背景注解，不能脱离"入犍为有汉安桥，玉津，东沮津"的强调说明。

揆诸以前的五津考证，就是没有确立考证范围和考证原则，因此谁都可以说自己的考证就是常璩《华阳国志》记载的五津。确立了五津考证范围和原则，就可以衡量和检验以前、现在，甚至以后的五津考证，是否符合常璩记载的五津范围和原则了。

(二)六考证五津为金马河上的五渡

经考证,东晋时,常璩《华阳国志》记载的"大江",是指岷江正流金马河;"湔堰"是指都江堰;"犍为"是指东晋时的犍为郡,郡治武阳,今彭山江口镇,新津时属犍为郡管辖地。"其大江,自湔堰下至犍为有五津",就是说,金马河上,从都江堰到新津有五津。其考证有六,细述如下。

考证一:《华阳国志》所记"大江"是指岷江正流金马河

常璩《华阳国志》记载"其大江,自湔堰下至犍为有五津",其中"大江",是指岷江主流金马河,这一点,基本是得到公认的。

任乃强、刘琳两位教授是我省著名的古籍专家,两位对东晋常璩《华阳国志》都有注解专著。任乃强有《华阳国志校补图注》,刘琳有《华阳国志校注》。两位教授都认为,常璩所指"大江"是都江堰外江金马河。

任乃强在《华阳国志校补图注》132页至133页的插图,以及第154页的注解7中说,此所云"大江"指郫江干流和外江(任乃强认为,内、外两江都是"大江"),图中标注了岷江正流金马河为"大江"(如图2-1所示)。

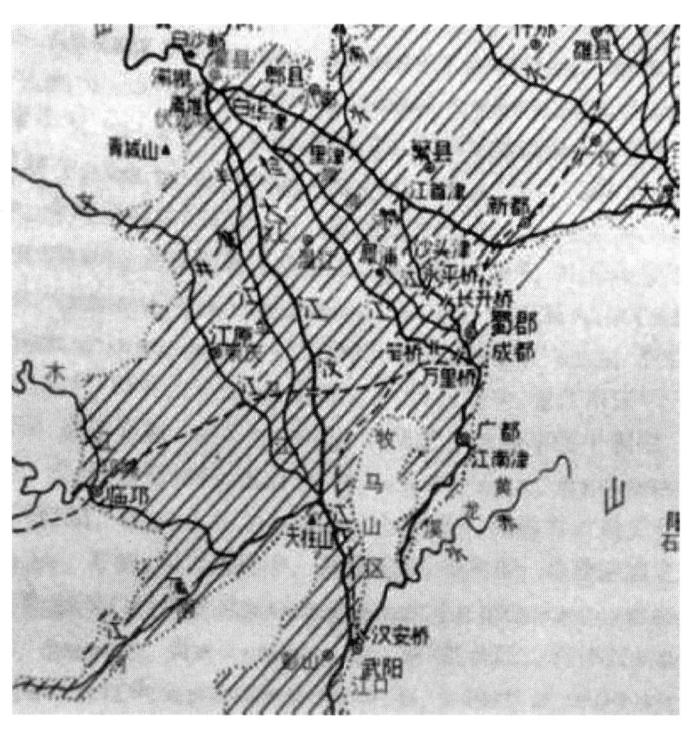

图2-1 《华阳国志校补图注》中标注的"大江"

刘琳在《华阳国志校注》中指出金马河就是《华阳国志》所说的"大江"，并有两条证据（如图2-2所示）。

【一】[津]渡口。[大江]汉唐间人多以今走马河、府河为岷江正流，称江水或大江，而称今之岷江正流金马河为郫(shòu)水或郫江（见《汉志》、《水经注》、《元和志》等。"郫"音"寿"，音转为"皂"，故又称皂江）。但《华阳国志》所说的大江是指金马河，证据是：（一）上文说李冰"穿郫江、检江、别支流双过郫下"，可见他认为成都二江都是支流。（二）下文江原县下说"郫西，渡大江，滨文井江"，若以大江为检江，西渡检江仍为汉晋郫县界而非江原，南西渡金马河正是江原境（江原、郫县以金马河为界）。据此，则"五津"当在今灌县至彭山间岷江上。唐王勃《杜少府之任蜀州》诗："城阙辅三秦，风烟望五津。"意谓杜少府自成都过五津至蜀州上任。唐之蜀州治晋原，即今崇庆县，辖今崇庆、新津二县地，可见唐人认为五津在蜀州岷江上。

图2-2 《华阳国志校注》（增订版）第119页截图

金马河一直是名副其实的"大江"，即古岷江，修都江堰后为岷江正流。水利史专家谭徐明教授在《都江堰史》第134页中的图示说明，外江为岷江正流，即金马河。

考证二：五津在都江堰至新津的这段金马河流域

"其大江，自湔堰下至犍为有五津"，即金马河自都江堰下至新津有五津。说明五津就在金马河都江堰至新津的河段范围内，而不是其他河段上。

《华阳国志》中的记载，清楚、肯定、明确，一点都不含糊。若超出金马河自都江堰至新津这一范围，就不是《华阳国志》记载的五津了。

任乃强教授一方面承认外江金马河为"大江"，另一方面又把五津注解在内江至成都的河流上，而没在金马河上。

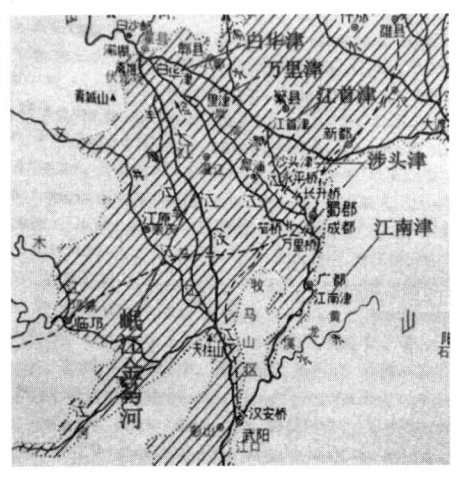

图2-3 《华阳国志校补图注》插图注解

> 【二】〔白华津〕疑即今温江三渡水，此为成都至江原（今崇庆）大路之渡口。清康熙前成都至崇庆州、邛州驿路均由此渡，后始改由新津渡。〔万里津〕各本皆作"里津"，据明杨慎《丹铅馀录》卷一四、陈耀文《天中记》卷九引《华阳国志》补。而《方舆纪要》卷六七引《丹铅录》作"皂里津"，是顾祖禹所见上本不同。按《寰宇记》卷七五："李膺《益州记》云：皂里江津之所曰新津市。《周地图记》云：闵帝元年于此立新津县。"是作"皂里津"亦不为无据。盖皂江边有里，称皂里，又以里名津，乃至江亦称皂里江。北周新津县城在今县城东五里五津镇南之旧县坝，西临大江，对岸即今邓公场。则皂里津即邓公场与旧县坝间之渡口也。此渡直到解放后新津南河大桥建成前，一直为成都至彭山、新津的主要渡口。西汉末公孙述军与朱遵战于六水门（今邓公场）当亦由此而渡，可见为汉以来之旧津。盖中间一度废弃，南北朝又重开，故称为"新津"。〔江首津〕疑即新津东南之白果渡。道光《新津县志》："白果渡，县东十四里，诸江合下流（之）总渡，上距省城，下通彭、眉，系南路要津"，但不知何以称为"江首"。〔沙头津〕二本作"步头津"，惊本俱作"沙头津"，《丹铅馀录》《天中记》亦作"沙"字，均误，据顺校改。《晋书·李势载记》，桓温伐蜀，李势将昝坚自犍为（郡城在今彭山西北五里）由沙头津北渡向成都，即此。《纪要》卷七一："沙头津在彭山县北，......志云古津在县北二十里。"按此，沙头津当即今观音铺东之双江渡。《东州民》《蜀志·刘璋传》注引《英雄记》：刘璋时，"南阳、三辅人流入益州数万家，（璋）收以为兵，名曰'东州兵'"。〔江南津〕当在沙头津南，今彭山北。

图 2-4　《华阳国志校注》（修订版）第 119 页截图

刘琳教授认为，《华阳国志》中所说的"大江"是指金马河，但以"疑即"来注解五津，除江首津在温江三渡水金马河上外，其余四津，都打堆在东晋时的犍为郡内，即集中在新津及以下的金马河流域。据新津地方史料记载，《华阳国志》记载的汉晋年间，新津属犍为郡。

考证三：同一条河段上的五津，因时代变换而改称五渡

《华阳国志》里记载的五津，是金马河都江堰至新津的河段上的五个大津。分别为白华津、万里津（皂里津）、江首津、涉头津（沙头津）、江南津。

千百年后，社会在变，时代在变，地方称谓也在变，津的名字也在变化，以前叫津，后来叫渡。这千百年来，没变的是都江堰，是都江堰外江金马河的特征。岷江金马河因修都江堰后，出现夏秋丰水、冬春枯水的特征，因而也形成夏秋丰水摆渡、冬春枯水搭桥的金马河过河特征。金马河上夏秋季的五个大津渡，始终没变。变的只是名称，以前叫五津，现在叫五渡了。因此，《华阳国志》中的五津，按序对应，就是金马河上的现代五渡（见表2-1）。

表 2-1　常璩《华阳国志》五津与现代五渡（都江堰至新津的金马河上）

五津	五渡	金马河西	金马河东
白华津	徐渡	都江堰及青城山、崇州街子等	郫县、成都
万里津	晏家渡	崇州怀远、三郎、元通等	温江、成都
江首津	三盛渡	邛崃、大邑县城、崇州市等	温江、成都
涉头津	擦耳渡	邛崃、大邑安仁、崇州三江、江源等	双流、成都
江南津	新津渡	邛崃、眉山等	双流、成都

徐渡离都江堰下游约 10 公里，是成都等地通往青城山的必经大渡，青城山是中国著名的道教名山，道教的发源地之一，全国各地传教拜教于此，来往人多，这里可称都江堰下第一大渡。晏家渡是崇州怀远、三郎、元通等三镇去往温江、成都的大渡。温江三盛渡又叫"三渡水"，是邛崃、崇州、大邑等去往温江、成都的大渡。双流擦耳岩渡，是邛崃、崇州、大邑等过双流去成都最近的大渡口。新津渡即新津县渡，是邛崃、眉山、大邑等经双流去成都的交通要道。

同是金马河都江堰至新津河段上的五津，只因时代变换，名称变了而已。这是考证常璩《华阳国志》五津为五渡最基本的证据，也是最重要的证据之一。

图 2—5　金马河上的现代五个著名大渡口

考证四：常璩注解"四曰沙头津，刘璋时，召东州民居此"

按序对应，涉（沙）头津就是双流擦耳岩古渡，而常璩对"四曰沙头津，刘璋时，召东州民居此"的解释，更能佐证涉头津就是双流擦耳岩古渡。

经考证，东州民是古蜀外来游民。东汉末年（约公元 200 年），因政治腐败、黄巾起义、天灾等，导致南阳、三辅出现流民，一部分流入益州，称为"东州人"①。东州流民数万家十几万人，他们到益州来是为了求生存，夺得生

---

① 东州人，为东汉末流寓益州的中原人。建安初，从南阳、三辅（长安、冯翊、扶风）一带流入益州者数万家，时称东州人。益州牧刘焉收以为兵，组成地主、豪强军队，名曰"东州兵"。东州人颇侵暴益州民，刘焉子刘璋继为益州牧，不能禁，益州人怨。建安五年（200），州大吏赵韪乘机而反。东州人畏赵韪，恐见诛灭，并力助刘璋。次年，赵韪败亡。

存空间。因为这里"土地肥美,有江水沃野,山林、竹木、蔬菜、果实之饶"。但当时益州豪强地主势力得到发展,地主势力多次向益州统治者刘焉、刘璋挑战。为了维护政权的需要,统治者刘焉、刘璋,就与东州人相互利用,组织了"东州兵"。在益州豪强地主反对刘璋的斗争中,正是"东州兵"的殊死战斗,才保全了刘璋的政权。于是东州人成了刘璋政权维护的功臣。为了保住政权,安抚东州人,一部分东州人就住在成都城中,另一部分安置在土地肥沃的岷江金马河边的涉头津,后改曰东州头之地。

将东州人安置在涉头津,是因为这里离成都最近,一旦有事,东州人半天就可赶到成都汇集。这是由当时的社会背景决定的。其一,当时社会的主要矛盾是豪强地主势力与政权统治者的矛盾,益州统治者刘璋,虽然靠东州人保住了政权,但还要依靠东州人继续维护政权,巩固政权,将他们随时召集起来战斗,所以东州人不能分散太远。其二,东州人也要保护自己,保护自己的生存空间,维护自身的既得利益,所以也不能分散太远。其三,更是战争策略的需要,分两地安居,可防住在一起被人包围一锅端消灭,分两地形成犄角有利于战略战术,但也不能分开得太远,不能迅速汇聚而被人分头消灭。

陆游有诗《自江源过双流不宿径行之成都》,说的就是双流擦耳岩古渡距成都近,半天即可赶到成都。可见,东州人安居的涉头津,就是金马河双流擦耳岩渡。

常璩是崇州小亭乡人,他的家乡就在擦耳岩渡下游西岸的崇州三江镇,他常从这里过河去成都。因此,常璩对擦耳岩渡是非常熟悉的,他的注解,是真实可信的。

考证五:"入犍为有汉安桥,玉津,东沮津"的强调说明

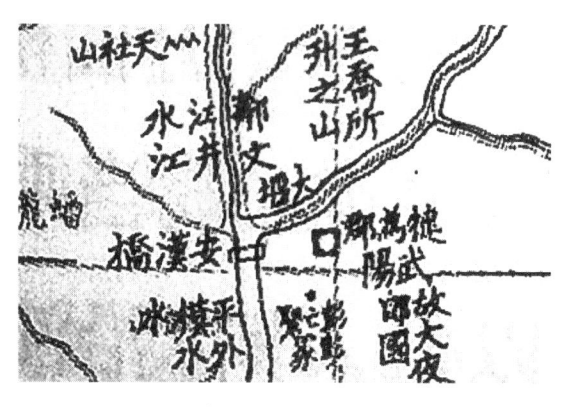

图2-6 犍为郡下两江汇合口处的汉安桥

《华阳国志》对除五津外还有"入犍为有汉安桥,玉津,东沮津"的说明,是对"五津在都江堰至新津的范围内,不能入犍为郡"的强调,即不能入新津及以下的河流。这是考证五津范围的重要原则之一,也是对五津考证最后打的"补丁"。

笔者考证的五津,是都

江堰至新津的金马河上的五个大渡,没有入新津及以下,因此符合考证范围和原则。

考证六:考证证据形成了完整的证据链

把上述考证证据联系起来,可以看到:

证据一考证了五津所在的大江就是岷江金马河;证据二考证了五津在都江堰至新津的这段金马河范围内;证据三说明,随时代变化,五津只是名称变了而已。以上三证据说明,五津所在的大江,就是都江堰至新津的金马河段,这就是常璩笔下五津的范围。

证据四是常璩特别注解说明,东州民居的涉头津就是擦耳岩渡,符合东州民居此的时代背景。这既考证了涉头津就是擦耳岩渡,又反证了其他四津按序的正确性。

证据五则补充强调,五津没有入犍为郡及以下,这是常璩对五津在都江堰至新津河段上的强调说明,是最后的补充。

以上考证,证据之间不矛盾,不冲突,互为补充,符合考证范围,符合考证原则,形成了完整的证据链。特别是其中涉头津就是双流擦耳岩古渡的考证,更是有力地佐证了五津就是金马河上的五渡。

总之,以上六考证论证,佐证了东晋常璩《华阳国志》中的五津,就是金马河上的五渡,特别是涉头津就是双流擦耳岩渡的佐证,更是五津为金马河上五渡的证明。

纵观整个考证论证过程,其证据是充分的,过程是严谨的,考证是完整的。特别是先确立考证范围和考证原则,从而保证了考证的五津符合常璩记载的五津范围,保证了符合考证原则。揆诸对常璩《华阳国志》五津的各种考证,可以说,这是最充分最完整的一次考证。

三、擦耳岩出土文物的涉头津信息

2019年12月13日,我在成都博物馆发现了两件在双流擦耳公社时期出土的铜器文物(如图2-7所示)。经分析,其中包含东汉末年,即公元200年左右,东州民居双流擦耳岩的信息,因而佐证了《华阳国志》记载的五津之涉头津,就是双流擦耳岩渡。

图2-7 双流擦耳公社出土的铜壶、铜染具

图2-8 成都博物馆展出的铜壶、铜染具

两件出土铜器文物，带给我们什么信息呢？

第一，两件文物在"成都冶铜冶铁"一栏展示，说明这两件文物，已被成都博物馆考证认定为成都地区冶铜时代的产品。

第二，两件文物是在双流擦耳公社（今为双流区彭镇）的同一地方一起出土的。

两件文物，为什么在双流擦耳地区出现？我们已经无从知晓文物出土时的情况，只能从这两件文物本身的情况来进行分析。

从铜壶的生产背景和制作工艺以及用途情况来看，根据成都博物馆的说明得知，此铜壶是成都地区西汉（公元前202—8年）冶铜时期的产品，从铜壶的制作工艺上可以看出，其显然是作为摆设品来制作的，且制作工艺精细，具有摆设装饰的高贵气质。因铜壶没有出水口，且壶口呈倒钩状，说明铜壶不是用来盛液体的（如图2-9所示）；且壶口较大，单手能伸进放物取物，说明此壶可用来盛放小物件。从壶口为内斜口的状态来看，壶口上应有盖，但遗憾的是现在找不到盖了。

图2-9 带内斜钩的壶口

看得出，铜壶的摆设装饰作用显然大于盛装作用，且一般是成双成对的，也就是说，这是高官贵族大户人家的客厅装饰品。如图2-8所示，同为摆设壶，左边的铜钫壶，就为双壶，而右边擦耳岩出土的铜壶则为单只壶。

另一件铜染具，工艺显然较粗糙。上盘下凹成盘型，盘中盛液体，两边带耳，说明可端行；盘下为一炉堂，可放木炭等燃烧，以加热上盘液体，说明这是一种加工制作他物的用具。可见，这是手艺人家使用的工具。成都博物馆标注为"铜染具"，即可说明是一种"染"具。具体是染何物的"染具"，不得而知。

从上述分析来看，两件铜器的用途不同，存放的空间不同，使用的主人也不同。因此不可能同属于一家主人。（但不排除属于开有工坊的大家族，即一件为客厅装饰品，另一件为家族工坊用品。）

两件文物，怎么就出现在离成都城区 50 里远的双流擦耳岩呢？

有三种可能：一是买来的，二是偷来的，三是抢来的。

若是买来的，那么，一定是擦耳岩有钱有势的官宦大户人家，才买得起买得来，且要成双成对地买。但擦耳岩方圆几十里，上下两千年，历史上没有记载说这里有官宦或大户人家，就算家族中道衰落，也不至于仅此两件家什宝贝吧。因此，买来的可能性极小。

若是偷来的，铜壶是官宦大户人家的宝贝摆设物件，铜染具是工坊用品，都是人家天天眼皮底下看得着的物件，能偷得走吗？就算是偷走了，那也得赶紧出手卖钱，留在家里就是祸，若被发现，那怎么得了。因此，偷来的可能性不大。

以上两种可能性小，那么，大概率是第三种——抢来的了。

根据《华阳国志》记载"刘璋时，召东州民居此"，东州民是东汉末年，从南阳、三辅流入益州的流民，数达万家十几万人，他们与统治者刘焉、刘璋相互利用，组成了"东州兵"，在与益州豪强地主的斗争中，因"东州兵"的殊死战斗，才保障了刘璋的统治政权，成为刘璋的功臣，同时，刘璋还需要"东州兵"继续维护政权。因此，对"东州兵"的安置是有讲究的。他们一部分被安置在成都城中，另一部分就安居在半天就能汇集的金马河涉头津。因此，两物件成为"东州兵"的战利品，是有可能的。

根据以上情况分析，两文物被"东州兵"因战争抢略来的可能性很大。因此，双流擦耳公社出土的两件铜器文物，是带有东州民居此地信息的。

两件在擦耳岩出土的铜器文物，从文物考古方面，再次佐证了五津之涉头津就是双流擦耳岩渡，即今天的双流区彭镇擦耳岩。

由此，东晋常璩《华阳国志》记载的五津之涉头津，就是双流彭镇擦耳岩，且考证论证，证据充分。同时，涉头津的确证，也反证了五津就是金马河在都江堰至新津河段的五个大渡。

第三章
金马河上的中国名胜廊桥

本章提要：清光绪年间，金马河上曾经建有一座美丽的廊桥，叫"四川双流县擦耳岩西安大桥"。它是当年川西平原上最长最美的廊桥，其照片被载入我国第一本风景画册《中国名胜》，曾作为礼品赠送美国友人。同时，《中国名胜》在国内多次再版，民国时期就扬名海外了。

一、发现，120年前擦耳岩廊桥

之前，从来没有人说过，岷江金马河双流擦耳岩有座廊桥。一次偶然的网上搜索，发现了一张百年前的照片，即"四川双流县擦耳岩西安大桥"照片。

图3-1 双流擦耳岩廊桥照片

照片来自 2016 年 6 月 25 日的《华西都市报》，报上刊登了一篇名为《百年前美国双语画册再现成都半边桥等旧景》的文章，文中，有一张就是"四川双流县擦耳岩西安大桥"照片（如图 3-1 所示）。

我查阅了有关资料。据《双流县交通志》记载："光绪中募建西安桥，桥楼 48 间，工费浩大，邑绅吴特仁、吴应安、吴仕琦捐田 40 余亩，以作岁修，后数年桥被洪水冲毁。"① 寥寥数语，没有图片，不能给人直观的印象。

当看到"四川双流县擦耳岩西安大桥"照片后，强烈的惊奇感油然而生。没有想到，金马河上，百年前曾经有过这么漂亮，这么有规模，这么风光的廊桥！

这是一张非常珍贵的岷江金马河上的双流擦耳岩廊桥照片。

结合照片和文字记载，廊桥的情况基本清楚了：廊桥建于清光绪年间（1875—1908），从记载有桥楼 48 间得知，照片上只照出桥长的三分之一，还有三分之二没有照出来。经分析，桥长约 200 米。从桥的建筑和样式来看，桥墩为石垒基座，三根大木柱支撑，桥面为木柱龙骨，木板铺面，木桥栏，桥栏有坐板，桥上盖顶，俨然属于廊桥。

从照片上看得出，廊桥上有隐约的人影，有站着扶在桥栏边观望的，有坐在桥边坐板上闲聊的，还有刚从桥头走来的一群悠闲的人。从高高的桥墩柱子可知，桥下的金马河是要涨大水的河。从桥下宁静的水面和桥头落叶的树枝看出，此时的金马河正处于冬季枯水季节。

图 3-2 双流擦耳岩廊桥风景

长长的古朴廊桥，高高的桥脚，清清的水面倒影，静静的桥头，落了叶的老榕树，桥头密集的房顶，俨然一幅优雅恬静，富有特色的川西岷江金马河古

---

① 双流县交通局编纂办公室：《双流县交通志》，内部资料，第 115 页。

朴廊桥风景画。

据《华西都市报》报道，"四川双流县擦耳岩西安大桥"照片，来自一本《中国名胜》画册，该画册由中华民国游美实业团于1915年在美国采用中英文双语印刷出版，专门赠予在美国的华侨及美国友人。《中国名胜》总共记载中国各地名胜照片80幅，其中四川4幅，为"成都望江楼崇丽阁""成都半边桥""双流县擦耳岩西安大桥"等。

《凡人摸史》有篇名为《日本清朝企业家欢聚一堂留下很多珍贵照片》的文章，说1911年，也就是清朝灭亡前一年，中日企业家欢聚一堂（画册原意如此），开会交流。之后出版了一本画册纪念此次会面。画册由商务印书馆代印，里面都是当时中国的风景名胜，其中就有"四川双流县擦耳岩西安大桥"照片。

我查到《中国名胜》画册，首页印有清朝中国与美国的两国国旗图案，并有文字记载：大清宣统二年八月清美实业家交欢盛会之纪念中国商会敬赠（如图3-3所示）。

图3-3　《中国名胜》画册首页

可见，画册是宣统二年（1910），中美企业家联欢，中国商会为纪念而作的赠品。此画册在国内外受到极大欢迎，当年八月初版，九月就再版了。

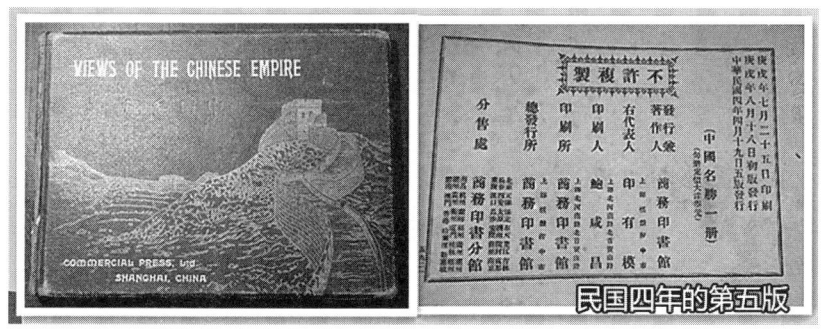

图3-4　《中国名胜》画册

画册共载入全国风景 194 幅,由商务印书馆编纂发行,全国有二十个分售处,四川有成都、重庆两处。此后不断再版,民国二年(1913)七月第四版,民国四年(1915)四月第五版,分售处增加到三十六处,每本定价一直为大洋三元。

这是中国第一次印制国内风景名胜画册,短短五年就再版了五次。可见《中国名胜》画册受到国内外欢迎之热烈。

图 3-5 《中国名胜》画册中介绍擦耳岩廊桥

第一版的双流擦耳岩廊桥名称为"四川双流县擦耳岩西安大桥",以后再版的名称为"四川双流擦耳岩西安大桥",少了"县"字。

可见,当年金马河上的双流擦耳岩廊桥,已是中国名胜风景,并得到广泛宣传。

二、晚清,成都川西平原三廊桥

清朝晚期,成都川西平原上有三座廊桥,一是成都南河上的安顺桥,二是灌县(今都江堰)宝瓶口下的南桥(如图 3-7 所示),三是岷江正流金马河上的双流擦耳岩西安大桥。

图 3-6 1947 年前的成都安顺桥/引自成都博物馆

图 3-7 1931 年的灌县南桥/引自网络

图 3-8 拥有 48 间桥楼，约 200 米长的双流擦耳岩西安廊桥意境图

然而，三座廊桥中，只有擦耳岩廊桥被载入《中国名胜》画册，代表中国风景"出国"了。

擦耳岩廊桥凭什么能载入《中国名胜》画册，扬名海外？对此没有相关记载说明，只好分别看看三廊桥的规模、修建情况，姿色倩影等，也许从中可知一二。

成都安顺桥，桥长 20 丈（约 66.7 米），宽 1 丈（约 3.3 米），据说建于 1680 年前后。清乾隆十一年（1746），华阳县令安洪德（注：当年成都府下分为成都县与华阳县，成都县管辖成都东北，华阳县管辖成都西南），用捕获的强盗室中的无主赃银，重修了一座以石为基的木结构风雨廊桥，并亲自题匾，将桥命名为"安顺"。

灌县南桥，桥长 45 米，宽 6 米，建于 1878 年，县令陆葆德，用丁宝桢大修都江堰的结余银两，作为建桥费用。

擦耳岩廊桥长约 200 米，宽约 3 米，为光绪年间募资所建，建有桥楼 48 间，工程浩大，邑绅吴特仁、吴应安、吴仕琦捐田 40 余亩，以作岁修。

比较可知，擦耳岩廊桥有以下突出特点：

第一,"高大上"的外观整体形象。擦耳岩廊桥在长度、高度上,符合"高端、大气、上档次"形象。擦耳岩廊桥气势恢宏,其长,是成都安顺桥的三倍,灌县南桥的四倍;擦耳岩廊桥的高,若把成都安顺桥和灌县南桥比喻为一二层矮小平房的话,那么,擦耳岩廊桥就是三四层以上的高楼了。因此,擦耳岩廊桥在形象上,具有"高大上"的宏伟气质,压倒了成都安顺桥和灌县南桥。

第二,古朴秀丽的内在气质。擦耳岩廊桥建筑风格朴质,明目清风,婉约纤秀。若把三座桥作一比喻的话,擦耳岩廊桥就是一高挑的乡野村姑,成都安顺桥就是一敦厚的财主憨娃儿,灌县南桥就是一光屁股跟着跑的小儿。擦耳岩廊桥古朴纤秀的气质,实在是抓人眼球。被独具慧眼的人看中,不属意外。

第三,千里岷江一廊桥。擦耳岩廊桥处于岷江金马河上,地理位置非常重要,一是千里岷江上的第一座廊桥,二是地处成都平原川西坝子中心交通枢纽,为成都去往崇州最近的交通要道河口,影响面广。桥一建起,就被摄影师看中,并宣传出去了。尽管成都安顺桥历史悠久,擦耳岩建桥的重要性和影响力,还是远远大于安顺桥和南桥。

以上三点,是双流擦耳岩廊桥当仁不让地成为成都川西平原第一廊桥的理由,也是具有中国风度,代表中国特色的风景名胜。

金马河水变化大,冬春干涸搭桥,夏秋丰水摆渡,修建廊桥后,擦耳岩夏秋丰水也就不用摆渡了,因此廊桥桥墩建得高高的。而灌县南桥和成都安顺桥,均因都江堰宝瓶口内江河水较为稳定,桥墩相对较矮。

比较之下,擦耳岩廊桥且长且高,建筑气势恢宏,风格朴质婉约,谦谦之秀,明目清风,具有独特的观赏风格。作为中国风景的代表,载入《中国名胜》画册,声名远扬,不愧为中国的一张风景名片。

可惜的是,双流擦耳岩廊桥,这样美丽的一座廊桥,却在数年后,被金马河洪水冲毁了。据考证,双流擦耳岩廊桥大约建于1890年,于1896年被冲毁。

三、考察,确定了擦耳岩廊桥的具体位置

2017年夏季大水后,擦耳岩的岷江金马河中,出现了两块混凝土建筑物。当年8月21日下午,我在河中发现了这两块默默躺着的混凝土建筑物(如图3-9所示),其大的一块长160厘米、宽60厘米、厚60厘米,小的一块长130厘米、宽60厘米、厚60厘米。经仔细观察分析后,疑是120年前的双流擦耳岩廊桥桥墩建筑遗物。

图 3-9 疑是擦耳岩廊桥桥墩建筑遗物

从建筑遗物的形状轮廓上看，其质地很软，没有被冲撞磕碰过，不可能是倾倒的建筑垃圾，也不可能是其他河段冲来的建筑块，说明是就地出现的建筑物块。图 3-9 中右上方图所示，用手拿石头敲击，轻轻地就敲下来了一块，用相机照出放大，可以看到，内部含有疑是石灰浆和糯米浆的粒状，因此，疑是民国以前的混凝土建筑物。

图 3-9 中的左下方图显示，两块建筑遗物的位置，下游是擦耳岩大桥，对岸则是擦耳岩水务局，正好符合照片中廊桥的位置。因此，这两块建筑物，很可能是擦耳岩廊桥的建筑遗物。

那么，这两块建筑遗物，会是廊桥的哪个部分呢？我认为，可能是廊桥桥墩下，最底部的混凝土物。它是在砌垒桥墩前，先在河中流水方向的前后，各挖一长形条坑，然后将石灰浆与糯米浆、河沙混合，倒入坑中，再倒入一层石块，等凝固一定时间后，再进行第二、三等层操作，最后在此基础上砌垒桥墩。该建筑遗物是防止河水冲击掏空桥墩底部，起到保护桥墩底部的作用。

两块建筑物考证为廊桥桥墩建筑遗物，其意义有二，一是略知了廊桥桥墩的基础情况，二是确定了擦耳岩廊桥的具体位置。

廊桥的具体位置，就是擦耳岩河堤处，距下游擦耳岩大桥约 300 米（如图 3-10 所示）。

2018 年 11 月 15 日上午，我再次见到两块混凝物时，已被河水冲到 20 米外的下游，快被冲击散架了（如图 3-11 所示）。能被水冲散架，说明这正是 120 年前的擦耳岩廊桥建筑遗物。

图 3—10 擦耳岩廊桥的具体位置

图 3—11 擦耳岩廊桥建筑遗物（左图为被冲远的两块建筑遗物，右图为被冲到河中的建筑遗物）

四、如今，三廊桥何时再比肩

我常常在想，双流擦耳岩廊桥若是没被洪水冲毁，或冲毁了再修建起来，这里不早就是中国的风景名胜，四川的名胜旅游之地了吗？

若在旧址恢复重建双流擦耳岩廊桥，让川西平原昔日的三廊桥再比肩，那该多好！

看看如今，被洪水冲毁修了又修不少于四次的都江堰南桥（昔日的灌县南桥），被洪水冲毁了多次又修了不少于五次的成都安顺桥。双流擦耳岩廊桥，何时能再次修建？

图3-12 现在的都江堰廊桥即南桥/引自网络

图3-13 成都安顺桥/引自网络

  现在的廊桥打造，千篇一律，没有特色。若要恢复擦耳岩廊桥，我倒建议按原样恢复。因为，当初擦耳岩廊桥就是凭借其古朴的气质，才被载入《中国名胜》，成为中国风景名胜的。

  千里岷江一廊桥，成都川西平原的第一廊桥，曾经气势恢宏的"四川双流县擦耳岩西安大桥"，何时能重现当年梦幻般的靓丽倩影？

第四章
不用人撑船划桨的天下神奇古渡

本章提要：考察发现，双流擦耳岩古渡是金马河畔的古人创造发明的一种神奇摆渡，它是在极不易驾船摆渡的河流环境中探索出的一种新型摆渡方式。它不用人撑船划桨，船上没有机械动力，是巧妙地利用河水流动之力驾船摆渡的。其运行方式和摆渡原理为"篙索挂船，借力驾船"。它因势利导，充分利用了湍急的河流环境，变不利为有利，用最少最简单的设备，一根长绳、一只大船、一把长橹，一个人操作，就在金马河上驾船摆渡了一千八百多年，直至20世纪90年代。擦耳岩渡创造了我国三项驾船摆渡历史全新纪录，是我国古代劳动人民的智慧结晶，是天府之国的古渡瑰宝，是我国古渡文化史上的一朵奇葩，不愧为中国第一神奇古渡。

一、摆渡背景

擦耳岩古渡，坐落在金马河边双流金桥镇，这里是崇州大邑经双流去成都最近的要津，20世纪末为金马河上的汽车渡，现已建桥。

岷江金马河在成都平原上，把川西坝子一分为二，形成了阻隔东边成都与西边崇州大邑等的天然屏障。两岸人们的来往，必须经过金马河上的五个渡口。双流擦耳岩渡就是五渡中的一个大渡口。

五个大渡中，四个渡的河水流动平缓，容易摆渡，只有擦耳岩渡口河水湍急，极不容易摆渡。这是因为金马河擦耳岩处河口，因受河堤的阻挡，河口收缩，河道变窄，河水湍急，涌浪高且险恶，因此河流环境十分恶劣。

图 4-1 双流擦耳岩大桥

图 4-2 岷江金马河阻隔成都与崇州大邑，形成天然屏障

但这里是崇州大邑去成都最近的河口，过河的人多，请求开船的人也多。特别是有急事要过河的人，哀求开船更强烈。擦耳岩人经不起哀求，有人下河开船了。但最终不是被恶浪打翻葬身河里，就是被河水冲到下游，半天上不来。

千百年来，擦耳岩不知多少人为此葬身河中。

一方面，河流环境恶劣，不易开船摆渡；但另一方面，过河人多，又不得不驾船摆渡。在这种十分矛盾纠结的情况下，擦耳岩人不得不去寻找探索新的驾船摆渡方法。

二、摆渡方法

大凡驾船摆渡，船上都有动力。以前社会不发达，全靠人工撑船划桨，后来有了机器，船上都用机器作动力了。

然而擦耳岩渡，以前不用人撑船划桨，有了机器后，也不用机器作动力。后来渡船成了汽车渡，载汽车过渡，渡船也没有机器动力。擦耳岩渡是怎么开船摆渡的呢？

擦耳岩河口水流环境恶劣，不易驾船摆渡。擦耳岩人发挥聪明才智，尊重自然，顺应自然，因势利导。经探索思考，利用湍急的河流环境，在河上游的河湾岸上，架起一座大枬槎作固定点，用一根长竹篾绳，一头拴在枬槎上，一头顺河而下，拴挂在渡船头上，渡船在河中被长竹绳牵挂着，就不会被河水冲走（为了防止长竹绳坠入河水中增加阻力，又用三至四只小船，将长绳系于小船上，使绳索不坠入河水中，以减小阻力）。人们再将渡船做宽做大，以抗恶浪。后来又摸索出，用一根长橹，从渡船尾部伸到河里，利用河水冲击长橹之力，巧妙地将此力转换为驾船之力。

就这样，一套独特新颖的驾船摆渡方法，在擦耳岩古人的不断探索和细心总结中形成了。这套方法原理，概括起来就是八个字"篙索挂船，借力驾船"，后文将进行详述。

图4-3　一根钢缆绳牵挂的擦耳岩汽车渡船PS示意图

用竹索牵吊船，既不被冲走，又利用河水流动之力，荡秋千（钟摆）似地来回于两岸，科学智慧，不用人撑船划桨，不用机器动力，完全没有动力成本，利用河水之力，效益极高。

这套"篙索挂船，借力驾船"的方法原理，简单实用易操作。一根长绳、一只大船、一把木橹，一个人驾船，就能在湍急宽阔的河流中驾船摆渡，一船能载几十人和物（包括猪、牛、马等牲口），满足了众多过河人的需求。

这套驾船方法原理，一直沿用到新中国成立后的汽车渡。将竹篾绳改为钢丝绳，木质船改为钢制船，还是"竿索挂船，借力驾船"方法原理，擦耳岩渡就成为一船能载三辆原老解放牌汽车过河的汽车渡了。汽车渡一直开到1992年，擦耳岩大桥建起后才停运。

后来研究又发现，擦耳岩渡之所以一人就能掌橹借力驾船，把众多货物载过河，是因为驾船时，橹上有自然助力，因此一人掌橹即可。这助力来自渡船的"荡秋千"倾向力，刚好与渡船的行驶方向匹配。

2015年9月1日，我寻访到了擦耳岩渡最后一届汽车渡船班班长陈火全。他说，他们开过用楠竹篾绳拴吊的渡船，后来是汽车渡的钢制大船，船宽6米，长20米，能载3辆汽车，三六十逢赶场时，一船要载几十近百人。由于渡船载重量大，为了保证安全，开汽车渡时，增加了一人协助掌渡。

图4-4　擦耳岩汽车渡船班班长陈火全

图4-5　《双流县交通志》中的插图①

根据《双流县交通志》记载：新中国成立以来，汽车渡船沿袭牵挂的办法，先是使用楠竹牵藤，后改用钢丝绳，一头系于船桩，另一头系于河心（或河坎）的木桩或水泥桩上，来回摆渡。1983年由乡政府加强管理，成立交通安全组，负责整顿渡运秩序，在汽车渡船停航期间，有秩序地组织其他农副业船参加渡运。

三、原理分析

金马河从都江堰出来，一路直流而下，来到擦耳岩处时，被这里特殊的地形河坎斜挡住河道，逼金马河在此向西拐了个弯，河面因此变窄，河水湍急恶浪多（如图4-6所示）。

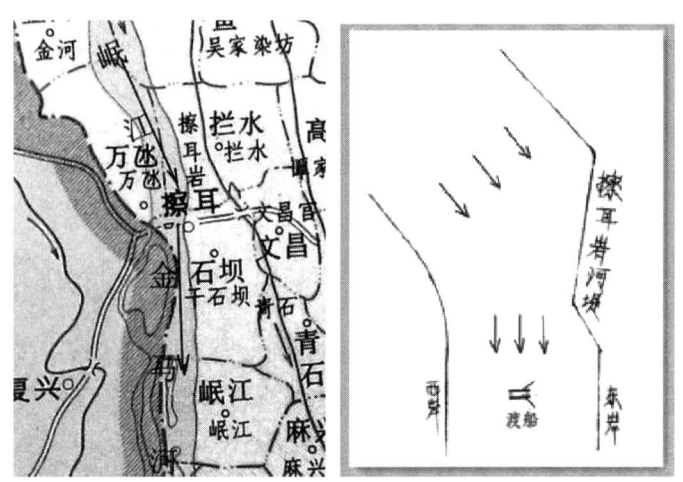

图4-6　金马河流向（左为金马河擦耳岩河口水流拐弯地图，右为示意图）

面对岷江金马河激浪汹涌的江水，如何摆渡驾船？前人翻船落水，是因为船太小，不能抵抗激流浪涌，唯一的办法就是用大船；要避免船被冲到下游半天上不来，唯一的办法就是把船牵住，不让河水冲走。用大船可以，把船做大即是，但要不被河水冲走，怎样才能牵挂住船呢？擦耳岩人仔细观察河段环境情况，久久探索牵挂船的办法，终于寻找到了办法。

（一）笮索挂船

经观察，金马河东岸上游的河堤是弯着的，可以把牵挂船的起点设在河堤上，做一个大枃槎，用堆石固定，把牵挂绳索拴在枃槎上，然后放长绳，顺水而下牵挂船。绳索用竹篾扭制而成，古时称竹篾扭成的绳为筰（筰）。用筰把船牵挂住，吊在河中（如图4-7所示）。

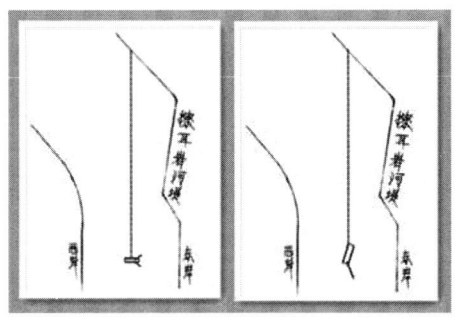

图4-7　长绳牵挂，吊船于河中示意图

（二）借力驾船

将船牵挂在河中，经过驾船摸索，牵挂船的方法也不知变换过多少次，最终找到了最佳的吊船方式，并摸索出了不用人撑船划桨，利用河水流动之力就能驾船的方法。

渡船被牵挂着，吊住渡船头的一角，从船尾伸一根长橹到河里，巧妙地利用河水冲击长橹的力来驾船，这就是借河水流动之力驾船过程。人们经过不断地摸索，终于熟练掌握了"借力驾船"的技术。

根据物体受力原理分析，长橹在河里受到激流的冲击，将产生两个方向的力。当长橹的尾端扳向东岸时，长橹受激流冲击，便产生了向下和向西岸的两个方向力，由于绳索牵挂住船，向下的力被制约，于是只有一个向西岸的力在作用了，向西的力便把船推向了西岸（如图4-8左侧图所示）。

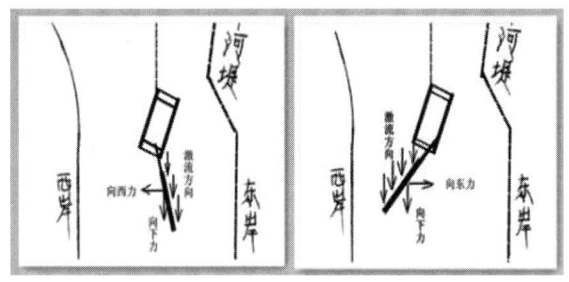

图4-8　船橹受河水冲击而获得一定力的示意图

同理，当长橹的尾端被扳动指向西岸时，长橹受激流冲击，便产生了向下和向东岸的两个力，由于绳索牵挂住船，向下的力被制约，只有向东岸的力在作用了，向东的力便把船推向了东岸（如图4-8右侧图所示）。

由于牵挂绳从河的上游放下来较长,绳索将坠入河水中,被河水冲刷产生阻力,为了减轻阻力,船工们特制了几只小船,将绳索绑在小船上,让小船载着绳索,使之不坠入河里,以减轻阻力。

"借力驾船",是擦耳岩渡船的秘密所在,神奇所在,也是核心技术所在,是长时间探索的结果,体现了古人的聪明智慧。

(三)助力掌橹

研究发现,擦耳岩古渡除了借河水流动之力驾船,还有另一种神奇之力与之匹配,助船老大掌橹驾船。

擦耳岩渡船,是靠一根长竹绳或钢丝绳,从上游将渡船牵挂着吊于河中,船老大用船橹在河流中借力驾船,使船像荡秋千一样,来回于两岸。

有一事我一直迷惑不解,擦耳岩渡船很大,需要多大的力量,才能驾驶渡船?居然只靠一个人,就把船开动了,还来回于两岸。船上一般都载百十来人和携带物、活牲畜等,后来还开成了汽车渡,可掌船的还是一人。我不明白,一个人哪来那么大的力气掌橹?

后来才发现,除船老大借河水之力驾船外,另还有一"荡秋千"之自然力,为之助力,就像现在开汽车的方向盘有助力一样。

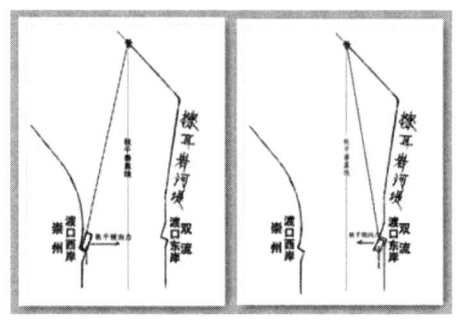

图 4-9 渡船荡秋千之力分析图

渡船受河中水流的作用,应自然坠吊于河中(中心线上),因此,当渡船在河东岸边时,渡船一启动,受到河水冲击的作用,就自然会向河中"荡秋千"而去(如图4-9右侧图所示),这样,船老大用较小的力,就能开动渡船,当船过了中心,快到对岸时,需要刹车停船靠岸,这时的"荡秋千"则助力刹车了;当渡船在河西岸边启动时(如图4-9左侧图所示),渡船向河中荡去,原理一样。

四、环境条件

擦耳岩渡是根据金马河的河流环境，因势利导而探索发明的，具有四个环境条件。

其一，河中不能有较多船只航行，因为擦耳岩渡船有长竹索吊船于河中，不便其他船只航行，只有渡船靠岸于一边时，方可允许其他船只通行。

其二，河水流动湍急，只有水流湍急，才有足够的冲击力冲击船橹，以利借力驾船。

其三，擦耳岩渡是因有较多的人在此通行过河，才探索发明的此办法，若没有较多的人要过河，就没有必要探索发明摆渡了。擦耳岩渡是崇州大邑去成都最近的要道，过河人多，因此才有必要摆渡。

其四，一年中擦耳岩渡只摆渡半年，另半年为换竹索及维修船只等保养，金马河夏秋季丰水冬春季枯水，枯水期正适合换竹索和维修船只保养。

这四个环境条件，是擦耳岩渡特有的，其他河渡很难同时具有这四项环境条件。

据《四川省公路志》记载，渡口非机动船，有三种渡运方法，即钟摆渡、摇车过渡、背牵过渡，其中后两种，是靠人工摇车和背牵过渡的，只有钟摆渡，是利用河水流动借力驾船过渡的。擦耳岩渡为荡秋千式摆渡，就属于钟摆渡。钟摆渡始创于1930年的夹江至峨眉公路青衣江渡口上，1953年，成都至阿坝公路茂汶县七盘沟岷江渡口采用钟摆渡，先用竹绳系船，因竹绳磨损断裂，后改用钢索系船，在渡口上游约150米的坚岩上载设栓缆桩，一端拴在渡船上，一端拴在桩上。为不使钢索落入水中，在岸边设一根或两根横河缆索吊起。这种利用水流冲击船舵与拴在上游坚岩上的缆索产生合力的渡运方法形同钟摆，故称钟摆渡。用一根缆索系渡船的称为单缆钟摆渡。①

钟摆渡运形式安全省力，效率高，新中国成立后，得到有关部门竭力推广。

1958年，温江三渡水渡口在推广单揽钟摆渡的基础上，开始采用双缆钟摆、三缆钟摆式，在同一时间内同时对开了三只渡船。（注：温江三渡水，是因金马河宽，河水一缩减，就成了三条河，过渡也要过三次，所以叫"三渡

---

① 四川省交通厅公路局：《四川省公路志》，四川人民出版社，1994年版，第375～376页。

水")。

1961年，简阳沱江渡口对钟摆渡作了改进，增设了挡板和其他设施，增大水流冲击力，克服了枯水季节因流速小而难以摆渡的问题。

新津渡一直是人工船渡，1965年，采用人工背牵式过渡，比人工划船提高功效约23%，但此法不适用于流速过大的渡口，对河道行船有不利影响。〔注：新津渡即为邓市渡和南河渡的合称，在邓市渡上游有金马河、羊马河（又称中河）、西河、南河等四条河流，在此汇合，汇入岷江。〕

我查阅了重庆、云南、贵州等西南各省市有关交通渡口的史志，以及陕西、山西、山东、广东、广西等各省史志，上网搜索有关交通渡口古渡等，均未查询到有钟摆渡或秋千渡等方法的摆渡文章和历史记载。全国古渡倒是很多，如陕西咸阳古渡、宁夏横城古渡，以及号称"中国古渡博物馆"的江苏镇江西津渡等，但都没有类似我们四川双流擦耳岩的竹索挂船渡。

擦耳岩渡是四川所有钟摆渡中的佼佼者。它是根据所处河流环境创造发明的，安全省力，效率高。新中国成立后，有关部门在各地竭力推广，但都效果不好。主要原因，是各渡口河流环境不同。

例如，同是金马河上，擦耳岩渡上游的温江三渡水船渡，它的河岸宽阔，水流就没有擦耳岩渡湍急，于1958年采用了双缆钟摆和三缆钟摆式，比擦耳岩渡的单缆索复杂多了；下游的新津渡，水流平缓，无法学擦耳岩竹索挂船，而于1956年采用了人工摇车船渡，1965年新津邓市渡又用了人工背牵船渡。又如简阳沱江渡口，因为河中水流缓慢，河水流速冲击力不够而达不到驾船效果。

根据《四川省公路志》的记载，钟摆渡始创于1930年的夹江至峨眉公路青衣江渡口上。那么，双流擦耳岩渡是哪年开始摆渡的呢？

五、摆渡历史悠久

《双流县交通志》记载："擦耳岩渡，旧名中渡，又名西安桥渡，系古渡之一。经考证，擦耳岩渡系岷江金马河上的千年古渡。"①

东晋常璩《华阳国志》中记载有"四曰涉头津，刘璋时，召东州民居此"。常璩是东晋史学家，他是金马河西岸的崇州三江镇人，他去成都必经过擦耳岩渡。《华阳国志》中记载的"大江"，就是岷江正流金马河，其"涉头津"，就

---

① 双流县交通局编纂办公室：《双流县交通志》，内部资料，1988年版，第115页。

是双流擦耳岩渡,而书中对"刘璋时,召东州民居此"的注解,从东州民(约公元200年)定居算起,擦耳岩渡有1800年历史了。

　　古时候,岷江金马河里的蛤(虾)蟆多,擦耳岩曾经叫"虾津"。蛤蟆多,水蛇就多,水蛇在水里游时,总翘着头在水面上游走,"涉头津"疑是"蛇头津"否?无考。因上有温江三渡水渡,下有新津渡,这里因此又叫"中渡"。清朝晚期,这里修了西安廊桥,廊桥被洪水冲毁后又恢复了摆渡,于是叫"西安桥渡",后来叫"擦耳岩渡"。

　　南宋时,诗人陆游曾在崇州为官,写有《自江源过双流不宿径行之成都》。其中"断筰飘飘挂渡头",就是对擦耳岩竹绳拴挂渡船的描写,大意是:竹篾绳从河上游顺水飘荡下来,上绳头拴在河上游的一处固点(枵槎等固定物),下绳头拴挂在渡船头上,(注:断筰,牵船的竹篾绳头);"临江立马唤渔舟"说的是,他来到江边,停住马,江面很宽,渡船在对岸,看上去像渔舟一样小,他不得不呼唤对岸的渡船。关于陆游此诗,后文将进行详述。

　　据《华阳国志》的记载,涉头津擦耳岩古渡有1800年的历史,陆游的诗,是擦耳岩"筰索挂船"摆渡的证明,有800年历史。这两项考证,是双流擦耳岩古渡在我国古渡历史上最早的记载。

　　因此,双流擦耳岩渡具有1800年历史,是我国可考证的第一"筰索挂船"渡。

　　附:(《双流县志》中的相关记载)渡运　擦耳渡口　旧名中渡,又称西安桥渡,位于擦耳岩场西。1936年(民国二十五年)最早使用木质汽车船,1938年(民国二十七年)毁于洪水。经考证,1935年5月,红军强渡大渡河,蒋介石为加强围追堵截红军,1935年11月,将川军邓锡侯第28军改编为国民革命军第45军,邓锡侯任军长,以阻击红军。1936年,邓锡侯部在擦耳岩修木质汽车船作军需渡河用,由8至12人撑船,1938年后因不再军用,船毁。此年间的擦耳岩渡船,一直在摆渡民用。[①]

六、创造全新纪录

　　擦耳岩渡独创的摆渡方法原理,打破了驾船摆渡的一般思维,开创了新的

---

① 四川省双流区地方志编纂委员会:《双流县》(1911—1985),四川科学技术出版社,2016年版,第308页。

驾船摆渡模式，其科学性、经济性、操作性，经 1800 多年来的摆渡运营实践，均堪称完美。

经研究分析，擦耳岩渡创造的驾船摆渡史上的三项全新纪录，使擦耳岩渡具有了三大历史文化价值。

(一) 独特的驾船摆渡开创了驾船摆渡史上一项全新模式

擦耳岩渡 "筏索挂船，借力驾船"，就是用一根长缆绳牵挂着渡船，吊船于河中，利用河水流动之力驾船摆渡，这种全新的独特方法和原理，科学实用易操作，开创了驾船摆渡的一种新思维、新模式。擦耳岩渡的这种全新模式，在我国为首创，具有一千八百年的历史，且运营年限最长。因此说，擦耳岩渡的驾船摆渡方法原理，具有显著的独创特征，开创了我国在驾船摆渡模式上的一项新纪录。

此模式被《四川省公路志》记载为钟摆渡，评为"安全省力效率高"。

(二) 首创利用大自然河水流动之力驾船摆渡的新纪录

擦耳岩古渡创造了我国最早利用大自然河流之力为人们服务的典范。利用河水自然流动之力，至今只有渡口秋千（钟摆）渡和提水筒车两种形式。但擦耳岩渡利用河水流动力的效率远远高于筒车（水轮车）。而且，擦耳岩渡有 1800 多年的历史，比发明于隋盛行于唐的筒车，还早八百多年。因此说，擦耳岩古渡是我国最早利用大自然河流之力为人们服务的先例，首创了人类利用河水流动之力的新纪录（注：古时的水碾、水排等，现代的水轮机、水力发电等，不是利用河水在河里的自然流动力，而是利用水位的高低落差，来冲转水车做功的，与利用河水自然流动力的擦耳岩渡船和筒车，是两码事）。

目前，利用河水流动之力的擦耳岩古渡和筒车，已经没有了。但筒车，作为旅游景区的一个形象景点，得到了开发利用。而类似擦耳岩钟摆渡的渡口文化，却没有得到开发利用。古代劳动人民创造性利用河水流动之力的聪明智慧，是应该被铭记的。

(三) 创造驾船摆渡零动力极低成本的全新纪录

大多数摆渡船，都要靠人工撑船划桨或机器动力。其动力成本，要占整个摆渡成本的大部分。但类似擦耳岩的钟摆渡，却没有动力成本。这是一项零动力成本的全新摆渡纪录。

擦耳岩渡船不用人撑船划桨，也没有机器动力，完全是借用大自然河水的流动之力来驾船摆渡，没有动力成本。这正是擦耳岩驾船摆渡的又一个智慧亮点，自然应该记录在驾船摆渡历史上。

擦耳岩古渡创造的三项新纪录，体现出擦耳岩古渡极高的历史文化价值。

七、与赵州桥历史文化之比较

擦耳岩渡与赵州桥是两个相隔十万八千里的渡与桥，看似各不相干，但究其系统作用和历史文化，却是可以比较的。

赵州桥是河北赵县洨河上的一座石拱桥渡，擦耳岩渡是四川双流金马河上的一座摆船渡。二者虽远隔千山万水，但都同属于交通系统，为交通服务的一对孪生兄弟，都具有悠久的历史文化价值，其地位却有着天壤之别。

第一，赵州桥又称安济桥，建于隋朝年间，由匠师李春设计建造，距今已有约1400年的历史；擦耳岩古渡经考证为东晋常璩《华阳国志》里记载的五津中的涉头津，由岷江金马河人民探索发明，距今已有约1800年历史。

第二，赵州桥是架在河北省赵县的洨河上，横跨在37米多宽的河面上；擦耳岩渡是在岷江金马河上，摆渡宽度在200米左右的河面上。

第三，赵州桥的设计，为圆弧单孔石拱桥，桥孔两端各有两个小拱设计。公元98年前，就建有古罗马阿尔坎塔拉石拱桥了，比赵州桥早700多年。因此，赵州桥只为我国的创新设计，世界石拱桥的局部创新设计。擦耳岩渡是全创新发明，其"笮索吊船，借力驾船"的摆渡方法原理，是全新的发明创造。

第四，写到赵州桥的有元朝诗人李庭的诗词《水龙吟·萧公弼生朝》，"自归来，却过赵州桥上"。擦耳岩古渡是东晋常璩《华阳国志》记载的五津之涉头津，有初唐王勃的诗《送杜少府蜀州之任》，"风烟望五津"；有南宋陆游的诗《自江源过双流不宿径行之成都》"断笮飘飘挂渡头"，正是竹索牵挂渡船头的真实描写。

第五，赵州桥被称为"天下第一桥"，1961年被国家列全国重点保护文物后，不再通车，1986年打造成了赵州桥风景公园。擦耳岩古渡，至今还被埋没着，什么都不是。

图 4-10 赵州桥与擦耳岩渡（上图为现在的赵州桥公园和曾经的赵州桥，下图为擦耳岩渡船和古渡旧址）

表 4-1 擦耳岩古渡与赵州桥历史文化价值及地位之比较

赵州桥	擦耳岩渡	比较
桥渡	船渡	方式不同，目的一样
建于隋朝（595—605），1961年后不再通车，约1400年的通车历史	建于东汉末年前（200），至1994年擦耳岩大桥建成，约1800年的运营历史	擦耳岩渡比赵州桥早400年建成，晚30年结束使命，比赵州桥多运营400年
河北省赵县洨河上，37米多宽的河面，易架桥	四川岷江正流金马河最窄河道处，约300米的宽阔水面，水流湍急，恶浪汹涌，极不易驾船摆渡	河道河面环境不同，一易建桥，一难摆渡
由著名匠师李春设计建造而成	由岷江金马劳动人民，经历"篙索吊船，借力驾船"两个阶段摸索，群策群力，聚集体智慧而成	赵州桥为个人一次性智慧；擦耳岩渡为劳动人民长久性智慧
为我国第一座石拱桥，但国外已有比赵州桥早700年的石拱桥	用一根绳索牵挂船，荡秋千（钟摆）式来回于两岸的过河摆渡	赵州桥为我国最早石拱桥，擦耳岩渡为我国最早的篙索吊船古渡

续表4-1

赵州桥	擦耳岩渡	比较
特点：大桥孔两端，各有两小拱设计，增加过洪水量，减轻洪水对桥的冲击	特点：没有人撑船划桨，没有机器动力，一人掌橹，借河水流动力驾控渡船，零动力成本	赵州桥为局部创新，擦耳渡为全知识产权发明创造
元朝诗人李庭《水龙吟·萧公弼生朝》，"自归来，却过赵州桥上"	东晋常璩《华阳国志》记载的五津之涉头津；初唐王勃《送杜少府蜀州之任》"风烟望五津"之五津；南宋陆游《自江源过双流不宿径行之成都》"断筰飘飘挂渡头"，描写赞誉的古渡	尽管都有古诗人记载，但擦耳岩古渡的历史文化明显比赵州桥丰厚得多
凝聚了古人的智慧，被誉为"中国第一石拱桥"	凝聚了古代劳动人民集体的智慧，被报刊登载为"中国第一神奇古渡"	赵州桥是当地历史文化宝贝，国家的重点文物单位；擦耳岩古渡在当地，至今还没有挖掘打造出来
1961年被国家列全国重点保护文物后，不再通车，1986年打造成了赵州桥公园	什么都不是，什么都没有	天壤之别的历史文化地位
造成差别的原因		
赵州桥地方政府重视，申报国家重点文物保护单位，打造风景公园等，请桥梁专家茅以升为其宣传记载 擦耳岩渡的历史文化价值正逐渐被认识，即将挖掘打造		

八、陆游诗对古渡历史的考证价值

南宋诗人陆游，八百年前在崇州做官，从崇州到成都时，写了一首名为《自江源过双流不宿径行之成都》的诗，其中开篇句"断筰飘飘挂渡头"，许多人不能理解（或不能正确理解），更重要的是，这句诗还是陆游对双流岷江河畔千年古渡的真实描写，是非常重要的历史证据。

自江源过双流不宿径行之成都

——陆游

断筰飘飘挂渡头，临江立马唤渔舟。

少城已破繁华梦，老境聊寻汗漫游。

斜日驿门双堠立，早霜风叶一林秋。

诗材满路无人取，准拟归骖到处留。

陆游，南宋诗人，曾在崇州做官，这首诗，是陆游奔走于崇州至成都的路途中所写。陆游常来往于崇州成都之间，最熟悉从哪个渡口过河去成都最近。这首诗题，说的就是走双流岷江河畔的擦耳岩古渡（今双流金桥镇）过河去成都，不用住宿，一天就到。

（一）"断筰飘飘挂渡头，临江立马唤渔舟"

"筰"，用竹篾拧成的索，"断筰"，有断头的竹篾绳，即绳头；"飘飘"，指风吹貌，如红旗飘飘，长发飘飘等；"渡头"，渡口，乘船过河的地方。一根断头竹篾绳呈飘飘状，挂在乘船过河的地方。这显然不是陆游描写的真实意思。我见过并乘过这里的古渡船，我理解陆游描写的真实意思是：一根竹篾绳在河中随江水"飘飘"而来，拴挂着渡船头。这是陆游站在渡船头上，看到河中飘荡而来的竹篾绳拴挂在渡船头上的情景。渡船很神奇，不靠人划桨就能开动，陆游的内心不禁也随之"飘飘然"激动起来。

后句为：陆游牵马来到江边，停住马，江面很宽，渡船在对岸，看上去就像渔舟一样，陆游不得不大声呼唤渡船。

陆游在这里采用了倒装，把站立船头看到竹绳河中飘荡而来拴挂船头的情景描写放在前，把牵马来到江边唤船的情景描写放在后。

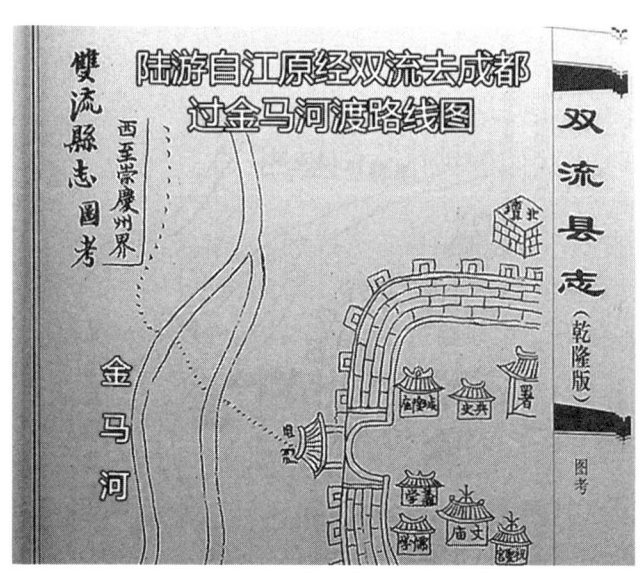

图 4-11　陆游自江原过金马河渡去双流之路线图

有文章在介绍双流岷江河畔的金桥镇时，引用了陆游的这句诗，因没见过古渡船，不理解"断筰飘飘挂渡头"之意，也不能理解陆游把对岸的渡河船比喻为渔舟。其实，这正说明江面很宽，渡河船在对岸像渔舟一样小。而该文中改"临江立马唤渔舟"为"临江立足唤渔舟"，片面地认为"渔舟"不能载马过河，也是因为不了解擦耳岩古渡的实际情况。

（二）陆游诗的历史价值

陆游的"断笮飘飘挂渡头，临江立马唤渔舟"两句，有着重要的历史价值。这两句诗就是对擦耳岩古渡船的真实描写，就是擦耳岩古渡船在宋朝就存在的证据，它证明了擦耳岩古渡"笮索吊船，借力驾船"的神奇摆渡方式，在陆游的那个时代就存在了，也证明了岷江金马河在宋朝时就是大江大河。《双流县志》《新津县志》等记载，说金马河以前是小河，是1933年叠溪地震才被洪水冲宽成为岷江正流的，陆游的这句诗，从侧面证明了此记载有误。

东晋常璩《华阳国志》中记载"涉头津"，经考证就是擦耳岩古渡，距今约1800年。据《双流县交通志》记载，"摆渡用木船牵挂"，"解放以来，汽车渡船沿袭挂牵的办法，先是使用楠竹牵藤，后改用钢丝绳，一头系于船桩，另一头系于河心（或河坎）的木桩或水泥桩上，来回摆"[①]。而陆游"断笮飘飘挂渡头"的描写记载，把擦耳岩古渡的摆渡方式向前推进了800年。

陆游是描写记载这朵古渡奇葩的第一人。

---

① 双流县交通局编纂办公室：《双流县交通志》，内部资料，1988年版，第116页。

第五章
金马河擦耳岩奇观

本章提要：宽阔的金马河河道，在双流金桥镇变成了窄窄的擦耳岩河道，这是金马河全河段最神奇的一道风景。120年前的川西平原第一廊桥，就架在这窄窄的河口上；神奇的千年筏索吊船渡，就在这河口上；东晋常璩《华阳国志》中，记载的五津之涉头津，就是这里；金马河美妙的传说，也源于这里；金马河的种种奇观风景，也都集中在这里。

一、金马河最窄河道

都江堰旅游区大门的旅游宣传厅里，有幅都江堰管理局的地图（如图5-1所示），图中可见金马河双流段的标注，除标注有金桥镇外，还特别标注出了擦耳岩。一个地点，标注了两个名字，这是为什么？

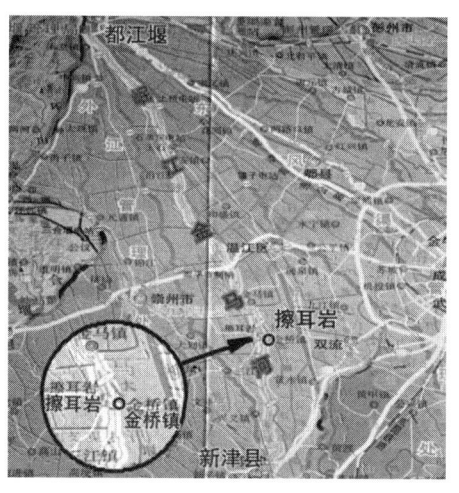

图5-1　都江堰旅游区都江堰管理局地图

其实，标注金桥镇，是指明其是这里的行政管辖地，而标注的擦耳岩，则是指明这是金马河上的一处特殊河段，这就是整条金马河上最窄的一段河道。

金马河长 81 公里，平均河宽 500 米，最宽达 1200 米，但在擦耳岩处，却不足 300 米，只有 293 米。① 民国版的《双流县志》中，有一张民国九年绘制的《双流全县地形图》，清晰地展现了金马河擦耳岩段的河道情况。

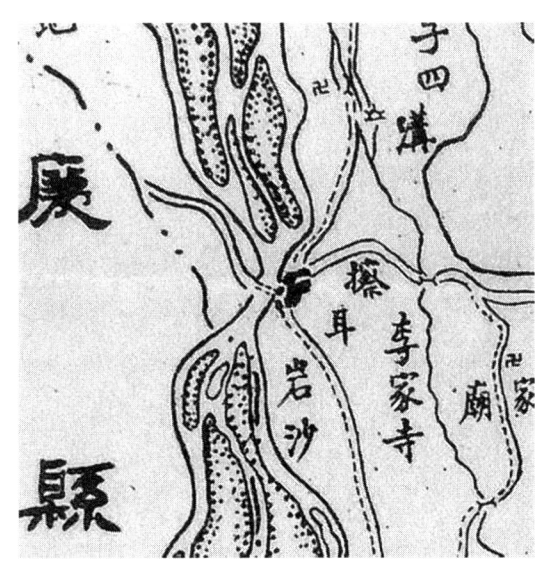

图 5-2　金马河擦耳岩放大图

由图 5-2 可见，宽阔的金马河，被擦耳"岩"河堤挡住，形成一条窄窄的河道，顺擦耳"岩"河堤，向西拐弯流去。图中可见金马河上下游宽阔的河湾水滩沙洲，此处的金马河，就如同被一双神奇的手，紧紧地捏住了喉咙，捏得金马河整体变形错位。宽阔的金马河道，成了窄窄斜斜的一条，成为一道神秘的风景。

金马河为什么在这里出现了大错位，出现了一条窄窄的河道？没有谁作得出解释。整条金马河 81 公里，平均宽度 500 米，而这里不足 300 米，出现了一个神秘的河道拐弯节点，也许，这就是都江堰管理局地图要特别标注擦耳岩的原因吧。

二、神秘的河堤奇观

我省温江作家邹廷清，出生在温江金马河畔。他以岷江金马河为背景，写

---

① 双流县交通局编纂办公室：《双流县交通志》，内部资料，1988 年版，第 158 页。

了部长篇小说《金马河》，小说中有一段对擦耳岩的描写：在离双流县城不到十里的地方，有一个小小集镇，名曰擦耳崖。"那地方可悬了，右是波涛汹涌的大河，左是高耸入云的大山，一条只能容一人侧身而过的路凿在临河的绝壁之上，人若要过去必须得让崖壁擦着半边耳朵，不然的话，就会掉进大河里喂随时等在那里的上百斤重的大鱼。"

被作家描述得神乎其神的擦耳岩，究竟是什么样呢？

其实，擦耳岩并没有山，更谈不上高耸入云。但有一条流水湍急的大江，江边是陡峭的河坎。擦耳岩是指这里的街镇，擦耳之岩才是指江边的河堤。

其实，擦耳岩之所以神奇，不是因为它陡峭，而是因为它的"霸道"。是它擦耳岩河堤在岷江金马河面前，"横刀立马"，挡住了直冲而来的汹涌的岷江金马河水，逼金马河在此向西拐弯，逼窄了金马河道，使金马河在此发生了大错位。

到擦耳岩上，仔细观察其地质后，你会感到惊奇，擦耳之岩，不过是一堆泥土包，并不是花岗岩等坚硬磐石，长期受到岷江金马河水的冲击，却没有被冲毁坍塌。俗话说，滴水穿石，说的就是长期受到水滴的冲击，石头都能滴穿，就是山边岩石，长期受到河水的冲击冲刷，也要被冲垮，何况是一堆长期受到金马河汹涌河水冲击的泥土。然而，擦耳岩这堆泥土，就是挡住了金马河的冲击，反而逼金马河拐弯了。偌大一条岷江，发洪水时摧枯拉朽，冲毁一切，但却冲不毁擦耳之岩一堆土河坎，相反还被逼拐了个弯。

有史以来，听说擦耳岩街被淹过，但从未听说擦耳之岩被冲垮冲毁过。

擦耳岩的神秘神奇，还使这里产生了两奇迹，一是古渡，二是廊桥。

听说，擦耳岩上，原来有座庙子。据民国版《双流县志》记载："治西二十里擦耳崖场中，旧有古庙基址，纵目盈田。宣统时，乡正吴丹阳请设团务分局于此，募建正厅三间，及局门左右铺三间。"[①] 古庙虽废已久，附此以备考核。

传说，擦耳岩上游处，有座古庙叫金马庙，庙里供的是一匹金马，岷江金马河之水是来拜祭金马的。金马与河有什么关系？据传说，那金马是一条小龙变的，原是龙王最小的儿子，后变成了金马，又有金马救人的故事传说，为纪念金马救人的功德，人们为金马修了庙。而岷江金马河之水是来拜小龙王的，怎敢直冲龙王庙。

---

① 双流县旧志丛书整理委员会：《双流县志》（民国版），中国文史出版社，2014年版，第47页。

不信？看看吧，擦耳之岩的河堤上，不是像有一条卧睡的龙吗？

从金马河上游往擦耳之岩看，那河堤上，呈现出一条卧睡的巨龙（如图5-3所示）。那河堤上的两颗大树，犹如龙头上的犄角，那蜿蜒的龙身，那带风的龙爪，活灵活现，栩栩如生。那卧榻之龙，似乎是聚天地之灵气，挟江河之神威，透着一股镇河妖踏恶浪之气概。威严之下，滚滚而来的河中涌浪，一个个似虔诚的信徒，依次叩拜于龙王卧榻之下，拜毕，侧身而去。拜之虔诚，去之轻轻。

不得不让人感叹，擦耳岩这块宝地，之所以不被冲毁，不受侵害，就是受了这神龙的护佑，护佑着这块土地上的人们，无灾无害，福流万代。

能感悟到擦耳之岩上的金马神龙，欣赏这擦耳之岩独特神奇的美景奇观，一定福星高照，幸福美满。

这正是：岷江激流谁挡道？岸上卧睡龙一条。留下千古待解谜，擦耳之岩观奇妙。

图 5-3 神秘的金马河卧榻之龙风景

三、金马河的传说

（一）双流传说：金马救人

除擦耳岩街上有古庙外，在擦耳之岩上游不远处，也有座庙，叫金马庙（如图 5-4 所示）。

据民国版《双流县志》记载："金马庙，在治西二十里金马江，古刹，明季兵燹，诸生杨文澜读书庙中，寇至，斫手毁庙，仅留一壁。兀立数年，文澜曾孙林，结茅屋数间，以期复旧。后废，邑人杨谌有诗。民国七年，尹姓募赀修复。"①

金马庙里供奉的是哪尊神？听说是金马神。因为民间有"金马救人"的零散传说，经收集整理于下。

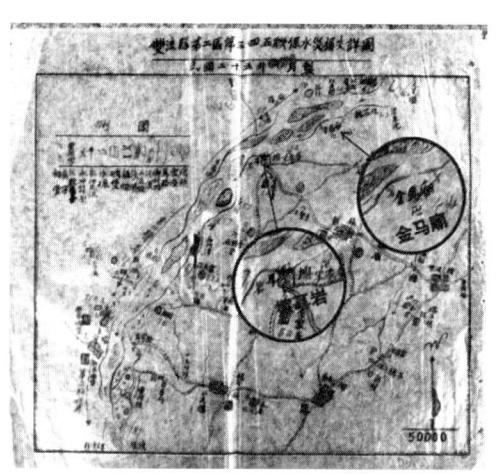

图 5—4　民国双流县水灾损失详图/双流档案馆

在四川盆地还是一片海的时候，一天，龙王来视察四川海，带着龙妻龙儿来耍。没想到小龙儿就喜欢上了这片海，说要做四川海的龙王，不回去了。龙儿说，这里的海平静祥和，不像其他的海波涛汹涌，没有一点安静的时候。龙王夫妇以为龙儿任性，就让它随意耍几天，耍腻了自然就会回去。

没想到，龙儿耍了很久很久，真的就不回去了，龙王夫妇怎么劝说都不行。龙王一气之下，用龙须把四川海戳了两道沟，放干了海水，逼龙儿回去。

龙儿见父王做事情太绝情，更是不回去，一头钻进了地底，不出来了。龙王也火气冲天，不管，走了。

四川海干了，长出一片嫩嫩的青草。

久而久之，小龙儿在地下也饿了，便到地面上来，见是青草，龙不能吃草，只有变成马，才能吃草。于是，小龙儿就变成了一匹马，吃起青草来。但，有草吃，没水喝，久了，也很难受，小龙马越来越消瘦了。

有一天，小龙马渴得实在难受，到处找水喝，来到一处村庄，忽然渴晕了过去。当它醒来时，看到一户人家的大小好几个人正在用瓢舀水喂它。

龙母见龙儿变成了马，只有草吃，没有水喝，很是心疼，便天天吵闹，骂

---

①　双流县旧志丛书整理委员会：《双流县志》（民国版），中国文史出版社，2014年版，第41页。

龙王心狠，弄干海水让儿子变成马吃草，要龙王给儿子弄水喝。

龙母还拔下自己身上的金鳞片，给龙儿做了金衣，龙儿穿上成了匹金灿灿的金龙马。

龙王天天被吵得没办法，很烦。其实，龙王也是心疼儿子的，把海水弄干，心里也有些后悔，但事已做出，后悔已迟，哪里去弄水给儿子喝呢？龙王突然想起，西北天边的几座大雪山，有雪水融化了正要引出水路，不如引水过来给龙儿解难。于是，龙王到山里来了个龙摆尾，引来了雪山之水，这就成了岷江。

引来的雪山之水，惊涛骇浪，涛声震天，又凉又猛，一路奔来。

金龙马吃饱了草，正隐身睡着。忽听到哗啦啦的水声，金龙马被惊醒了。它现身一看，坏了，凶猛的洪水从天而来，冲毁了庄稼、绿草，洪水中，不时还有挣扎着喊救命的人。

翻滚的江涛，带着龙王的爱与恨，向金龙马冲来，江水虽冰凉刺骨，龙儿却也感受到了温馨。但父王的爱，太粗狂野蛮了，在给龙儿带来爱的同时，也给这里的百姓带来了巨大的灾难。金龙马面对凶猛惊骇的江涛，看到洪水中挣扎着喊救命的人，正是它当年晕倒后，舀水喂它的恩人，此时的金龙马怒了，它不顾一切，对着直冲而来的江水，仰头就是一阵高声嘶叫，那叫声撕天裂地，久久不息。在金龙马的一声声嘶叫中，翻滚的江涛慢慢停了下来，汹涌的江水也慢慢平静下来。金龙马毕竟是龙，是管水的龙，连海水都要听龙的调遣，何况是江河水。

金龙马见江水静下来了，就跃入江中，赶忙救人。金龙马驮着被救人上岸，放下后又跃入江中救人，就这样不停地救，直到江河里没有落水人了才停。

金龙马把救上来的人，都放在了岸边高处，但见江水直冲这里，大有被冲毁的危险，金龙马担心被救的人再次落水，于是对着直冲而来的江水，又是一声嘶叫，叫声中，见直冲的江水慢慢向西拐了弯，平静地向西缓流而去，不再冲击被救之人躺着的河堤高地了。

金龙马此时才放下心来，守在被救之人身边，保护他们不再有危险，此时的金龙马也累了，疲惫地渐渐隐身睡去。

人们渐渐醒来，发现自己得救了。是谁救了自己呢？谁都不知道。迷蒙中，他们感到，自己好像是被当年喂过水的那匹金马所救，现在怎么不见金马了呢？

许多日子过去了，人们总是念叨着当年的那匹金马，期盼着那匹金马，眷念着那匹马。

后来，人们形成了一种习惯，每当金马河涨水时，人们就要往金马河边跑，总盼望能见到那匹金马。在人们的想象中，只要金马河起涛声，涛声连连时，金马就会被惊醒而来，就会出来救人，来治服洪水泛滥的岷江。

人们见不到金龙马，便越发想念金马，怀念金马，怀念金马的恩德。

久而久之，人们又把金马河叫作惊马河，惊马嘶叫之河，盼望再见到金龙马的河。后来，人们又在河边，修建了一座庙，一座气势恢宏的金马神庙，以永远纪念金龙马的大恩大德。

图 5-5　金马庙示意图/引自网络

其实，金龙马一直没有离开这里，只是隐身于此。以神似龙，卧榻于岸，似睡非睡，保护着它嘶叫劈水的河岸高地，使之永不被岷江洪水冲毁，保佑这里的人们永远平安祥和。这就是岷江擦耳岩神秘的河堤。

民间传说，擦耳岩河堤，就是当年金马嘶叫，挡水救人的河岸高地。现在，就是金马隐身为卧榻之神龙，保护擦耳岩之神明河堤高地。岷江之水流淌于此，也得毕恭毕敬，虔诚而来，乖顺而去。

擦耳岩河段是岷江金马河最窄的一段，也是风景非常美丽的一段。

据《双流县交通志》记载，双流金马河段平均宽为 500 多米，最宽为 700 多米，最窄的就是擦耳岩，不足 300 米。为什么擦耳岩河道这么窄？至今没人能解释，于是，只能用民间传说来解释了。

现在，人们也有到河边去看看的习惯，但不再是去看有无金龙马，而是去看，是否有人下河出现危险。只要有危险，人们总会去大声呼救。涨大水时，总有人在家里，悄悄备好船只，只要有人求救，就立马抬船而出，冲去河边救人。

金马救人的精神，已经潜移默化为这里人们的良好品德了。解人之难，助人为乐，已是双流岷江河畔擦耳岩人的一贯美德了。

神秘的岷江，流淌着无数传奇故事。

（二）温江传说：金马配金鞍

温江一带也有关于金马河的传说。据说，金马河里有一匹高大的金马。每年发洪水时，都会看见金马踏着汹涌澎湃的惊涛骇浪，来回奔跑，咆哮嘶鸣。金马所到之处，洪峰数丈，河岸冲毁，庄稼淹没，房屋坍塌。

人们苦于危害，请来镇江神爷，想制伏金马。可神爷法力太小，没有镇住金马，反被金马一脚踢下河中，被巨浪卷走了。

后来，人们又请来了自吹"法力无边"高皇爷，可金马一出现，掀起的洪峰，吓得高皇爷仓皇逃命，一浪打来，高皇爷也被浪卷入河里冲走了。

后来，人们认为，要驯服金马，只有给它配上鞍子，套上缰绳。于是，人们给这匹野马配上金鞍，这就是后来所修的三渡水大桥，金马才终于被驯服了。

如今的金马河，再也不发狂、涨洪水了。

（三）新津传说：蜘蛛钓金马

新津一带也流传着关于金马河的故事。从前，新津河边住了一户庄稼汉叫思财，他家里有只花蜘蛛，是祖辈留下的宝物。一天，思财发现它早上只有豆粒大，中午就会变成鸡蛋那样大，晚上半夜时又变成簸箕大。思财觉得稀奇，十分爱惜，常逮一些虫子去喂养它。

不久，有个老道来到思财家，要买他家的花蜘蛛，从道袍内取出十锭银子说："现钱买现货，咋样？"

思财见了钱，有点动心，忽想起是家里祖辈留下的一件宝物，便向老道摇摇头，惊奇地问："师傅买花蜘蛛有啥用处？"老道微笑道："蜘蛛是个宝，此宝世间少，功满时间到，能把金马钓。"思财奇怪地问："小小蜘蛛，咋个能钓起金马？"老道故意冷冷地说："你不卖蜘蛛给我，又不信它能钓起金马，你我真是无缘啊！"老道转身就走。思财忙说："请道长不要责怪，只因这花蜘蛛是我家传之宝，恐怕失传我手，有辱祖先。"老道说："施主既有难处，那就将宝物借我一用，事成之后，平分金马。"思财想到将蜘蛛借给老道，既没有失掉传家宝，又能分到金马，立刻就答应了。

老道从道袍内取出一个葫芦，把花蜘蛛捏在手中连哈三口气，然后放进葫芦交予思财，说："葫芦里有仙丹数粒，足够蜘蛛食用，放上七七四十九天，等我来时正是中秋，切勿乱动。"交代完毕，便高高兴兴离去。

老道走后，思财寻思着：要是我提前一天钓来金马，远走他乡，老道找不到我，我独自享用，岂不更好？打定主意后，等到第四十八天，正是八月十四，晚上月明，思财跑到河边，放出花蜘蛛。花蜘蛛一出葫芦就长到簸箕大，身上放出五彩光。它没走几步，就跳到河里，游来游去。

一会儿工夫，忽见河中大浪涌起，一匹金马在水浪中来回奔跑，花蜘蛛紧跟着金马，吐出银丝来缠绕它。两物来回跑了几十次，眼看金马精疲力竭，花蜘蛛突然向岸上跑去，金马被花蜘蛛的银丝缠绕着也跟着上了岸。

思财高兴得跳了起来，急忙上前去逮金马。金马受了惊，屁股一翘，后蹄一蹬，把思财蹬倒在地。金马挣断了蜘蛛丝，跳入河中不见了。这时，花蜘蛛累得瘫倒在地，身子慢慢地变成豆粒大。思财把花蜘蛛放进葫芦，回到家，气倒在床上。

第二天，老道赶来，取出葫芦将蜘蛛放在掌心一看坏了事了，骂道："你贪心十足，私自取宝，不守信用，坏了大事！累死了蜘蛛，有辱先祖，你还有啥脸面活在世上？"思财没有捉住金马，又被踢伤，加上老道怒骂，心里十分难受，喉咙一痒，"哇"一声吐出一摊鲜血死去了。

这条河因有蜘蛛钓金马的事，故取名金马河。民间传说，正因惊走了金马，这条河就常遭洪水灾害，从此河两岸的庄稼人过着贫穷的生活。

（四）新津民间传说：金马银马黄白丝瓜

新津只是一个弹丸小地，境内却是河网密布，金马河、羊马河为岷江正流，河道几经沧桑，早不复原来模样。可是，关于这两条河的传说，却代代相传。

话说很久以前，新津北部有两道水濠，濠边上长满青草。夜深人静时，总有金马、银马出来吃草。两匹宝马引发了一个财主的贪心，可惜怎么也捉不到。

一个偶然的机缘，财主得知了捉马的秘诀：要收金马、银马，非黄白丝瓜不可。于是这家伙赶紧找了黄白丝瓜，乘一个月黑之夜去捉马。哪知丝瓜一挥就断，金马、银马立即逃去，原来丝瓜还未长熟。

从此金马、银马不再出现。人们为了寻找它们，就在那两条水濠上猛挖，可惜只找到一点金银碎片。人们不甘心，日复一日、年复一年地挖，终于挖成了两条河：金马河、银马河。因"银""羊"相通，后人不知何时，把银马河喊成了羊马河。

第六章
擦耳岩小镇传奇

本章提要：擦耳岩坐落在金马河中下游东岸，是一座闻名遐迩的古渡传奇小镇。五津涉头津、笮索吊船渡、古朴廊桥、擦耳河堤奇观，是擦耳岩的四大传奇，一江一路的交汇使擦耳岩形成独特的思想文化，长篇获奖小说《金马河》对此有生动的描写。因清朝武官杨遇春之故取擦耳岩名，擦耳岩迷茫的历史记载，建在古岷江河道中的擦耳岩有惊无险，贡品中药材郁金，菩萨被"活"埋，千军万马的岁修之都，碉堡坡坡三重记忆，成都人民公园《保路死事纪念碑》的设计人王枬，成都市十二桥革命烈士徐茂森、徐海东，金马河上传来的枪声等，都是擦耳岩的传奇故事。

一、擦耳岩之名

经查，取名"擦耳岩"的说法颇多，有记载的就有两种。

一种说，清朝时，崇州出了个赫赫有名的武官叫杨遇春，他在甘陕当总督，有一年回崇州祭祖，路过这里时，因下马不慎，摔下了河坎，跌落了乌纱帽，擦破了耳朵，于是就把这里称为"擦耳岩"。张伯龄的《杨遇春简论》记载说："四川的地名留下了对杨遇春的纪念，如双流县西边金马河东岸的擦耳岩，其得名就源于杨遇春。"

另一种是说，金马河通航（主要是抗日战争时期）时，河水总是顺着陡峭的擦耳之岩边急流，船到这里，总有撞头擦耳之危，于是船老大们叫这里"擦耳岩"。《双流县志》记载："因金马河中渡河岸在此陡直，船行有擦耳之危，故名。"

民间传说就多了，有的说，某某人在这里躲藏过一场灾难，事后他成就了事业，当了皇帝，于是把这里称为"擦耳岩"；还有说，这里的棒老二多，从这里路过的人都要被扇耳光遭抢劫,于是叫这里为"擦耳岩",其意是,来这里要"挨扇耳光遭抢劫"。

民间传说不足取,还是信有记载的吧。

有文章记载,擦耳岩最早的名字叫虾津,因这里金马河边蛤(虾)蟆多而取名,后因上有温江的三渡水、下有旧县新津渡,这里的渡口恰恰位居其中,所以又被称为中渡。清雍正八年(1730)为双流县永丰乡管辖(彭镇为永丰场),民国元年(1912)为西五团,民国二十二年(1933)为二区三联(彭镇为二区,擦耳岩属彭镇管辖),民国二十三年(1934)设保甲制为擦耳乡,解放初仍为擦耳乡,1959年至1982年为擦耳公社,1982年至1994年恢复为擦耳乡,1994年至2019年改名为金桥镇,2020年与彭镇合并。

经查,最早记载"擦耳岩"的文章,为清代余澜阁《蜀燹死事者略传》,其中有:"何知县:蓝逆扰蜀,庚申春(1860),贼由叙扰邛;夏六月,贼窜扰崇庆分州;九月,贼复上窜,由双邑擦耳岩渡江,沿途焚掠。"

杨遇春生于1760年,"擦耳岩"之名在他以后有了记载,可见,"擦耳岩"之名,因杨遇春之故取名的可能性较大,距今已有160年了。而《双流县志》记载的是抗日战争时期因金马河通航取名,显然迟多了。因此,擦耳岩之名应来源于杨遇春。

杨遇春一生行伍,参战数百次,但从未受过丁点伤,不料却在金马河擦耳岩跌马受伤了。这让杨遇春恼怒不已,一生战事血未滴,哪料跌马擦耳岩。

图 6-1　杨遇春像①

---

① 图片引自四川省崇庆县新县志编纂委员会:《崇庆县志(1911—1985)》(增订版),四川人民出版社,2015年版,第688页。

据民国版《双流县志》记载:"中渡治西二十五里擦耳崖,为金马江要津。"① 可见,擦耳岩曾用名"擦耳崖"。而《四川历代方志集成》中记载:"中渡:治西二十五里擦耳崖,为金马江要津,即沙湾上游十里。"② 根据嘉庆在位时期为 1792—1820 年,可知,擦耳岩在 1820 年前就以"擦耳崖"之名存在了,其渡名为"中渡"。

擦耳岩是不是有山崖,不得而知。可《中国名胜》画册中的"四川双流县擦耳岩西安大桥"照片,让人不得不质疑,擦耳岩真的有"山崖"。

图 6-2 双流擦耳岩廊桥头,紧挨着的类似山崖的山包

如图 6-2 所示,右边桥头紧临的是山包吗?"擦耳岩"之名,是否与这桥头山包有关?不得而知,这就是 120 年前的"擦耳岩"之迷了。

民国二十二年(1933)的叠溪地震洪水,擦耳岩在河道中巍然屹立,说明这里是高地。受洪水冲击,虽有毁坏,但擦耳"岩",还是顶住了洪流的冲击。

尽管"擦耳岩"改名为"金桥镇",如今又与彭镇合并,但方圆百十里,老人们还是叫这里"擦耳岩"。

---

① 双流县旧志丛书整理委员会:《双流县志》(民国版),中国文史出版社,2014 年版,第 26 页。
② 四川省地方志编纂委员会:《四川历代方志集成》(第二辑·7),国家图书出版社,2015 年版,第 26 页。

二、擦耳岩历史记载辩误

这里所说的擦耳岩，是指擦耳岩街镇。擦耳岩是怎么来的，有好长历史？擦耳岩人说不清楚，历史记载也让人迷茫。

据《四川省双流县地名录》记载："清雍正八年（公元1730年）为双流县永丰乡。民国初年为西五团，民国二十三年设保甲制置擦耳乡。解放初仍为擦耳乡，1953年将柑梓乡的18、19、20等村划入，1958年与彭镇、柑梓、红石等乡合并成立东风人民公社（公社驻彭家场）三管区。1959年废东风人民公社与红石合并成立擦耳公社。1960年分置擦耳公社，辖13个大队。"①

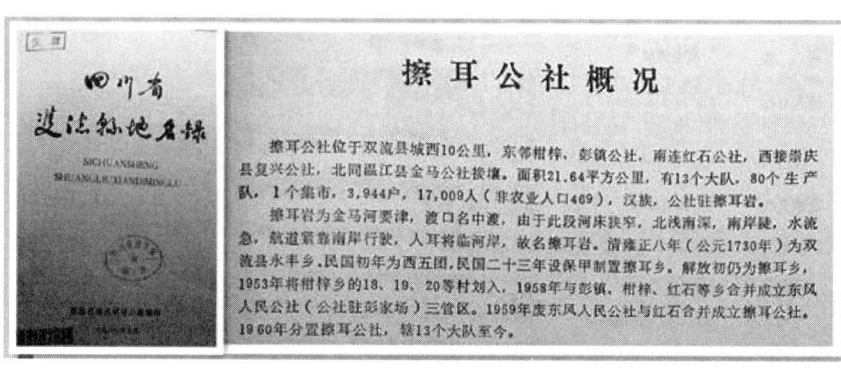

图6-3 《四川省双流县地名录》中记载的擦耳公社概况

这是擦耳岩乡行政管理机构的历史来历记载，其中也涵盖了擦耳岩的历史。但擦耳岩街镇为何时所建？并不清楚。

擦耳岩公社记载：擦耳岩为金马河要津，渡口名中渡，由于此段河床狭窄，北浅南深，南岸陡，水流急，航道紧靠南岸行驶，人耳将临河岸，故名擦耳岩。

金马河大体流向是由北向南，因此，河岸只有东西岸之分，没有南北岸之说，"北浅南深"，应是西浅东深，这是第一个辩误。

据乾隆版《双流县志》记载：津梁中，有"杨柳河上的彭家场渡，金马河上的杨公场渡，沙湾渡"②。并没有擦耳岩渡（中渡）的记载。但乾隆版《双流县志》中的县城图，有出西门去崇庆州的路径标注，此路经彭镇在擦耳岩过金马河渡（如图6-4所示）。因此，金马河上除杨公渡（后名金弥渡）、沙湾渡

---

① 双流县地名领导小组：《四川省双流县地名录》，内部资料，1988年版，第63页。
② 双流县旧志丛书整理委员会：《双流县志》（乾隆版），中国文史出版社，2014年版，第9页。

外，还应该有双流去崇庆的擦耳岩渡。而嘉庆版《双流县志》是记有"中渡"（即擦耳岩渡）的。

由图6-4可见，擦耳岩渡（中渡）是有的，否则如何过河？因此，乾隆版《双流县志》应是漏记了，此乃第二个辨误。双流西去崇庆，过金马河有路无渡无桥，这是历史记载留给擦耳岩的第一个谜。

民国版《双流县志》记载："擦耳岩，在治西二十五里，与崇州连界。旧在金马江南岸，今移北岸；市房九十五间。场期三、六、十日，特产郁京子。"① "中渡治西二十五里擦耳崖，为金马江要津，即沙湾上游十里。光绪中募建西安桥，桥楼四十八间。"② "治西二十里擦耳崖场中，旧有古庙基址，纵目盈亩。宣统时，乡正吴丹阳请设团务分局于此，募建正厅三间，及局门左右铺面三间。"③

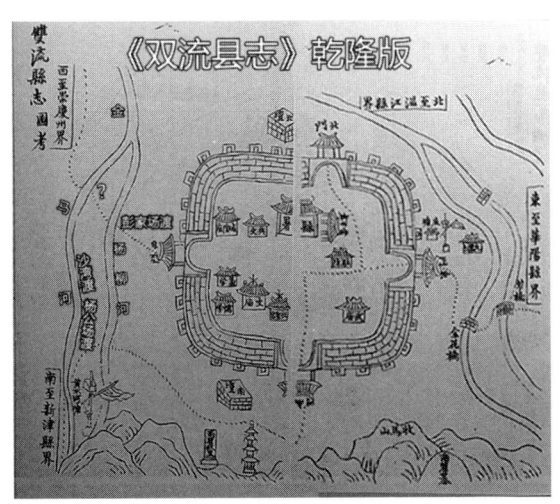

图6-4　《双流县志》乾隆县城拼图

可见，清宣统前，擦耳岩已经是"场"了。

民国版《双流县志》记载"金马场在金马江南岸，今移北岸"，而民国时期双流受灾调查手绘图标注的金马场却是在金马河的西岸，擦耳岩则在东岸（如图6-5所示）。

---

① 双流县旧志丛书整理委员会：《双流县志》（民国版），中国文史出版社，2014年版，第18页。
② 双流县旧志丛书整理委员会：《双流县志》（民国版），中国文史出版社，2014年版，第26页。
③ 双流县旧志丛书整理委员会：《双流县志》（民国版），中国文史出版社，2014年版，第47页。

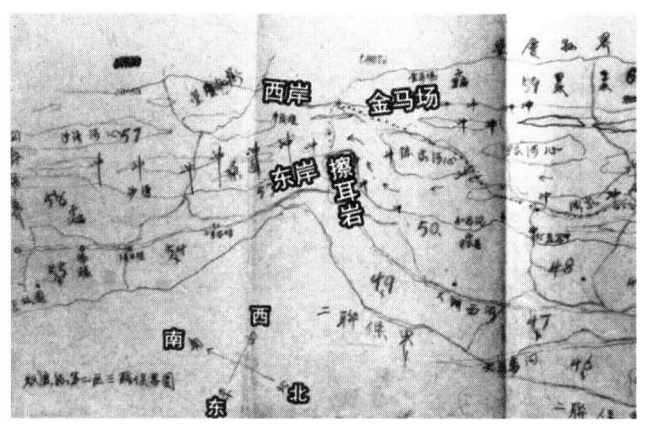

图 6-5 双流民国二十五年（1936）水灾手绘调查图

金马场在金马河的东岸、西岸，还是南岸、北岸，这是历史记载留给擦耳岩的第二个谜。根据调查图示，金马河只有东岸和西岸，没有南北岸，这里是记错方向了。而《四川历代方志集成》中有图示（如图 6-6 所示），图中标注的金马场是在金马江下游东岸，黄水河西。擦耳岩是由此上移而来的吗？

由此可见，金马河上下不远就有两处金马场，据说上游的刘家濠也叫金马场，短短的十余里，就有三处叫"金马场"的地方，这是历史记载留给擦耳岩的第三个谜。

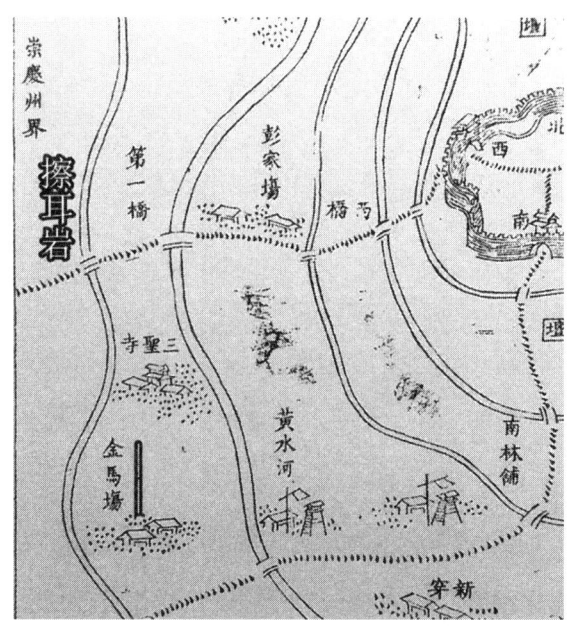

图 6-6 《四川历代方志集成》中的图示①

《四川历代方志集成》中记载:"治西永丰乡场集:彭家场,治西十里;红石桥,治西南十五里;金马场,治西二十五里;柑树桥,治西北二十五里。"①

由此将擦耳岩的历史梳理如下:

第一,这里的金马场是指手绘图上的金马场,不是金马江下游东岸黄水河西的金马场。

第二,金马场从西岸"移"过来前,东岸已是擦耳崖场,并有古庙,金马场"移"过来使擦耳崖扩大成后来的擦耳岩了。

第三,不管是金马场还是擦耳崖,都在金马河上擦耳岩渡的西东两岸,都是为古渡口服务的场镇。古渡的存在,派生出了擦耳岩场镇。民国初期,擦耳岩场镇有市房 95 间,逢三、六、十日赶场。

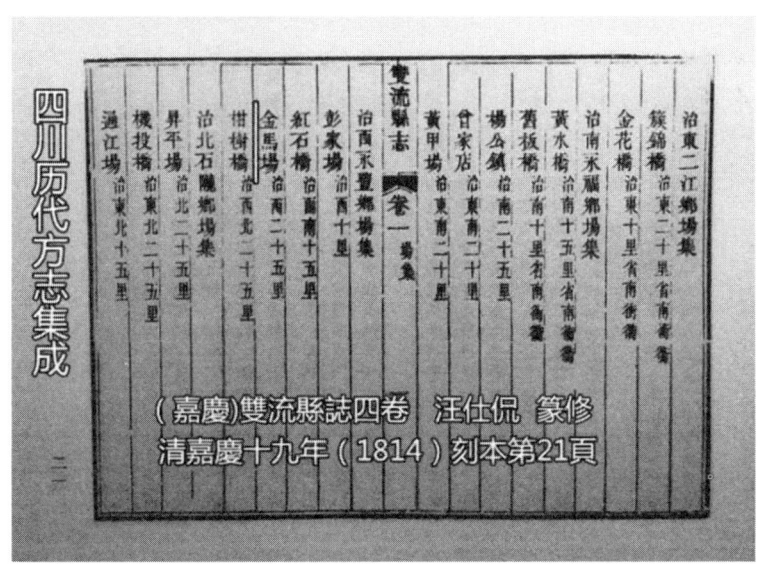

图 6-7 《四川历代方志集成》中的记载

三、一江一路交汇的古渡小镇

(一)一江一路途中吃饭喝水歇脚的最佳处

岷江金马河,曾经也是一条水上货运通道。据《双流交通志》记载,最近的一次航运业复苏是在抗日战争时期,阿坝地区的羊毛、药材等山货由此运到

---

① 四川省地方志编纂委员会:《四川历代方志集成》(第二辑·7),国家图书出版社,2015 年版,第 21 页。

乐山、宜宾出川。1941年前后，经此往返航行的船舶最盛时达90余只，均为载重10余吨的木船，前梢后橹，一只船通常用工9人。擦耳岩位于金马河中段，是河运中途休息的最佳场镇，船工们就此上岸喝水吃饭小憩。擦耳岩的饭店、茶铺、客栈，都是船工们的小憩处。

图6-8 双流擦耳岩，一江一路交汇的古渡镇

图6-9 双流擦耳岩老街

擦耳岩历来是崇州大邑去成都最近的交通要道，从这里步行到成都，只需半天时间。因此，也是过往客人的歇脚处。相比崇州人，大邑人走这里最多。因为这里是大邑去成都最近的路。当年刘文彩病急去成都，他当时已经有轿车了，但还是乘滑竿，从擦耳岩过渡去的成都。

擦耳岩是一江一路途中吃饭喝水歇脚的街镇。因此，擦耳岩就是为古渡服务而伴生的镇。

有着1800年历史的五津之涉头津擦耳岩古渡，历来是岷江金马河东西两岸地区的交通要道。800年前路过这里的陆游有感而发，写下了《自江源过双流不宿径行之成都》的诗，其中"断筏飘飘挂渡头，临江立马唤渔舟"为擦耳岩古渡留下了珍贵的记载。清光绪年间修建的擦耳岩廊桥，无疑是当时中国最美的岷江廊桥风景。

四川军阀最后的一次岷江大战，擦耳岩成了主战场之一，在古岷江金马河岸边，留下了"碉堡坡坡"的记忆。

解放前夕，中共地下党组织，利用这里的交通要道和特殊环境，输送了大量革命需要的枪支药物等。并在这里设立了擦耳岩联络站，开展了可歌可泣的革命斗争，在这里写下了浓墨重彩一段历史。

擦耳岩是个很热闹的场镇。最热闹的是逢场天，每到逢场，街上就拥挤不堪。最拥挤的是河边渡口上下渡船时，船一到岸，下船的要挤下船，上船的要使劲挤才能上得了船，每到逢场天，不挤一两个人落水，就不算是逢场天。每到逢场，船码头就是最热闹的地方。

（二）建在古岷江河道里的擦耳岩

根据《双流县志》中的《金马河新、旧貌状图》显示，擦耳岩街镇，就建在古岷江河道中，如图6-10所示。

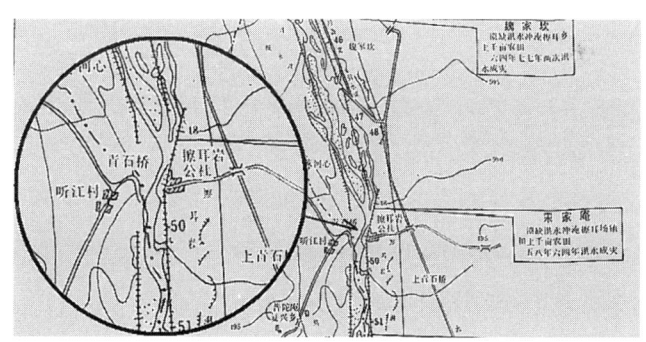

图6-10　金马河新旧河道图

从金马河上游往下看擦耳岩，擦耳岩街镇正处于金马河河道中间。由于擦耳岩上加高了河堤，将河水向西别去，湍急的河水从擦耳岩街头流过。擦耳岩的东边，即现在金桥镇金红路，就是古岷江东岸边，即金马河东岸边。图中擦耳岩东边标注带弯弯状的"自然溇缺口"即为河岸。

从都江堰到新津的金马河，中间就只有擦耳岩街镇紧靠在金马河边，而擦耳岩老街及当今的金桥镇街，从金红路朝金马河边，地形都是斜斜地倾向河边。地面下层是河沙，原是沙洲地，这里原种植的都是沙地植物花生等。小时候，我们还在这些沙地里刨捡花生等。后来，擦耳岩扩展街道成金桥镇了，这里的沙洲地，都建成了街道。因此可以说，现在的金桥镇，金红路至金马河边的街道，都是建在古岷江河道里的。

图6-11　金桥镇金红路斜坡

图6-12　金桥镇斜坡街道

（三）特产中药材郁金

民国版《双流县志》记载，擦耳岩特产郁京子（即郁金）。郁金，别名玉京子，或称姜黄。因其气香而性轻扬，能致达酒气高于远，治疗郁遏不能升；五行之中肺为金，其功可散肺金郁。故名郁金。

文史档案专家熊德成的文章《双流郁金：一部千年沧桑史》记载：翻开中国郁金种植史，双流擦耳岩金马河两岸种植的郁金，是"广郁金"的代表，被《中国药典》列为正品，蜚声国内外，享有"广玉京"的美誉。擦耳岩郁金之所以享有美誉，奥妙就在于这里的郁金内有"胆"，其他地方的郁金没有"胆"。而这个"胆"，不仅能行气、解郁、凉血、破瘀，据说还有抗衰老、抗癌等功效，还有很多新的药用价值尚在深入研究中。据熊德成的研究，擦耳岩种植郁金的历史有1350年了。

金马河两岸之所以适合种植郁金，是因为这里两千多年前是宽阔的古岷江，约2500年前，因李冰修都江堰，形成内江分水后，古岷江金马河水量减少，两岸出现大量宽阔的河坝沙洲，经千百年河中大量的浮游生物的沉积腐殖后，特别适合种植郁金。双流境内及崇州三江镇一带的金马河边，就成了四川著名的郁金中药材特色种植地。

不得不说，郁金种植，就是李冰修都江堰后带来的副产品。

图 6-13　金马河双流段金桥镇种植在宽阔沙洲地的郁金

四、曾经的岁修之都

岷江金马河有着抹不去的洪水灾难历史。乾隆时期就有岁修金马河的记载：

> 金马河：在治西南，由温江刘家濠入县界，下注新津、彭山，合岷江。县属金马河、杨柳河、新开河皆源于岷江，而金马河水大，两岸之地，连年坍损，尝语人曰："人望高来水望低。今东流低则决而东，东岸崩矣。西流低则决而西，西岸塌矣。皆粮地也，弃之可惜，且为累。吾为尔计：须于冬春水涸时，就河中间浅处淘深，导使中流。两岸水冲处，急作支篓以撇开水势。且下可保不再坍。更每年修淘，将渐次淤起，仍可垦种矣。"①

自1933年叠溪地震引发洪水后，金马河年年有洪灾，河堤年年被洪水冲毁，于是形成了岁修岷江金马河的传说。

擦耳岩最热闹的时候，是在每年秋冬季修河时。每当收割完谷

---

① 双流县旧志丛书整理委员会：《双流县志》（乾隆版），中国文史出版社，2014年版，第7页。

子，金马河修河大军就开始汇聚了，千万农民共同修河，使擦耳岩成了岷江金马河的岁修之都。

每到修河时候，金马河沿河一带的农村家里，就有修河民工借住。农民工自带被子，找把谷草垫在地上，就是自己的床，统一煮大锅饭吃。白天都在河道里担挑沙石垒高河堤，修筑河坎（如图6-14所示）。

图6-14　民国填筑金马河砂石硬工程/熊国其供图

上午八点开始干活儿，十二点吃午饭，下午一点半开始，五点半收工。每天八小时不少。

吃了晚饭，累了一天的农民工们，都要出来走走，休闲放松一下。擦耳岩就成了农民工们每天傍晚必去转悠玩耍的街镇。

那时的擦耳岩街上，没有什么可耍可玩的，于是打赌耍。常用的玩法和话题是，猜猜对面过来的是男的还是女的。在蒙蒙黄昏街头，真不知道对面突然过来的是男还是女。

据说有一次，有两个兄弟吃了晚饭后，在街头看到有热粽子卖，就馋了，于是打赌吃粽子，谁吃得少谁给钱，在吃饱了晚饭的情况下，有个兄弟在吃下十二个粽子（每个约60克）后，躺在地上不能动弹了，其他兄弟找来了木板，将其抬了回去。

双流县电影队为修河农民工放过多次电影，就在擦耳岩的河坝头放。电影有《沙家浜》《红灯记》等样板戏，也有故事片《地雷战》《地道战》《英雄儿女》等。有电影看的晚上,农民工就像过节一样高兴。

金马河的岁修,是无劳动报酬的,全是摊派给沿河农民的无偿劳动。

据《双流县志(1986—2005)》记载:"20世纪,金马河岁修均为群众投劳,后改为以劳折资,由县岁工程指挥部统筹;进入21世纪,金马河双流段沿河农民免去以劳折资费用,全由财政负担。"①

岁修是非常艰辛的劳动,也是无奈之举。岁修所用的工时,生产队分摊给每家每户。工时的回摊,也给没有劳动力的农户带来了无穷的辛酸。

因我是老大,家里父母体弱,我十四岁起,就年年参加岁修,至二十三岁时离开农村。我知道金马河带给沿河百姓的苦难。

岁修是金马河沿线农村的第三季农忙。金马河的岁修历史,是岷江金马河不能抹去的一段痛苦历史。

五、被座座庙宇包围的民国宗教文化特色

有一本名为《往事如烟》的册子,其中记载了民国和新中国成立初期的擦耳岩社会历史。这是擦耳岩的一位文化老人,也是擦耳岩的第一位大学生覃宗良所写的回忆录。

覃宗良覃老出生在民国时期的擦耳岩街上。父亲覃汉文在擦耳岩开饭店,全家靠此维持生活。他六岁开始在擦耳乡中心民国学校(李家寺)读书,1951年在双流中学读初中、高中,1957年考入成都电讯工程学院,1962年毕业分配在天津军工企业工作,现早已退休,居住在天津。覃老对民国时期和解放初期的擦耳岩记忆深刻,退休后,他于1999年12月写成了擦耳岩回忆录《往事如烟》,并印制成小册本,发给家乡人看,在广泛收集了家乡老人们的意见后,于2012年初春再次印制成小册本。

覃老的《往事如烟》,是一本对民国时期擦耳岩社会历史的回忆录,既详细又真实,是一本非常难得的记录擦耳岩历史的书籍。《往事如烟》对擦耳岩这座靠在金马河边热闹非凡的渡口镇,从世俗风情、市井舆情、商贾行情、袍哥豪情、茶馆酒肆、川剧评书、正月十五耍龙灯、五月端阳"抢鸭子"、香火缭绕的李家寺和尚、宋家庵尼姑、文昌宫道士,还有时政黑暗恐怖、红色革命涌动、黎明前新中国的一抹亮光等,都有据实记载,可以说,《往事如烟》记

---

① 四川省双流县地方志编纂委员会:《双流县志》(1986—2005),四川科学技术出版社,2011年版,第145页。

载的擦耳岩,是四川民国史的一个浓缩版,是岷江金马河边一座古渡小镇的民国传奇史。

而擦耳岩不得不说的一大特色,就是被座座庙宇包围的民国宗教文化特色。

据覃老《往事如烟》记载,从前(擦耳岩)正街的背后,面朝金马河有座庙宇,原名"西安会馆",庙里有十多尊菩萨,右廊下的两座是关公和张飞,塑得精致雄壮。现为双流水务管理局。

擦耳岩正街上还有一座古庙(原擦耳乡政府办公处),据民国版《双流县志》记载:"治西二十里擦耳崖场中,旧有古庙基址,纵目盈田。宣统时,乡正吴丹阳请设团务分局于此,募建正厅三间,及局门左右铺面三间。"①

擦耳岩下游不远处有座"麻兴寺",香火很旺,上游有座尼姑主持的宋家庵,东面离擦耳岩五百米处有座规模宏大且有和尚主持的李家寺,朝外还有道士主持的文昌宫,曾为双流知县设署办公的三圣寺等。

擦耳岩,一座有和尚尼姑道士融汇的宗教古渡镇,整座镇内外都被厚厚的烟霭掩盖着,香火烟熏,重重叠叠,高深莫测。

覃老在他的《往事如烟》中,对周围的庙宇有描述:"(擦耳岩)下游王店子附近的麻兴寺,幽深僻静,有一年夏天我偶然走进去,有一种'入门顿觉清凉甚,恰似移身在广寒'的超尘脱俗之感。""离擦耳岩(上游)只两三里的宋家庵是典型的尼姑庙,虽然不大,很干净整洁,每年的大年初一街上的居民蜂拥前往进香,像赶庙会一样热闹。"对李家寺,覃老更有这样的描述:"离擦耳岩最近的李家寺,在官办学校之前(注:1940年时,就在庙里办了小学校),是一个规模宏大的宝刹丛林,殿堂无数,大小菩萨上百座,都塑得庄严肃穆,栩栩如生。尤其是大雄宝殿那尊如来佛,极其高大,全身像镀了一层金似的,金碧辉煌。整个庙宇浓荫蔽日,两株大楠木树已有几百年历史,其中一株硕大无朋,举世罕见,要好几人才能合围。"

民国时期的擦耳岩之所以庙宇多,是有社会原因的。当时的人们,有事无事都要去寺庙求菩萨保佑,有事求如愿,无事求平安,绝不遇事抱佛脚。一庙进香,庙庙进香,佛教道教尼姑庵,都要拜到,不能拜漏了得罪这尊菩萨那座庙。因而座座庙宇天天有香火钱进,月月有财富结余,年年可买田置地。那时的庙宇,一般都有田地出租给佃户,靠收田租即可,还有天天的香火钱进。于

---

① 双流县旧志丛书整理委员会:《双流县志》(民国版),中国文史出版社,2014年版,第47页。

是庙宇兴旺。佛教道教尼姑庵都有的擦耳岩镇,在四川及川西平原上都属罕见,这也是擦耳岩镇的特色与传奇之一。

民国版《双流县志》中有一张民国九年(1920)绘制的《双流全县地形图》(如图6-15所示),从中可见,擦耳岩紧靠金马河边,被密集的庙宇围在其中。

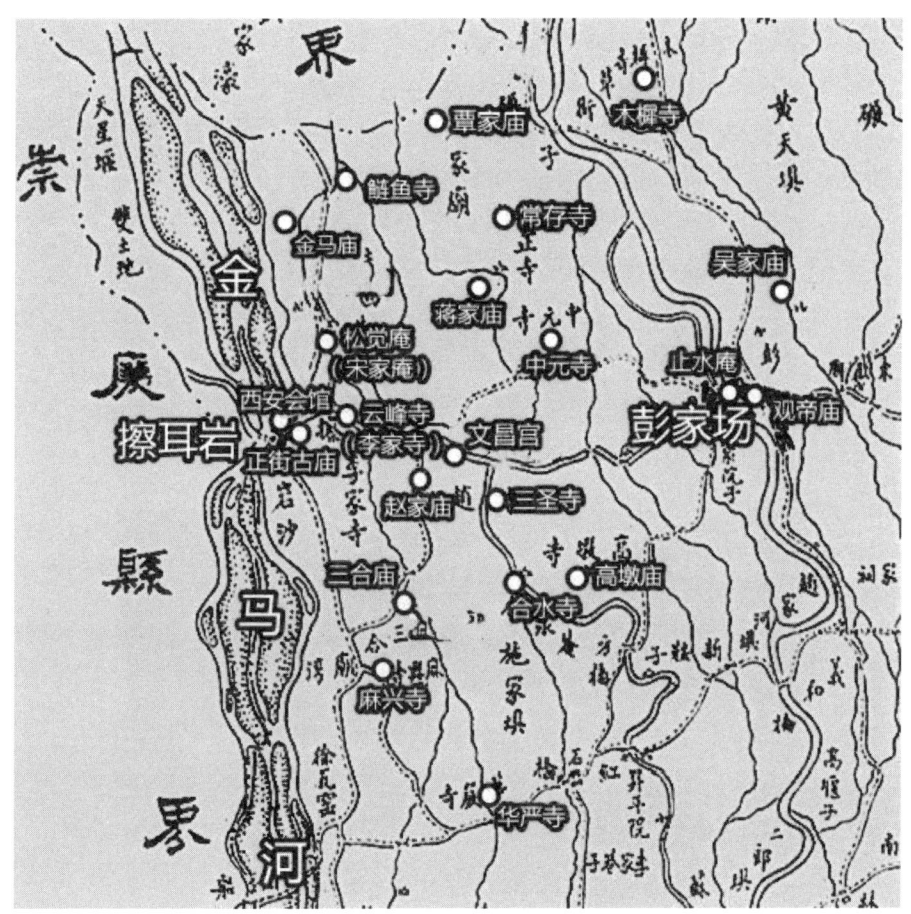

图6-15　金马河东的擦耳岩被密集的座座庙宇所围

六、碉堡坡坡的三重记忆

擦耳岩有个怪现象:如果问擦耳岩廊桥在哪里,人们都摇头说不知道;若问碉堡坡坡在哪里,每个人都知道。

擦耳岩出场口往李家寺的一里多路上,有个很有名的坡坡,叫碉堡坡坡。坡坡不高,斜斜的,从擦耳岩街到坡坡上,也就五六米的高差。自擦耳岩改名为金桥镇后，场镇扩大了，现在的金红路就是碉堡坡坡最高处，也叫李家寺高埂。

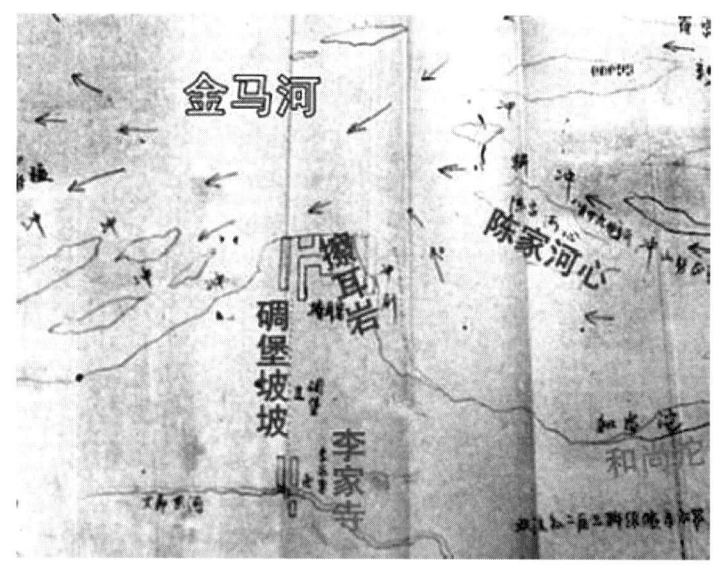

图6-16 擦耳岩碉堡坡坡标注图

图6-17 金红路碉堡坡坡，原岷江古岸

金桥镇的老人们，只要问起碉堡坡坡，谁都记忆深刻。

但奇怪的是，坡坡上真的有碉堡吗？谁修的？有几座碉堡？为什么要修在这里？这就没人说得清楚了。这不得不使人对坡坡上的神秘碉堡产生遐想。

据我所知，老人们不是因为坡坡上有没有碉堡而记忆深刻，而是因为当年盛行推鸡公车，坡坡给老人们留下了深刻记忆。

20世纪六七十年代，还没有载重的交通工具时，鸡公车就是那时唯一常用的载重工具。当时的擦耳人民公社每年要从崇州三江镇那边买几次石灰载回来用。一是生产队每年都要撒冬水田栽水稻，二是家家修房子要用石灰抹墙壁。

每年用鸡公车推三四次，每次推三百来斤。从崇州三江镇那边推回来，三四十里路，要从擦耳岩河西过河，推到擦耳岩这边来，一路上推鸡公车，早就精疲力竭了，再推上这碉堡坡坡，更显艰难吃力。

推鸡公车上碉堡坡坡，一里路长的缓坡，会让你推得满头大汗，两腿发软，耗尽你最后的一点力。小时候，父亲总是叫我拿根绳子，在碉堡坡坡拉鸡公车。长大后，我也亲自推鸡公车，尝到了碉堡坡坡的"厉害"。这真是让人终生难忘，已凝聚成一辈子的乡愁记忆了。

碉堡坡坡是鸡公车年代家乡著名的"软脚坡坡"，是时代记忆。

本着乡愁记忆，我考察了碉堡坡坡的地形和来历。

双流档案馆有资料记载，民国二十五（1936）年八月六日，双流县政府第三科科长熊倍卿记载了他到擦耳岩详查洪水灾情："大雨连日，河水即涨于八月一日晨，岷江上游之水，骤涨丈余，较之叠溪震灾为巨，（擦耳岩）街市成为泽国，一片汪洋，船由街市而达里许之李家寺高埂。再由东岸沿岸勘视，所种药材、花生、苎麻、包谷，尽被淹毁，被灾面积计约二千亩。"从这份资料中，我恍然大悟："李家寺高埂"就是"碉堡坡坡"，就是古岷江东岸边。

这是因为，资料中记载被淹的药材郁金、花生等，说明这里是河滩沙地。我想起了公社时代，擦耳公社的一、二、三大队等沿金马河东岸边，种植了大片的郁金、花生等，这里原就是岷江金马河的河湾漫滩沙洲地，李家寺高埂就是古岷江岸，就是现在的金红路。

我也终于找到了"碉堡坡坡"名字的来历。原来，这里发生过四川最大的一次，也是最后的一次军阀大战，名曰"岷江战役"。

1932年10月，刘湘与刘文辉为了争夺四川王，发起了四川最大的军阀二刘大战。1933年7至8月间，刘文辉败退出成都，利用岷江金马河天险，布置了防线，决心在岷江金马河边，与刘湘决一死战。刘文辉在灌县、温江三渡水、双流擦耳岩、新津，及以下彭山、乐山等密集布防，三渡水和擦耳岩就是重点布防之一。7月中旬，刘湘共110余团全部开抵岷江东岸，并出动飞机向新津、崇庆、眉山、乐山等城投掷炸弹、传单。刘湘军多次在金马河三渡水、擦耳岩等地实施抢渡，均遭刘文辉守军顽强阻击，无结果。刘湘遂采取政治瓦解手段，派人潜往守军内部，拉拢中高级军官。8月14日，刘湘颁发全线总攻令。刘文辉守军陈鸿文师守备温江三渡水，其机炮营营长叶青莲、刘一率部哗变，刘湘邓部从该渡口抢渡过江，左右出击，刘文辉守军防线动摇。刘湘罗泽洲部从擦耳岩抢渡过江，击退守军王元虎部，分兵向新津、大邑方向进攻。同期，防卫灌县的彭韩部、防卫三江口的邓和部等相继倒戈，刘文辉岷江防线全线崩溃，刘文辉战败。原来，碉堡坡坡上的碉堡，是刘文辉部所修。

碉堡坡坡给我们留下了三重记忆，一是四川军阀混战历史的战争残痕记忆，二是古岷江东岸的标注记忆，三是鸡公车交通工具时代的乡愁记忆。

七、菩萨被关禁闭活埋的擦耳岩学校

擦耳岩李家寺背面有座庙，原叫云峰寺，后名李家寺，里面一直供有菩萨。李家寺庙的东面，有条河，叫沙滓河，又叫大朗堰河。

《四川历代方志集成》和民国版《双流县志》中均记载："云锋寺在治西二十里。明万历间建。清康熙八年，僧清株修，更名李家寺，并修寺东万寿桥。乾隆六十年，僧方山重修。"①

可见，李家寺庙在明朝年间就建了。并于清康熙时在大朗堰河上建了座砖桥，即李家寺东头的桥，起名万寿桥，后名云峰桥。

据民国版《双流县志》记载，民国三年（1914）二月擦耳岩建民国学校，就建在李家寺庙。

图6-18 记忆里的李家寺庙

据从擦耳岩走出去的老一辈大学生、文化人伍兴德、覃宗良说，他们小时候就在李家寺庙里读书。那时，庙里的菩萨是用木板被隔离关了禁闭的。1948年底，他们参加了双流全县举行的高小毕业会考，成绩前三名的才有资格被选

---

① 四川省地方志编纂委员会：《四川历代方志集成（第二辑·7）》，国家图书出版社，2015年版，第32页。双流县旧志丛书整理委员会：《双流县》（民国版），中国文史出版社，2014年版，第40页。

送去考,是王世通领他们去的,从此走出了擦耳岩。王世通是擦耳岩人,民国双流县参议员,现双流区资深文史专家王泽枋的父亲,王世通的父亲王枬(楠),是成都人民公园"辛亥秋保路死事纪念碑"的总设计人。王家祖辈就住在擦耳岩下的金马河边。

覃老在他的《往事如烟》中,对李家寺小学有这样的记述:

> 李家寺小学原是一座规模宏大的庙宇,改成学校后,仍留有三分之一地盘给王和尚及其弟子住。学校这边仍保留庙宇痕迹,房廊殿阁依然如故,只是请走了菩萨。门前是一个不小的场坝,可能是原来搞庙会之用。一进大门,是原来的灵宫殿,顶上阁楼依旧,还留有若干小菩萨。再进去是一个敞开的天井,左右两边各有一株大楠木,其中一株大得出奇,我走遍全国都没有见过的,它高大挺拔,苍然蓊郁,几里路外都能看见它繁茂的枝叶。过了此处,就进入天王殿,但四大天王已请走了,是一间宽敞的空屋。过了天王殿的左右两侧门,就进入了学校,也是原来庙宇的主要部分。这是一个相当大的四合院,中间的天井大约一亩大,四周的殿堂都改为教室和教师的宿舍,中间还围绕着一段很宽的走廊。正面的大雄宝殿改为礼堂,用一篦墙把大佛隔在里边。篦墙用白纸糊得很平整,正中间挂有一幅孙中山像,像的下面贴一张"国父遗嘱"。

根据覃老的记述,李家寺庙是由8字形的两个四合院组成,进庙后,先进入的是小菩萨和四大天王殿组成的四合院,院内有两株高大的楠木树。通过天王殿两侧门,进入后一个四合院,院内两边是教室和教师宿舍,正面是大雄宝殿,殿内大佛被"篦墙"封起来了,殿堂用作学校的礼堂。以上是覃老他们读书时的李家寺庙情景。

而我们在这里读书时,已经没有第一个四合院了,只有一个四合院。进校大门的两边各有一间教室,然后左右两竖排是教室,与正面大雄宝殿形成一个可关闭的四合院。

1963年,我八岁,正在李家寺读书。在我的记忆中,李家寺庙大殿中间的菩萨,还是用厚实的木板被封闭隔离,关着禁闭。寺庙大殿是学校老师们的办公室。大殿的左边隔了一间作学校的音乐教室,各班上音乐课就到那间教室上。那时,我们每周有两节音乐课,都在那间教室上。

1965年的六一儿童节,学校在四合院外的大门广场上,第一次搭台举行了文艺演唱活动，我被老师易华英推选上台朗诵《红岩》中的《把牢底坐穿》一诗。还有一对帅气漂亮的青年男女老师，跳时兴的《逛新城》，至今，那"爸爸耶——女儿耶——"记忆犹新。那男的，就是陈伟芳老师，女的，则是我们班主任裴嘉柏的爱人周芸芳老师，如今，他们都七十多岁了。但老师，永远都是我们的老师。

1966年，学校发展到一至六年级十多个班，四合院式的学校教室显然不够用了。

放寒假后的一天，我到学校来转悠玩，见李家寺庙拆了，大殿处挖了个大坑，原来被木板隔起来的菩萨，都被推倒在大坑里，就地给"活埋"了。

新年开学后，原李家寺大殿处，建起了一排新砖墙瓦房，一半作了学校办公室，另一半作了老师的寝室。原四合院式的学校被拆开，两边各修了六间一排的新教室，共十二间新教室。中间形成了长方形的校内开阔坝子，作了学校全校学生的课间操操场。后面修了卵石砌成的围墙，形成了可关闭的学校。学校办公室后面，修了篮球场和田径场，及学校厕所。校外东面是学校的三间伙食房。

从此，李家寺没有了菩萨，也就没有了寺庙，变成了擦耳公社的学校。

1969年下半年，学校办了自己小学校毕业的初中班，即擦耳中学。1972年擦耳中学首届初中两个班毕业。

我就是在这里从小学一年级读到初中三年级毕业的首届生，共在这里读了九年书，度过了青少年成长阶段。毕业后回农村，成为一代有"知识"的新型农民。当年，国家很重视我们这一代回农村青年，赋予了我们一个时代的新名称"回乡知识青年"。

李家寺寺庙改建成学校，培养了新时代有文化的一批又一批农村人，也从这一批又一批的人中，走出了大学生，就首届初中生中，就有考入四川大学的刘汝智、考入泸州医学院的尹杰霖等，后来我也有幸考入了北京大学。

后来改革开放了，学校被搬到了擦耳岩下的金马河河湾沙滩地。原校址被占用作了工房。没几年，搬到河坝里的初中学校也被拆除了。

擦耳岩李家寺，一处重要的地方历史文化发祥之地，凝结着多少人的乡愁！

八、大朗和尚化缘而来的河

擦耳岩李家寺的大朗堰河，是清顺治年间一位和尚化缘修的。

金马河上最后一道分水，就是温江境内的大朗堰。从大朗堰分水的河，叫大朗堰河（又叫沙滓河）。之所以取"大朗"名，就是因为，这条河是因大朗和尚之故而修的河。双流作家李文旭有篇文章《一个人的都江堰》，其中就提到大朗和尚化缘修的大朗堰河。

大朗和尚企望通过地方官吏为开河修堰筹集资金，但官府总是向人民索取，收缴税赋。大朗不气馁，既然求官府不行，那就照佛门的规矩办事。从此，他下定决心，头戴斗笠，脚登芒鞋，囊中装着化缘簿，走上托钵化缘集资修河之路。

清顺治十七年（1660），大朗化缘集资后动工修河。大干一个冬春，河渠开通了，堰也筑成了。大朗堰河从金马河温江刘家濠上游起水，在双流金桥鲢鱼寺分水，成东大朗堰河和西大朗堰河，下新津，三县共数十万亩旱田得到了充足的自流灌溉。

光绪四年（1878），四川总督丁宝桢等奏请朝廷，要求封赠大朗和尚，不久圣旨下，封赠大朗和尚为"紫阳真人"，以后又加封"静惠禅师"尊号。

直至今天，大朗河仍在发挥巨大作用，造福人民。凡给人民做过好事的人，人民永远不会忘记。三县人民感戴大朗和尚功德，把开成的堰取名和尚堰，直呼为朗堰，或称大朗河。

大朗堰河大朗功，化缘修河美名留。

图6-19 双流金桥镇李家寺东的"云峰桥"大朗河

九、设计成都保路纪念碑的擦耳岩人王枬

成都人民公园里,有一座让人肃然起敬的碑,这就是辛亥秋保路死事纪念碑。没想到,这碑的设计者兼总监工王枬,就是金马河边的双流擦耳岩人。

图6-20 成都人民公园保路死事纪念碑

此碑为我国第一座(烈士)纪念牌,也是中国一个新时代开始,一个旧封建王朝结束的划时代纪念碑。此碑还是当年成都这座历史文化名城最高的城市标志性建筑,1988年被国务院列为全国重点文物进行保护。至今,此碑的外表气度和内涵文化都令人赞叹。

王枬[①](楠)(1883—1935),字次陵,四川双流县擦耳乡(今金桥镇)人。幼为双流县学童生。稍长,入府庠成都府学,是为附生。清末废科举兴学校,王枬受富国强兵思想影响,渴望学习西方先进技术,转读于成都铁道学堂。光绪三十一年(1905)六月邮传部在成都招考官费留日学生,他以优异成绩被录取。次年(1906)九月,浮槎东渡,进入日本东亚铁道学堂学习。

东亚铁道学堂属实业学校,正式成立于1906年,是"专为中国留学生所设,以教授铁道为宗旨"。1909年,该校第一届毕业34人,王枬即为该校首届毕业生。

宣统元年(1909),王枬学成回国。清廷学部授予证号934,该号是按照时

---

① 本节相关内容参考王泽枋:《双流100名人传》,中国文史出版社,2008年版,第238~242页。

间顺序排列的,大约是第934位被学部承认的留日学生。证号的颁发,说明留学水平达到清政府的承认。颁证号实际上就是分配工作的条件,但是现实中并不一定如愿以偿。回国后,眼看清廷腐败,民族积弱,铁路修筑大权早已拱手交给外人,中国工程技术人员无处施展才能,一片爱国之心,只有付诸流水。他愤然收拾书籍,离京返川,回家蜗居。

居乡期间,他与同乡、同是留学日本学铁道的彭聿宽一道,仅以最简陋的皮尺和竹竿,测量设计出由双流县城经彭家场至擦耳的具有现代公路雏形的乡间马路,也是双流县在清末自行设计、自行施工的最早公路。

辛亥保路风潮事起,王枬以双流铁路股东分会股东代表的身份,参加了在成都岳府街召开的川汉铁路公司股东大会,为张澜、颜楷、彭芬诸人所器重。在成都,他亲睹了"成都血案"的发生,即托同学中的同盟会员返回双流,组织保路同志军,支援成都人民的武装斗争,从而参加了保路运动。

推翻清政府以后,王枬供职于川汉铁路宜昌段施工工地,任工程师(当时称技正)。公司设在成都的股东会彭芬、邓孝可等联名提议,鉴于公司股款"政府偎取犒军,数日辄尽"的严重局面,决议用剩余路款给全川在保路运动中死难的烈士们建造一座纪念碑,得到众多股东的赞成。而且还决定聘请王枬为总监工,并负责图纸的设计。总施工则由当时成都营建业的古建筑师胡炳森担任。

1913年5月,铁路公司董事会为修建纪念碑作出决议,"建一雄壮之纪念碑,以纪念既死诸人",股东大会决议,将两万多两银子悉数倾尽,建"辛亥秋保路死事纪念碑"。

纪念碑从1913年12月破土动工,到1914年9月毕工,历时仅10个月。承建者胡炳森,为清末民初的古建筑师,营建业的佼佼者。

纪念碑得到许多专家的赞许,认为从纪念碑上看雕塑非常有特色,现在的研究多认为现代美术最早出现在上海,但这个作品建于1913年,应属中国最早的现代美术作品之一。

川汉保路运动的暴发,引起了武昌暴动,推翻了清王朝。孙中山先生曾经指出:"若没有四川保路同志会的起义,武昌革命或者要迟一年半载的。"朱德也高度评价了四川保路运动的丰功伟绩:"群众争修铁路权,志同道合会全川。排山倒海人民力,引起中华革命先。"李劼人说:"国之巨变,起于川西一隅。保路一碑,变之标注。"

辛亥秋保路死事纪念碑的树立,为中国这一特殊历史阶段——封建王朝的灭亡,民主革命的到来,立碑画线,因此说,辛亥秋保路死事纪念碑的意义就在于，它是中国一个旧时代结束，一个新时代开始的界碑。

中华民国成立后，王枬先后历任四川巡按使公署技正、四川制革厂厂长、内务部存记签事等职。1935 年病故于成都少城斌升街寓所，享年 52 岁，葬于双流县擦耳沙湾金马河之阳。

据王枬之孙，双流区资深文史专家王泽枋说，爷爷王枬的墓，就在金桥镇擦耳岩金马河下游的东岸河滩，原擦耳中学校的校址处。

十、成都十二桥革命烈士徐茂森、徐海东

新中国诞生后的成都解放前夕，这里发生了一件可歌可泣的革命故事。

成都文化公园里，有 36 座烈士墓。这是 1949 年冬，重庆发生 11·27 渣滓洞大屠杀后，12 月上旬，成都相继发生的大屠杀，36 位烈士埋在了这里。其中，就有发生在金马河边擦耳岩党的联络站的革命故事。

成都文化公园里，纪念着为革命献身的成都市十二桥革命烈士，其中记载了在中共地下党擦耳岩联络站工作的徐茂森、徐海东两位革命烈士。

图 6-21 成都文化公园十二桥烈士墓中的徐茂森、徐海东墓

（一）徐茂森革命事迹

徐茂森，1916 年出生在乡村医生家庭。幼年时当过盐店学徒、公馆杂役。平素爱扶危济困，好打抱不平，在擦耳岩一带颇有声望，当上了袍哥大爷。

1946 年，中国共产党地下组织派人到大邑农村开展工作，经宣传教育，徐茂森积极靠拢革命。此后我党的大邑地下武装所需的武器、弹药和粮食，常借助他的关系运送，有的则由他直接代购代运，并在他开的茶馆建立地下联

络站。

1948年底，党组织派彭先云到擦耳岩以家庭教师名义主持联络站工作。不久，又通过社会关系，将彭安插在李家寺小学任教，使联络站工作顺利开展。

1949年夏，解放战争即将胜利，四川解放指日可待。这时，敌人已觉察到我地下党的活动，加之叛徒供出了擦耳岩联络站的情况，国民党四川省政府主席王陵基急电双流县县长下令缉捕徐茂森。他被骗去县衙，被事先埋伏的军警抓捕。其侄徐海东也在茶馆内被捕。叔侄二人先后被关押在簇桥保安五团团部和成都南门衣冠庙看守所。

敌人使用酷刑，轮番审讯，徐茂森的左腿被压断，足趾被砸掉，几度昏死，但他始终咬紧牙关，严守党的秘密。敌人只好将他叔侄作为"要犯"，解送将军衙门省特委会看守所。

1949年12月7日深夜，徐茂森在成都十二桥血腥大屠杀中光荣就义。

（二）徐海东革命事迹

徐海东生于1924年，成都私立敬业中学毕业，当过小学教师，也做过会计，因思想激进，被视为"危险人物"，常被解雇，后来就一直在徐茂森的茶馆帮工。

徐海东受到党的教育后，积极投身革命，在组织的培养下，成了中共党员。他接受组织安排，在徐瓦窑他的家中，办起了《火炬报》，他的全家人都参加了《火炬报》的工作，徐海东负责刻写印刷，他的母亲、妻子、弟弟等负责装订成册，然后，妻子杜静修负责将《火炬报》送往附近乡村等地，他负责送往成都等地。《火炬报》印数由初期的60来份迅速发展到后来的300余份。

擦耳岩联络站暴露，上级要求联络站全体人员马上转移，但联络站往来的同志多，没有人坚守，将会使往来不知道情况的同志，陷于遭敌人逮捕的危险，徐海东临危不惧，主动要求去联络站坚守，避免了来往同志被捕，而自己却不幸被捕。

徐海东在监狱里受尽酷刑，但他严守党的秘密，宁死不暴露党，于1949年12月7日，在成都十二桥大屠杀中就义。

尽管我是擦耳岩人，但从小到大，都不知道擦耳岩有这样的烈士人物，发生过这样的革命故事。擦耳岩革命烈士的故事，是我来到成都文化公园的烈士墓前，发现有我家乡的烈士，才知道的。

我站在十二桥烈士墓前，久久低头致哀。

我在想，家乡擦耳岩的革命烈士故事，是怎么发生的呢？

十一、傍晚，擦耳岩河边响起枪声

（一）乌云密布的双流岷江河畔

1949年春夏之交的深夜，双流岷江金马河畔的擦耳岩小镇，人们早早地就睡了。小镇街上，死一般的黑暗沉寂。偶尔有丝微弱的油灯亮光，从街道铺面板的缝隙露出来，给死沉的街道增添点活气。旋即，亮光又灭了。想来是哪家小孩起夜找夜壶，解了手，又上床灭灯睡了。整个擦耳岩街，又沉入无声的黑暗中。

夜深人静里，忽然传来轻轻的敲门声。稍许，街道中间，有一茶铺客栈的店门"吱啦"一声，隐约中，有几个人影晃动着消失了。

这一年的四月九日，成都爆发了三千大学生反饥饿反内战游行，旋即遭到国统区反动政府的残酷镇压。为了掩护和保存革命力量，党组织迅速将被敌人盯上的四川大学学运骨干等，秘密疏散转移到成都西边双流金马河畔的擦耳岩来，隐蔽在乡下。

随着解放战争的节节胜利，敌人加强了对共产党员和进步人士的疯狂逮捕和迫害，一时间，成都重庆，阴云密布。

金马河畔的擦耳岩镇，隶属双流，位于双流西域，与崇州大邑新津温江等多县接壤，反动统治相对薄弱。中共地下党嘉雅工委利用这里的特殊情况和交通环境，于1948年底建立了联络站，开办了革命宣传刊物《火炬报》，开展迎接解放的革命工作。

在擦耳岩建立联络站，还因为这里有一位思想进步、与革命结义的"全福社"袍哥大爷徐茂森，党组织充分利用徐的袍哥身份作掩护，以徐的茶铺客栈作联络点，便于开展活动。

（二）徐茂森与刘文彩

这一天，从金马河的渡口，上来一群人，前呼后拥，人群中有一副抬着的滑竿，滑竿上躺着一位消瘦的病态老男人。他们上了擦耳岩街，直接来到徐茂森的茶铺前，吆喝着，慢慢放下滑竿，扶起老男人，进了茶铺。坐滑竿的老男人是谁？他就是大邑"益进社"袍哥大头目，后被称为"大地主"的刘文彩。

这次是刘文彩生了重病，正匆忙赶往成都治病。来到擦耳岩时，忘不了要拜访这里码头上的袍哥徐茂森。

刘文彩与徐茂森是老相识了。都为各地袍哥，自然交往颇多。但光明与黑暗的交织中，各自心中都有一盏灯了。

徐茂森赶忙迎接招呼，并宴请刘文彩，一起吃了午饭，一阵寒暄后，送其离去。

徐茂森接待刘文彩，虽表面欢迎，但内心却另有主意，毕竟两人走的不是一条路了。

这是因为，徐茂森虽是擦耳岩袍哥大爷，但他已决意跟共产党走了。带领他走上革命道路的领路人，是大邑地下党负责人萧汝霖。萧汝霖在1948年下半年组织大邑暴动，与刘文彩反动组织进行战斗，最终因刘文彩势大而失败，后被害于刘文彩的同庆楼。

（三）徐茂森三天大宴

这天，徐茂森三十岁生日，要大办三天寿宴。在擦耳岩街饭馆，三天里宾客满座，来者都是崇州大邑新津温江等地的袍哥。

徐茂森当年认识大邑中共地下党负责人萧汝霖，是因为萧汝霖常来往于成都大邑，走到擦耳岩，总要在他的茶铺里喝茶歇脚。两人由此相识至深，通过萧汝霖的引导和教育，徐茂森认识了共产党，深感共产党才是中国的希望。他的茶馆客栈就此成了萧汝霖等常来往的家。

从此，他与萧汝霖结义，愿与萧汝霖"有福共享，有祸同当，死不掉底"。他还把侄儿徐海东叫到身边，要他跟着萧汝霖干。他教育全家人，要帮助他的这些兄弟伙，不许"掉底"。

初期，徐茂森在擦耳岩的袍哥势力并不大，常受到擦耳乡乡长刘遐龄的排挤。刘遐龄为了独霸地方，千方百计挤压徐茂森，并对徐茂森来往的客人无端怀疑。

其实，徐茂森的这次三天大宴，是党组织安排的，目的是扩大徐茂森在擦耳岩的影响，保证党组织在徐茂森处的安全。早在1946年时，党组织就通过徐茂森掩护转运过武器、药材等，这次大摆宴席，是为了今后的行动更安全。

乡长刘遐龄，自然是天天都来赴宴。刘遐龄心怀鬼胎，暗中观察着来宾，发现个个腰间都有"家伙"，个个一见面就大喊："徐大爷好，以后有事要嘘一声哦！"

一看这阵势，刘遐龄深深感到，徐茂森不好惹。从此以后，刘遐龄对徐茂森另眼相看了，再也不敢挤兑徐，见到徐的来往客人，也不敢乱怀疑了。

萧汝霖牺牲后，擦耳岩的建站工作，由上级刘丹负责。不久，刘丹被捕，转由周鼎文负责。周常到擦耳岩来，出入于徐茂森家。

（四）党组织擦耳岩建站

那日，擦耳岩街上来了一个说外省话的年轻人，他说他是教书的，是跟两个中年男人来到擦耳岩的。那两人说，他们的家乡需要一个教书的，带他路过这里时，两人骗走了他带的行李，包括他藏在行李里的全部盘缠，把他丢在了这里。现在他落魄了，身无分文，吃住行无着，一副失魂落魄、可怜兮兮的模样。

许多人围着年轻人看，同情他的不幸遭遇。徐茂森也来看，见其可怜，将他接到店铺里坐下，众人都称赞徐大爷好。

徐茂森将年轻人暂时安置在茶铺里住下，并问到这里的李家寺小学也需要老师，就把他介绍在那里当了老师。年轻人很感激徐大爷，愿意无偿给徐当私人教师，教徐文化。

其实，这个年轻人是党组织周鼎文派来擦耳岩负责联络站工作的，叫彭先云，安徽人，二十五六岁，中共党员。彭早期在贵阳活动，1948年冬，经重庆转来成都。

彭先云来时，周鼎文对彭交代了三个方面的工作任务：一是保持联络站的联络畅通、来往同志的安全、物资转移的安全；二是开展农村农民翻身教育活动，组织农会，待条件成熟，组织暴动，迎接解放；三是创造条件，创办《火炬报》。

周鼎文根据全国的解放形势和四川成都等国统区的情况，对当前党组织活动做出安排，并强调最重要的是保证同志们的安全。周鼎文对彭先云这个安徽人如何到擦耳岩落脚，进行了精心的策划和安排。

（五）金马河畔"打工"潮

彭先云的到来，使党组织在擦耳岩的各项工作，积极开展起来。

在党组织的领导下，联络站以擦耳岩为中心点，在双流岷江河畔及附近，秘密开展农民翻身教育活动。

他们将从四川大学疏散掩护来的近十名青年学生，分散隐蔽到岷江河畔及附近县乡农村，并以他们为骨干，开展活动。他们分散在双流岷江河畔的柑梓乡、红石乡，对岸的崇庆县复兴，下游的新津三合、兴义等地，以"做长工""打短工""推豆花打平伙"等形式，组织宣传革命。并成立了"新民主主义同志会"，简称"新同会"。"新同会"由最初的六人，发展到二十七人。再由

"新同会"成员到各地开展宣传工作，发动群众，相继又组织成立了各处的"农民翻身会"。

在党组织的领导下，联络站以擦耳岩为中心点，在双流岷江河畔及附近秘密开展农民翻身教育活动，活动开展得顺风顺水，如火如荼。

此间，党组织还发展了一批中共新党员，徐海东、川大女学生罗曼云等，就是这批培养发展的新党员。

党组织在岷江河畔开展的活动，引起了擦耳岩副乡长兼精选队长廖永孝的警觉和怀疑，廖永孝暗中加紧了对来往于徐茂森茶铺的人的监视，并对乡下陌生人进行了明察暗跟。

廖永孝的行动对联络站及同志们的安全造成了极大威胁，彭先云将情况报告了上级。

（六）傍晚，金马河畔响起了枪声

一天傍晚，太阳快要落山时，金马河上游顺水下来一条货船，停靠在擦耳岩渡口岸边，船上有三个人，还载着几个装满货的麻布口袋。随即，船上跳下来一个年轻小伙子，说要找买家，卖船上的东西。

正在渡口码头边巡视的一个精选队员见状，上前问："卖的啥东西？"

小伙子毫不客气地答道："来路不正的货，你要吗？"

精选队员一听是来路不正的货，心想，肯定是"棒老二"了。"你等一会儿，我给你找个买主来！"说着，忙转身回去了。

精选队员回去报告了队长廖永孝，说河边有三个"棒老二"，要卖抢来的东西。廖一听，忙喊起身边的两三个人，赶到河边，说要检查船上的东西。

船上的人问："你们是哪个？敢随便检查我们的东西。"先前的精选队员高声答道："擦耳精选队的，这是我们的廖队长。"

船上人又问："是廖永孝队长吗？"廖永孝答道："本人就是。"

廖永孝话音刚落，只见船上三人掏出手枪，对着廖永孝"呼呼呼"就是三枪，廖永孝应声倒下，其他人见状，扭头就往岸上擦耳岩跑，边跑边喊"棒老二打死人啦！"

正在自家茶铺的徐茂森听到喊声，抄起家伙就从屋里出来，对喊话的精选队员问道："在哪在哪？""河边码头上！""走，跟我去看。"徐茂森拉住跑回的队员，喊道："兄弟不怕，在我的码头上，哪个棒老二还敢乱来。"说着，拉起这伙人就朝河边码头跑去。

来到出事地点，只见廖永孝倒在河边，头部胸部共挨了三枪，已死。

而那船,已顺金马河水而下,在太阳刚落山的朦胧里,江面上留下了依稀可见的远去船影。

除掉廖永孝的行动,是上级派其他地方的同志来执行的。整个行动秘密隐蔽,目的是不给联络站留下一点可疑痕迹和隐患。

廖永孝之死,敌人没查出结果,双流县长廖向辰给成都保五团写信说,是被土匪打死的。事后,《成都晚报》登了一条消息,说擦耳乡副乡长兼精选队长廖永孝,被土匪打死。

擦耳乡副乡长兼精选队长出现空缺。根据袍哥徐大爷的势力和他在廖永孝被打死那天的表现,不久,徐茂森理所当然地被选为副乡长和精选队长,填补了这个空缺。这样一来,擦耳岩联络站工作又增添了一层保护,党组织的活动开展得更加大胆了。

(七)岷江河畔《火炬报》

根据形势需要和擦耳岩农村的隐蔽情况,党组织决定,派张泽石来擦耳岩附近的农村,创办革命刊物《火炬报》,把全国解放的形势和党中央的声音传播出来,以引导四川国统区内的革命斗争,揭示蒋家王朝即将崩溃的信息。

张泽石,中共党员,1948年从清华大学到解放区受训后,派到四川大学搞学运。

起初,党组织请了一名无线电爱好者组装电台(收音机),未成功。后请川大老师苏德坚另装了一部电台,并把在报社工作过的秦幕良调来,协助张泽石工作。张泽石在清华大学是学物理的,也喜欢速记速写,编排刻版等。

电台安置在金马河边擦耳岩下游三瓦窑徐海东的家,《火炬报》就在徐海东家诞生了。

最初,《火炬报》印出60份,后需求量增大,发展到300多份。发行范围由成都、崇庆(今崇州)、大邑、邛崃,扩大到灌县(今都江堰)、仁寿、眉山等川西各地,乃至西康(雅安)境内。

《火炬报》通过各地党组织,迅速传遍国统区,传播到社会各阶层,引起了极大的反响。特别是传送到在黑暗中长期奋战的革命者和渴望解放的民众之中时,更是引起了巨大的反响。从学校到工厂,从城市到农村,从监狱内到监狱外,到处都在沸腾。

心血在燃烧,热泪在喷涌,爱与恨,渴求与希望,像地下压抑了千万年而喷发的岩浆,火一般爆炸燃烧。去工作,去战斗,去撕裂黎明前那短暂的黑暗,去作最后的一搏,去迎接一个光明而伟大的新世界的到来!《火炬报》每发到一处，就像燎原之火，马上就燃烧起来。小小的《火炬报》，在黑暗的国统区所起的巨大作用，无法估量。

《火炬报》的发行，极大地鼓舞了革命者，使成都及川西各地对敌斗争，迎接解放的工作更加蓬勃地开展。

双流金马河畔一带，以擦耳岩为中心的革命活动，如火如荼地开展起来。

（八）擦耳岩危急时刻

1949年农历八月初十，彭先云接到上级紧急通知，擦耳岩联络站暴露，要求联络站所有同志马上转移。

彭先云牢记当初来擦耳岩时，周鼎文嘱咐他"同志们的安全是最重要的"。他马上通知了所有同志转移。但擦耳岩联络站怎么办？每天联络站都有外地的同志来往，联络站如果没人招呼掩护，外地来的同志就会落入敌手。

在这危急时刻，徐海东向彭先云请求留下，掩护外地同志，彭先云不同意。

"我是本地人，好掩护。"徐海东说。

"不行，不能留下你一个人，有安全问题。"彭先云坚定地答道。

"但如果我走了，很多外地同志就会有安全问题！"徐海东又坚决地请求道，"让我留下吧，没事的。"

在徐海东的强烈要求下，彭先云也考虑到外地同志们的安全和徐海东是本地人的情况，无奈地同意了，并再三叮嘱徐海东注意安全。

徐海东曾当过小学教师，也做过会计，因思想激进，被视为"危险人物"，常被解雇，后来就一直在徐茂森的茶馆帮工。徐海东受到党的教育后，积极投身革命，在组织的培养下，成了中共党员。他接受组织安排，在徐瓦窑自己的家中，办起了《火炬报》，全家人都参加了《火炬报》的工作，徐海东负责刻写印刷，他的母亲、妻子、弟弟等负责装订成册。妻子杜静修负责将《火炬报》送往附近乡村等地，徐海东负责送往成都等地。

徐海东临危不惧，在党组织遭到危险时，不顾个人安危，挺身而出，主动承担危险，避免了外地来往的同志被捕，而他自己却不幸被捕。

不幸的是，徐茂森也被捕了。

老奸巨猾的擦耳乡乡长刘遐龄，一直怀疑徐茂森，但又不敢声张，特别是副乡长兼精选队长廖永孝之死，刘暗地里审问过当时的精选队员，为啥廖一回话，明确他的身份后，对方就只向他开枪，而其他人一枪都没挨。刘因此更加怀疑徐茂森的背景，但也不敢轻举妄动，他只能等待时机。刘遐龄知道，徐茂森背后肯定有一大群人，那就是共产党，他可不愿成为第二个廖永孝。

擦耳岩事件遭暴露，敌人派来一个营的兵力，抓擦耳岩地下党总负责人彭先云。刘遐龄一看时机到来，就死缠住徐茂森不放，诡称要与徐一起到双流县上开会，刘与徐到县府后，县长廖向辰向徐茂森出示了"逮捕证"，徐茂森被捕。

（九）成都不朽的"红岩"

徐茂森和徐海东被押往成都监狱。

徐茂森在监狱里受到绳绞、电刑、撬杠子、鸭儿浮水等，受尽酷刑，敌人轮番审讯，徐都没有说出半点共产党的情况。徐的左腿被压断，足趾被砸掉，几度昏死，但始终咬紧牙关，履行了他的诺言"死不掉底"！

徐海东在监狱里也受尽酷刑，他严守党的秘密，没有暴露党的任何情况。

1949年12月7日深夜，成都十二桥发生了秘密大屠杀，徐茂森和徐海东与其他革命同志一起被杀害。

接上级指示，擦耳岩联络站负责人彭先云，迅速将培养起来的"新同会""翻身会"等成员带到了雅安名山，加入了川康边游击队。

除在成都被杀害的徐茂森、徐海东外，擦耳岩还有八位同志在家乡遭到敌人报复杀害。他们是：杜永青（徐海东妻子杜静修的父亲）、杜蒙氏（杜静修的母亲）、杜瑞清（杜静修的姑姑）、杜华斌和杜克明（两人系杜静修的弟弟）、杜少安及妻子和黄平安（三人系农民翻身会成员）。

成都"12·7"大屠杀，是继重庆"11·27"大屠杀十天后的又一次大屠杀。

（十）擦耳岩红色纪念碑

金马河边擦耳岩，树立起一座纪念碑，这就是擦耳岩红色纪念碑，它记载了擦耳岩联络站、三瓦窑《火炬报》、徐茂森和徐海东的革命故事。

人们站在纪念碑前，久久抬头仰慕。

双流金马河畔，红色擦耳岩，不朽的成都红岩，令人敬仰而不能忘却的地方。

图 6-22　金马河边擦耳岩烈士纪念碑

十二、擦耳岩街的现代传奇：最穷最富有的冷街鬼镇

双流擦耳岩街，是双流区金桥镇的一隅老街，坐落在岷江金马河边。没改名之前，擦耳岩街为擦耳乡政府、擦耳公社的街镇，商业繁荣，热闹非凡。建了大桥，改名金桥镇后，擦耳岩街被冷落下来。

改革开放 40 年来，双流金桥街镇得到了很大发展。但擦耳岩街，却被时代边缘化了。

现在的擦耳岩街，商业气氛消失殆尽，商家大都关门走人。阳光明媚的大白天，街上都无人走动，清冷得让人发怵。擦耳岩街被时代抛弃，沦落成了现在的"冷街鬼镇"。

图 6-23 就是当前的擦耳岩街。从中可以看出，金桥镇政府和街上的商户，都努力想把擦耳岩街的商业搞起来。看得出，街道干净卫生，地面平整清洁，政府是有投入，管理是到位的。百姓的资金也有投入，原来的木板铺面，改成了金属卷帘门，平房加高成了两层楼街铺，老街铺面改成了两层洋楼街面。看得出，民间人士也在努力。但最终，擦耳岩街还是没有恢复商气，没有逃脱沦为"鬼镇"的命运。

图 6-23 商业气氛全无，家家商铺紧闭的擦耳岩冷街鬼镇

曾经富裕的擦耳岩居民，现在却不得不外出谋生。有点办法外出的，关铺门走了；没办法外出的，开起了电三轮，以解决生活的窘迫。

擦耳岩街穷了，穷得没人敢信。

然而，擦耳岩街又是最富有的，这里悠久丰厚的历史文化，令人赞叹不已。

2019 年 9 月 28 日，《成都晚报》冠以"中国第一神奇古渡"，介绍了神奇的擦耳岩古渡。2016 年 5 月 5 日，《双流》报，以《匠心独运曾经川流不息的擦耳岩古渡》为题，介绍了擦耳岩古渡的独特之处，以及人来人往的热闹景象。南宋陆游《自江源过双流不宿径行之成都》一诗中写道"断筰飘飘挂渡头"，即是对擦耳岩竹索牵船渡河的真实记录。东晋常璩《华阳国志》记载五津之涉头津，经考证就是擦耳岩渡，至今已有约 1800 年历史。初唐王勃《送杜少府之任蜀州》一诗中的"风烟望五津"，其中就包括涉头津擦耳岩。清朝末年，胜比成都安顺廊桥的擦耳岩廊桥，作为中国风景名胜，被载入《中国名胜》画册，介绍到日本、美国等。中国近代词人，一代"词坛飞将"乔大壮，被业界称为"南乔北齐"（齐即齐白石），及祖父乔树枬（清学部左丞，川汉铁路驻京总理），其墓就荒落于擦耳岩岷江河畔。谱写岷江金马河红色革命传奇的成都十二桥二徐烈士，擦耳岩英烈纪念碑……这里的擦耳之岩最窄河道风光，造就了几多岷江金马河神奇风景和美丽传说。这里的历史文化，无不是意义非凡的金牌旅游资源。

原住房和城乡建设部副部长仇保兴，在中央电视台《中国经济大讲堂》中讲到，历史文化是永不枯竭的金矿。他说，全国有无数的城市城镇，在这一指导思想下，化腐朽为神奇，成为著名的旅游景区景点。

按仇保兴的说法，擦耳岩就是一座永不枯竭的金矿。中国第一神奇古渡、古蜀五津之涉头津、千里岷江一廊桥、天府第一古渡镇，都是历史文化宝贝。如此看来，擦耳岩应是富足一方，惠及子孙的文化宝藏。

那么，擦耳岩街为什么没有发展起来？

经考察，笔者认为原因有三。

其一，没有认识到擦耳岩街是古渡镇的性质定位。

擦耳岩街修建在古岷江河道中，紧挨金马河，是古渡镇。擦耳岩建桥后，桥取代了渡，渡口失去了渡运作用。人们不再走擦耳岩街过河，擦耳岩街失去了服务对象，自然也没落了。这一现象说明，擦耳岩街具有典型的随渡而生，伴渡而死，为渡服务的古渡镇性质。

换句话说，在渡口消失后，没有重新规划定位擦耳岩街的性质，没有找到适合擦耳岩街运营的商业形态，而是盲目进行改造，反而弄得不伦不类，再怎么努力，自然也是白忙。

其二，没有挖掘擦耳岩古渡文化和擦耳岩悠久的历史文化资源。

其实，擦耳岩古渡并没有消失，只是不再发挥渡运功能。擦耳岩古渡的历史文化，老祖宗创造的驾船摆渡的独特方法及其原理智慧，始终都在。就像古陶瓷一样，失去的只是盛饭盛菜的碗盘功能，而它所代表的历史文化，始终都在。擦耳岩古渡是我国历史上最早、最神奇的古渡，就像赵州桥是我国最早的石拱桥一样，擦耳岩渡不用人撑船划桨，没有机器动力，是借河水流动之力驾船摆渡的，这一独特神奇的古渡智慧，是我国古代劳动人民在与大自然河流搏斗中的独创，是人类利用大自然河流动力的最早历史记录。

对于擦耳岩古渡的历史文化及地位，我们应该聘请专家考察研究；对于擦耳岩悠久的历史渊源，丰厚的历史文化，我们应该组织专人挖掘考察。我们应该认识到，历史文化是当今最优质的旅游产业资源，发展旅游，是振兴地方经济的好方法。

擦耳岩，这座依偎在岷江金马河边，连名字都充满传奇色彩的古渡镇，早被温江作家邹廷清写进长篇小说《金马河》并获奖了。

其三，地方史志对岷江金马河及擦耳岩渡存在有误记载而导致错误认识。

金桥擦耳岩街坐落在岷江金马河边，史志对岷江金马河的历史和擦耳岩渡都存在有误记载，势必导致地方政府及相关部门对擦耳岩的历史文化形成错误认识。

《双流县志》（1911—1985）中，对金马河及擦耳岩渡，就有两处有误记载：

一是误认为"金马河以前是小河支流，1933年叠溪洪水河床被冲宽变成岷江正流"，从而否定了金马河自古就是岷江正流的历史，否定了擦耳岩渡在宽阔的岷江正流金马河上驾船摆渡1800年的历史，否定了《华阳国志》中记载的大江即岷江金马河、五津之涉头津就是擦耳岩渡的事实。

> 注：根据乾隆版《双流县志》的记载，清乾隆年间金马河就在岁修了。民国版《双流县志》中有一张民国九年（1920）绘制的《双流全县地形图》，图中描绘着河道宽阔的岷江正流金马河。刘沅《大朗堰记》中也有"金马江者岷江之正流也"的记载。以上都说明《双流县志》（1911—1985）的记载有误。

二是误将擦耳岩渡归为机动车渡类记载，只字不提擦耳岩渡是独缆绳牵挂船的非机动船渡，从而抹去了擦耳岩渡缆绳牵挂船渡的实质，抹去了老祖宗的智慧，自然就抹去了擦耳岩渡独特的历史文化价值。

> 注：《双流县交通志》中对擦耳岩牵挂船渡有记载，楠竹绳牵挂木船，汽车渡时，为钢丝绳牵挂钢制渡船。据擦耳岩渡最后一任班长陈火全师傅介绍，擦耳岩从来就没有机动船渡。

《双流县志》（1911—1985）在出版说明中强调：一直以来，历届双流县委、县政府在谋划双流发展和未来时，必会参照本志提供的史实依据，科学决策；广大人民群众，特别是港澳台胞和海外投资者，把本志作为他们了解双流地情、发展事业、决定投资项目的首选参考资料。

也就是说，县志中记载的史实，就是双流的发展依据。误记载金马河以前是小河，1933年才冲宽成岷江正流，误把擦耳岩渡混淆为机动车渡，擦耳岩街就既无历史又无文化更无特色了。可见,《双流县志》对金桥镇擦耳岩记载的重要性。误记载,自然也导致双流历届政府及政府各部门,对金桥镇擦耳岩形成了有误认识。

以上三点,就是擦耳岩街被时代边缘化,沦落为冷街鬼镇的原因。

当然,以上三点,也是擦耳岩街发展的动因和根源。

2018年11月1日,双流区知名文史专家陈伟芳等一行五人,对金桥镇擦耳岩进行了实地考察,肯定了擦耳岩古渡的独特神奇和老祖宗创造发明的智慧,肯定了擦耳岩渡为《华阳国志》中记载的五津之涉头津,肯定了金桥擦耳岩蕴藏着丰富厚重的历史文化。

相信双流金桥擦耳岩,正在慢慢揭开掩盖真实历史文化的面纱,被时代边缘化而沦落为冷街鬼镇的窘境也能逐渐改善。

第七章
数次管辖金马河的川西古镇彭家场

本章提要：彭家场历史上为永丰乡，属双流西域行政管理机构，直接管理擦耳岩金马河。由于时代变换，多次行政划分，与金马河分分合合，2019年底又合并管理金马河了。彭家场历史悠久，文化底蕴丰厚。

一、多次分合的彭家场

历史上，彭家场曾数次管辖双流金马河。

彭家场即彭镇，始建于明代永乐年间。历史上管辖双流西区，乾隆年间叫彭家场，县治西十里。民国版《双流县志》中记载："西区，古名永丰乡，管辖彭镇、擦耳岩、红石桥、柑梓树。……（彭镇）俗名彭家场，在治西十里。市面宽大，街巷共十三道，市房旧有一千八百余间，清鼎革时，被巡防军焚烧几尽，仅存十分之一二；现修复市房九百六十九间。场期一、四、七日，商业繁盛，以油、麻、线、布为大宗。"①

民国二十三年（1934）分设保甲制，新中国成立后分设乡；1958年彭镇、擦耳、柑梓、红石等乡合并成立东风人民公社（公社驻彭家场）；1959年废东风人民公社，又分设四个公社，改革开放后分设成乡；1994年后，红石与擦耳合并为金桥镇，彭镇与柑梓合并为彭镇；2019年底，彭镇合并金桥镇后称大彭镇，金马河随行政改革，再次归彭镇管辖。

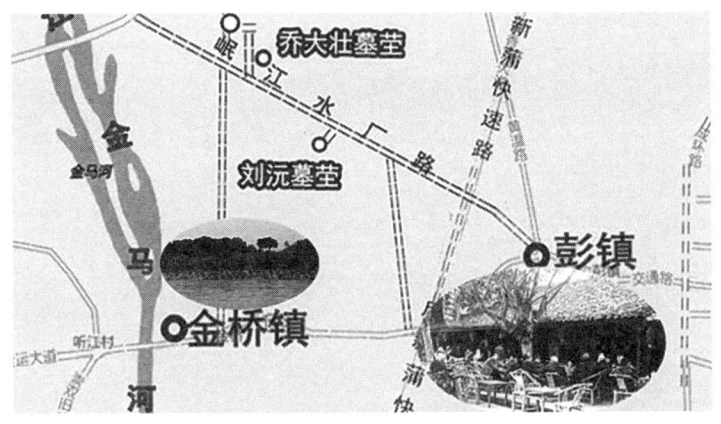

图 7-1 数次管辖双流金马河的彭镇

彭家场系川西坝子中心大古镇,西离金马河 3 公里,东去双流城 3 公里,是崇州、大邑经擦耳岩过河去双流、成都的必经之镇。据史料记载,彭镇在清朝初年因战乱而遭烧毁,乾隆年间乡人重建街房数间,终形成规模场镇。彭家场,桥跨杨柳江,东临双流县治,西控崇庆州,为双流第一水陆交通口岸。彭家场是金马河流域之杨柳河中段水运码头,是重要的水运物资集散地,有"水陆码头"之称,是温江至新津的船运要冲。

记者刘贤虎在其《彭镇:川西码头文化的活化石》一文中,深入研究了彭镇水码头的历史,生动描写了彭镇水码头的繁荣景象,记叙了彭镇在历史上是成都平原有名的水码头。

二、悠久的历史文化

彭家场历史悠久,文化底蕴丰厚。曾有关帝庙、文昌庙、燃灯寺、观音寺、万年台、川主宫等六庙,有福广馆、江西馆、广东馆等三会馆,还有天一阁等多处古建筑。彭家场因多为彭姓人家居住,后有丹棱人彭端淑一大家名门望族迁居于此,所以改名彭家场。

彭端淑(1699—1779),清代著名文学家,蜀中知名教育家。眉州丹棱(今四川丹棱县)人。清朝官员、文学家。彭端淑十岁能文,十二岁入学,雍正四年(1726)中举人;雍正十一年考中进士,入仕途,任吏部主事,迁本部员外郎、郎中。乾隆十二年(1747),彭端淑充顺天(今北京)乡试同考官。

图 7-2 彭家场老街

彭端淑为官勤勉，待民宽厚，以"清慎"自励。彭端淑旬月间清理肇罗道所属州县陈积老案三千余件，声威大振，朝廷大吏"深相倚重"。彭端淑在广东做官约六七年光景，是他一生仕途生活中最为显赫的时期。

乾隆二十六年（1761），彭端淑辞官归蜀，隐居成都白鹤堂，入锦江书院（时为省立最高学府），走上了课士育贤的道路，彭端淑在该院任主讲、院长20年。

彭端淑的主要成就在文学方面，其诗歌、散文及文学批评理论在当时的影响都非常大，被誉为清代"蜀中才子"，小品文《为学》影响深远。

彭端淑与其弟彭肇洙、彭遵泗在当时都以文才知名，时称"三彭"。其中以彭端淑最为著名，影响最大，其现存作品中，《白鹤堂文集》最为有名，议论小品文《为学一首示子侄》（简称《为学》）即出自该书。

彭端淑在成都锦江书院教书时，常回家乡丹棱，发现彭镇杨柳河水路通达，市井怡然，实为养性安身之地，于是举家迁往彭镇，在彭镇定居下来了。

三、第一春波桥

杨柳河上有桥，建于乾隆二十八年（1763），故被誉为"第一春波"，为双流古八景之一。有诗云：山光草色翠岚拖，第一桥头春浪多，小艇远横杨柳岸，散人应自号烟波。

宋朝时，船运兴起，到清朝时，船运达到高峰，金马河因是自然河流，不靠近村镇县城等，于是大量河水被分走行船，故成了"小河"。这时的杨柳河，上可经温江黑石河汇合金马河去灌县，下可由温江入双流柑梓树到双流彭镇，经黄水河去新津。杨柳河俨然成了行船运河，彭镇因此成了繁荣的水码头。

彭端淑与刘沅，对彭镇第一桥都有记载。

图7-3　清光绪《双流县志》中的彭镇第一春波水码头①

四、观音阁老茶馆

四川的老茶馆，不仅是吃茶会友休闲的地方，还是当地新闻、信息等交汇的平台。过去，没有报纸、广播、电视，茶馆就是唯一的新闻、信息等的发布传播场所。人们一天不去茶馆，就如同一天不知道外面发生了什么。因此，当地人，不管是彭镇街上的人，还是乡坝头的农人，每天有事没事，都要到茶馆吃茶。

成都的著名老茶馆，要数人民公园的鹤鸣茶馆。而彭镇最著名的茶馆，非观音阁老茶馆莫属。

彭镇杨柳河第一春波桥的东桥头边，就是观音阁老茶馆。相传，150年前，彭镇突遇大火，整个镇被烧毁，唯有这里幸免，人们认为这里有观音保佑，故名观音阁。现在，茶馆的墙壁上，到处可见20世纪六七十年代的文化标志（毛主席像等），烧水的老虎灶也充满时代感。其实，茶馆从民国时期开业以来，一直到现在，生意一直很好，每天都客满。当地人习惯去老茶馆吃茶。而游客来到彭镇，也往往要去老茶馆吃茶拍照片。

---

① 四川省地方志编纂委员会：《四川历代方志集成》（第二辑·7），北京：国家图书出版社，2015年版，第220页。

图 7-4 充满时代感的彭镇茶馆老虎灶

老茶馆是一栋老旧的房子，已经有百余年的历史了，里面都是旧式装饰，老式穿斗房木梁、木柱有些歪斜，墙面斑驳破损，有光束照射进来，更显陈旧古朴。

茶馆墙壁上的时代痕迹，让人仿佛又回到那个时代，回味那个时代留下的记忆，感受曾经的激情。

我父亲每天都要到这家茶馆吃茶。20世纪八九十年代，我在外地工作，父亲到我那里要了十多天，我送父亲回来路过彭镇时，他一定要到老茶馆坐坐。刚到茶馆街边，就有人打招呼了。

"嚯——蒋木匠又'活'过来啦，还以为你这几天'死'了呢。"

"我就是回来看你们几个有没有'死'的，我回来是买花圈的。"

父亲那一辈的茶友们，一天不在老茶馆见面，都是要用"死活"来开玩笑的。

图 7-5 老茶馆街边"吃茶"的茶客们

五、我与彭家场

我的家虽属擦耳公社六大队，但与彭镇六大队相连，经彭镇中元寺去彭家场很近，因此常去彭镇赶场。彭镇是每逢（农历）一、四、七赶场，擦耳岩是三、六、十赶场。

我十来岁的时候，常去彭家场看热闹。街上人多，你挤我我挤你，一切都让人感到很新鲜。特别是散场回家，离彭镇大桥场口有一里半里的土路分岔口，常有人在那里耍把戏，有时是耍猴的，有时是变魔术的，有时也有杂耍的，十分有趣。但许多时候，把戏演到一定时候，围观的人多了，他就扯到卖狗皮膏药上去了，让你老想看他耍魔术把戏的结果却看不到。

当年农业社时，一年从年初到年底 365 天，靠劳动是挣不到钱的。农村人手里没有一分钱的来源，但又少不了要用钱，咋办？农民唯一的钱财来源，就是砍竹子卖。因此，一到赶场，各处进场口的路上，就是源源不断的扛竹子涌进场镇的人。

彭家场的竹子市场，是从大桥进场口，过老茶馆后的左手边，一个大坝子里面，几排竹子放在地上，让买竹子的人翻过来翻过去地挑，然后讲价，价钱一讲好，就叫卖竹子的人扛到一个地方过称。竹子的标准价是七分钱一斤，买竹子人翻看竹子，是看你卖的竹子中间是否夹捆有半截竹子、烂竹子、小竹子、一年生的嫩竹子等，若发现有，就不买了，或者就砍价，只给价六分五、六分，甚至五分。

我也扛竹子到彭镇卖过。我家到彭镇有三四里路，我十来岁时，母亲就叫我砍一根竹子扛到彭镇去卖，一根竹子五至八斤不等，当我长大点时，就砍两根或三根竹子了。少年时扛竹子卖的那种心酸滋味，一辈子难忘。

但最难忘的是我向往的，希望在彭镇读的高中没有读成。我是在擦耳读的小学、初中，我的成绩一直很好，因此也一直是班上的班长，记得读初中时，我写的作文《送公粮》，还在同年级的各班被老师作为范文读讲。初中毕业继续读高中，我认为我肯定没有问题。于是我偷偷地到彭镇高中（现为双流艺体中学）校内去参观了一番，心里美滋滋地憧憬着即将在这里开始的高中生活。但最终我没有读成高中。那时，上高中是学校推荐。我至今都没有明白，我为什么没有被推荐。也许，我是家中老大，家中还有四个弟妹，父母体弱，需要我回家当劳动力干活，挣工分养家了。

从此，我被迫结束了学生时代，回家开始务农，成了农村生产队的一名新农民。

　　彭家场，留给我的是儿时美好的记忆，彭镇高中，是我年少的梦想与遗憾。彭家场，在我的成长中，留下的记忆太多了。

图7-6　我的农田记忆

第八章
金马河的历史文化人物

本章提要：东晋常璩《华阳国志》中记载了"大江"金马河和五津之涉头津，初唐王勃诗中"风烟望五津""海内存知己"写到了擦耳岩渡，杜甫《陪李七司马皂江上观造竹桥》的诗是对金马河冬春枯水期搭竹桥过河的真实记录，南宋陆游自江源过双流金马河，也在诗中对擦耳岩古渡独特的"笮索挂船，借力驾船"摆渡方式进行了描写。他们都是与金马河有关的历史文化人物。

一、常璩：记载大江金马河　注解五津涉头津

常璩，金马河西崇州人（约291—361），东晋著名史学家。他撰写的《华阳国志》，为中国第一部记载西南地区的史志。常璩是东晋蜀郡江原小亭乡（今崇州市三江镇）人，其家就在金马河擦耳岩对岸的下游。他常从擦耳岩古渡过金马河去成都，因此对金马河上的五津特别是涉头津相当熟悉。《华阳国志》中对涉头津的注解，就说明常璩对涉头津特别了解。

常璩在《华阳国志》中较详细地记载了"大江"金马河上的津渡情况，指出金马河自都江堰至犍为管辖地新津有五津。

图 8-1　崇州常璩塑像

经考证，这五津就是现代五渡，即徐渡、晏家渡、三盛渡、擦耳岩渡、新津渡。常璩对"四曰沙（涉）头津，刘璋时，召东州民居此"的注解，再次说明

涉头津就是双流擦耳岩渡，距今已有约 1800 年历史。

《华阳国志》中记载的五津，俨然成为古蜀地域代名词和地域标志。

常璩对五津的记录，为我们考证金马河津渡历史提供了第一手资料，特别是"四曰沙（涉）头津，刘璋时，召东州民居此"和"入犍为有汉安桥，玉津，东沮津"两次注解，详细清楚地说明了五津就在都江堰至新津的金马河上。若没有常璩的记载，很难想象和考证金马河上的五津及其千年历史。

二、王勃：海内存知己　风烟望五津

初唐诗人王勃在其《送杜少府之任蜀州》一诗中也提到金马河上的五津。

送杜少府之任蜀州
城阙辅三秦，风烟望五津。
与君离别意，同是宦游人。
海内存知己，天涯若比邻。
无为在歧路，儿女共沾巾。

古诗魅力无限灿烂，五津历史命脉延展。诗中"海内存知己，天涯若比邻"成为千古名句。而"风烟望五津"一句，也颇具历史时空感。金马河上的五津，正是王勃送别好友的地方，承载着他对友人的深厚情谊。

王勃客居四川三年，自然对处于川西平原中心的蜀州十分熟悉。他送杜少府去蜀州，若从成都走近路的话，应是走五津之涉头津，即擦耳岩渡过河，河对岸就是蜀州。

三、杜甫：观搭临时竹桥　透金马河水枯

唐朝杜甫在蜀时，曾在皂江边观造竹桥，留下三首有关"观造竹桥"的诗。

陪李七司马皂江上观造竹桥，即日成，往来之人免冬寒入水，聊题短作，简李公二首

伐竹为桥结构同，褰裳不涉往来通。
天寒白鹤归华表，日落青龙见水中。
顾我老非题柱客，知君才是济川功。
合欢却笑千年事，驱石何时到海东。

把烛成桥夜，回舟坐客时。
天高云去尽，江迥月来迟。
衰谢多扶病，招邀屡有期。
异方乘此兴，乐罢不无悲。

李司马桥了承高使君自成都回

向来江上手纷纷，三日成功事出群。
已传童子骑青竹，总拟桥东待使君。

皂江，即金马河，曾称郫江、皂里江、正南江等。清陈登龙《蜀水考》中有"流汶二江，其正派曰金马河"的记载。因冬季无雨，都江堰内江分水，外江即皂江金马河每年冬季干涸，因此冬季搭竹桥过河。到了夏季雨水丰沛，内江宝瓶口控水，大部分水走外江，皂江金马河拆桥摆渡。

杜甫观皂江造竹桥的诗，正说明金马河冬季枯水的特征。之所以用竹造桥，说明是临时使用。来年夏季，皂江丰水，竹桥便拆，过河得靠摆渡了。

至于杜甫在何处观造竹桥，有说在温江三渡水的，有说在都江堰的，也有说在新津的，因都没有证据支撑，具体就不好说在哪里了。但不管在哪里搭桥，有一点是肯定的，这就是在皂江即金马河上搭建竹桥。杜甫的诗真实反映了金马河水冬枯夏丰，冬季搭桥夏季舟渡的特点。

四、陆游：过笮索挂船渡　自江源去成都

南宋诗人陆游，800年前在崇州做官，常来往于崇州、成都，写下了《自江源过双流不宿径行之成都》一诗。陆游的这首诗，除文化价值外，更重要的是对金马河和古渡具有历史诗证价值。

自江源过双流不宿径行之成都

断筰飘飘挂渡头,临江立马唤渔舟。
少城已破繁华梦,老境聊寻汗漫游。
斜日驿门双堠立,早霜风叶一林秋。
诗材满路无人取,准拟归骖到处留。

图 8-2 陆游唤舟示意图

诗题为"自江源过双流不宿径行之成都",说明从崇州去成都,走擦耳岩过渡最近。"临江立马唤渔舟",描写的是陆游牵马江边,江面很宽,能载马过河的大渡船在对岸,看上去都像渔舟一样小了。"断筰飘飘挂渡头",描写的是擦耳岩竹索拴挂船渡,说明擦耳岩在800年前的南宋时期,就是竹索吊挂船渡了。这是中国最早对竹索拴挂渡船的记录。

陆游是描写记载金马河上这一神奇古渡的第一人。

第九章
静默于金马河畔的乔大壮、刘沅两家文化名人墓

本章提要：乔树枬、乔大壮的墓茔，与刘沅墓茔，均在金马河双流东岸。历史上乔、刘均为四川文化大家。乔树枬为清末学部左丞，乔大壮为民国著名词人、书法篆刻家。刘沅为四川大儒。如今，他们都葬于双流金马河畔。

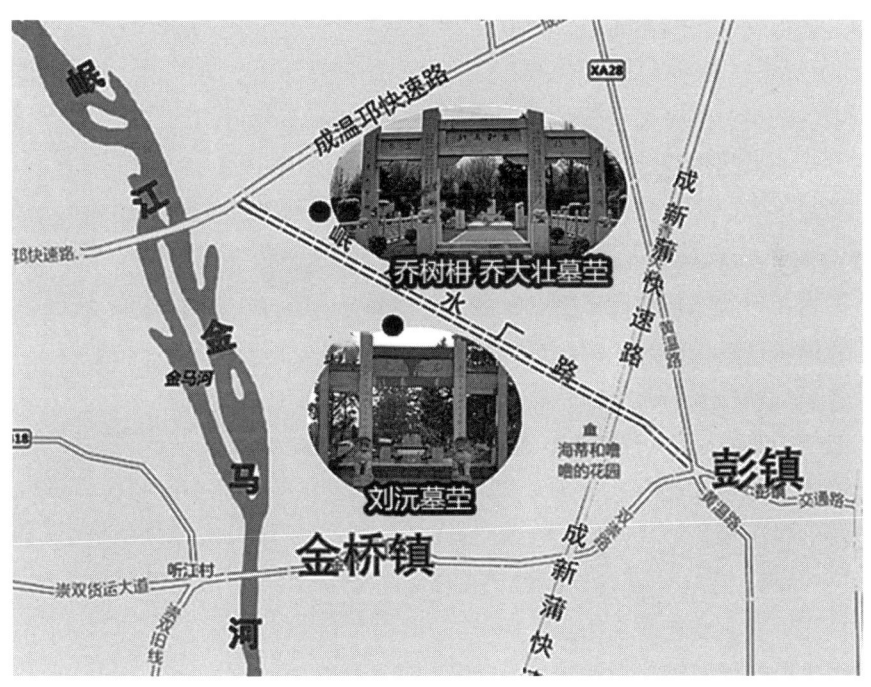

图 9—1 双流金马河畔的乔、刘两家墓茔

一、乔树枏与乔大壮

(一) 乔树枏：学部左丞敦煌有功，川汉铁路驻京总理

乔树枏（1849—1917），字茂蘐（轩），又字损庵、茂楠、茂萱、树楠，生于华阳（今成都），其先祖由河南新野迁往蜀中。乔家世代翰林，父乔成谟字義菴，赠中宪大夫（清文职正四品）。乔树枏天资聪颖，同治拔贡，分发刑部，精研刑律，折狱明允。历任主事、郎中，擢御史，迁学部左丞，清末为川籍在京最高官员。

晚清时期，发生了"戊戌变法"，1898年9月28日，变法六君子谭嗣同、杨锐、林旭、杨深秀、刘光第、康广仁，在北京宣武门外菜市口被斩，六君子血溅菜市口。时任京官御史的乔树枏，毅然来到菜市口，为四川同乡杨锐、刘光第买棺材收殓遗体，并出资送他们的家属扶柩回四川。乔树枏仗义为川人刘光第、杨锐收殓，因而名动京师。

"我自横刀向天笑，去留肝胆两昆仑"，是六君子中的谭嗣同在狱中所留题壁诗中的两句，乔树枏毅然将该诗从狱壁抄录传出，使诗得以广泛流传。乔树枏为谭嗣同狱壁传诗的行为，得到广泛赞赏。

同治年间，乔树枏任江南道监察御史，曾为清廷在山东"黄崖惨案"中错杀良民2000余人之事上奏，力争平冤，因而蜚声朝野。

清末，川汉铁路修建初期，改商办川汉铁路有限公司，乔树枏出任驻京总理，詹天佑任总工程师。因公司管理不善和地方利益冲突，乔树枏辞职。后因清政府腐败而发展为四川保路运动。

光绪二十六年（1900），甘肃敦煌莫高窟发现藏经洞后，敦煌文物遭到外国文物贩子的巧取豪夺，流失严重。时任学部左丞的乔树枏，积极处理此事，火速拍电报给陕甘总督，让把剩余经卷购回。清学部从甘肃敦煌莫高窟购回经卷8000余卷，全部解运进京。作为清学部左丞的乔树枏，为保护敦煌文物经卷，做出了积极有效的工作。

中华民国成立后，乔树枏绝意时事，后长居北京法源寺。

乔树枏于1917年辞世，终年67岁。后由其孙乔大壮等扶柩回成都，葬于祖茔金马河畔的双流鸡市墩潘家沟，今双流金桥镇鲢鱼社区。

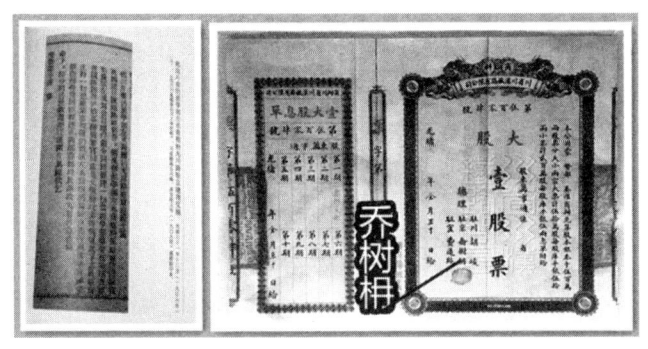

图 9-2　川汉铁路有限公司股票

（二）乔大壮：一代民国词坛飞将，一腔爱国爱民热忱

乔大壮（1892—1948），原名乔曾劬，字大壮，号波外居士，乔树枬之孙。

乔大壮幼年丧父，由祖父抚养督教，故启慧甚早，承继家学渊源，深受祖父思想道德情操的影响。乔年轻时就读于京师大学堂（北京大学前身），博究经史诗文，复入译学馆，通法文，旁及佛典，善作诗，导师辜鸿铭称其通才，唐圭璋誉其为"一代词坛飞将"，其篆刻艺术得到业界赞赏，与齐白石并称"南乔北齐"。

乔与徐悲鸿、傅抱石等交往颇多，留有不少刻印。乔为徐悲鸿刻过苏东坡诗句"故知真放本精微"的阴文石章，徐悲鸿又作一幅两只小麻雀立于枝上似互语的画送给大壮，以表谢意。国画大师傅抱石，将乔画成一古装醉客，长袍飘逸，且歌且行。那时其他在北京驰名的书画篆刻家与大壮交游颇多，社会名流亦多辗转请托大壮刻印。钱锺书见乔自称后辈，曾写《赠乔大壮先生赏析》一诗赞赏。

1915年，乔大壮在中华民国北京政府教育部任图书审定专员。期间，他与周豫才（鲁迅）对桌办公达4年之久。为鲁迅写有"望崦嵫而勿迫，恐鹈鴂之先鸣"，保存在鲁迅博物馆里，鲁迅博物馆还保存有乔大壮给鲁迅的信件、印章等。

1926年后，经其连襟周壁光的介绍，乔大壮去往南昌，在朱培德的陆军第九军政治部任参议，后去上海电车公司工作，继后去广州粤汉铁路局任秘书，平汉路局任秘书等工作。1934年以后，在南京实业部任秘书，在中央大学艺术系任教授等。

抗日战争后，乔大壮随国民政府转移到重庆，支持其次子乔无遏入航校，参加抗日，后入中美飞虎团。其子抗战期间屡建奇功，共击落日本飞机4架，还有1架是与王光复（刘少奇夫人王光美之弟）共同击落。乔大壮很是高兴得意，特与其子合影一张（如图9-3所示），照片中可见乔大壮得意之情。

抗战胜利后，本想该过和平日子了，不想国内战争又爆发，乔大壮对发动战争的国民政府极度不满，1947年3月，国民党政府召开"国民代表大会"，乔大壮撰联一幅骂道："费国民血汗已几亿？集天下混蛋于一堂！"他因此被南京中央大学解雇。

1947年下半年，因台湾大学文学院中文系主任许寿裳之荐，乔任台湾大学中文系教授，1948年2月许寿裳在台北被害，乔继任系主任，因拒绝为当局写批驳文章

图9-3　乔大壮与次子乔无遏在重庆合影/乔为智供图

镇压学生运动，于1948年6月被解聘，遂返回南京。

乔大壮性格内敛，不善演说，没有慷慨陈词直抒憎恶。但他满腔愤怒愈积愈多，不知该用何种方式发泄怒火。

1948年7月2日，他对女儿乔无疆说："这个社会允许我做的工作只能是参加内战，干对国家不利的事，我宁死，岂能为吃饭而行不义？"第二天，乔大壮赋绝命诗一首："白刘往往敌曹刘，邺下江东各献酬。为题此诗真绝命，潇潇暮雨在苏州。"是夜，自沉于苏州梅村桥下。

绝命，成了乔大壮发泄憎恨愤怒、痛斥当局的唯一方式。

乔以爱国爱民为立身之本，为忧国忧民愤世而终。1948年11月，乔无遏用飞机，将乔大壮骨灰运回金马河畔的祖茔潘家沟，与他的祖父葬在了一起。

2015年2月9日，《澳门日报》刊载了胡善兵《锺书极敬乔大壮》一文，文中提到，钱锺书先生以"卓然迈俗、当世名流"评述乔大壮先生。

乔大壮一生作品颇多，有《乔大壮词集》《乔大壮诗集》《乔大壮书法》《乔大壮印蜕》等，留下篆刻印章无数枚。

二、乔家祖茔的百年岁月

乔家墓茔，是指乔大壮墓等多座乔家墓的坟地。在百余年的岁月中，乔家择墓地于双流潘家沟鸡市墩，后墓被盗，起起伏伏，几经波折，今又重建

落成。

我经多年考察了解，终于弄清了来龙去脉。

(一) 乔家祖茔来历

据《双流县志》记载，乔大壮为著名词人、书法篆刻家，其祖父乔树柟，是清学部左丞，其庐墓就在金桥镇鲢鱼寺潘家沟。

我是双流金桥镇人，以前从来没有听说过有这样的历史文化人物，于是我开始了对乔大壮的考察。

2014年7月4日，我在鲢鱼社区南坝村，找到乔大壮原墓地处，荒草一片。一年后的2015年7月11日，我在姚兆元家，找到尹太恭人墓志铭碑和乔树柟墓碑。2015年11月28日，我再次来到姚家，找到了乔家原墓建筑遗块。有趣的是，姚兆元是我连襟姚青山家的大儿子，尽管姚兆元只比我小两岁，但得管我叫"三姑爷"。

他告诉我，20世纪30年代，他爷爷姚月辉是流浪厨子，在彭镇擦耳岩一带做厨师打工，后来经刘家人介绍，住进了乔家的三间小瓦房。爷爷姚月辉去世后，父亲姚青山对他们说过这里是乔家乔翰林的墓。姚青山去朝鲜当过志愿军，后来开荒扩田，乔家墓就被平了，那时候我们还小，不懂事。

关于姚家是如何住进乔家守墓房的，与姚兆元家为邻的89岁的刘少民说，乔家的三间房，没有人住，那是乔家修来守墓的，当地人都不愿意去住，后来才介绍外地流浪打工的姚月辉来住。这里姓姚的就他们一家。姚家是外来户，是被介绍住进乔家守墓房的，这在刘少民老人这里得到了证实。

图 9-4　姚兆元（左）与刘少民（右）

乔家墓虽被平了，但墓在哪里，哪个位置，姚兆元等人都记得很清楚。姚兆元带我到他家房后，指着一处地对我说，乔翰林原来的墓就在这里。

图9-5　姚兆元指认乔大壮原墓地

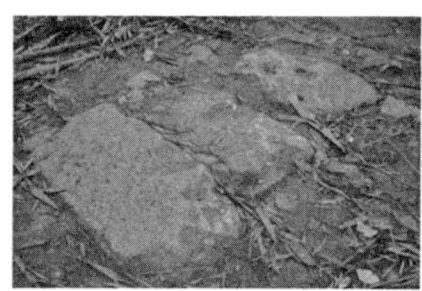

图9-6　姚兆元、陈玉华指认砌坟建筑遗块

在另一处小路上，有三块混凝土，姚兆元和另一村民陈玉华指着告诉我，说这三块用石灰和糯米浆混合的混凝土，就是乔家祖坟上的砌坟建筑遗块。从这三块混凝土可以看出，当年乔家墓茔的规模和坚固程度（如图9-6所示）。

我问了乔家墓是怎么到这里来的，姚兆元给我讲起了一个叫刘编编的故事，刘少民也给我讲了同样的刘编编故事。我把两人所讲，整理成了以下乔家来鲢鱼社区潘家沟建祖茔的经历。

清光绪年间秋冬之季的一天下午，成都少城鹤鸣茶馆，有不少闲暇之人在这里吃茶，这天秋高气爽，正是吃茶摆龙门阵的好天气。

茶馆中间的一张茶桌，围坐了好几个茶客，中间有一个茶客正在高声侃侃而谈，说他如何把卖牛人和买牛人拉拢，把生意做成。他是"编编匠"，因为做买卖牛服务的生意，又姓刘，所以人称"刘（牛）编编"。"编编匠"就是20世纪五六十年代以前猪市牛市上，拉拢买卖双方的中间人，用现在的话说叫"中介"。

刘编编能说会道。用他周围人的话说，他能把天上的麻雀说得落下来，把河里的鱼说得跳上岸来。他最早是从彭家场的猪市上开始做编编匠生意，从彭家场到双流再到成都牛市口。刘编编是双流彭家场永丰乡刘家大姓人，据说他们那里风景好得很，不远处是岷江金马河，远看雪山，近听江水，还有非常漂亮的擦耳岩桥楼子（擦耳岩廊桥）。风水也好，他做生意顺得很，成都三巷子那家有名的私塾馆，就是他们刘家人办的，还出过举人。

吹牛者无意，听话者有心。坐在旁边桌的一位茶客，忽然把椅子搬了过来，听他吹牛。

这位茶客是位风水先生，有人在聊风水方面的话题，他当然要听。今天上午，他才被人请去成都周边看了风水，主人请他吃了午饭后，他刚来这里坐下休息，叫了茶，还没有吹泡子呢（刚倒开水冲的茶，会浮出泡沫，喝茶时，要先吹去泡沫再喝，意为喝第一口茶）。

其实，风水先生与刘编编都面熟，都爱在这里吃茶。只是各人做的生意不同，难有共同语言而已。不过，风水先生今天却喜欢听刘编编吹了。

看到风水先生搬过来，刘编编吹得更起劲了。

"你是风水先生，你说说，唐僧取经为啥要去西边？"刘编编忽然问风水先生。风水先生被突然的提问愣住了，赶忙抓住刘编编话中的漏洞说："是西天，不是西边。"

"西天就是西边的天，不还是西边吗？"刘编编强辩道，"西边风水好，有佛呀！"

刘编编一说，把大家都逗笑了。

"哎，明天走你们那里去？"风水先生突然对刘编编说。

"好啊，走我家头去耍。"刘编编顺口答道。

"我说的是真的。"没等刘编编回答，风水先生就把椅子搬到了刘编编身边，两人埋头说起了悄悄话。

大家见两人说悄悄话，也就散伙，各自吃茶了。

风水先生跟刘编编低语摆起了龙门阵，要刘编编明天带他去双流，看看他家乡的风水。刘编编见风水先生来了真的，却不愿意了。他推说这几天手头有生意，走不了，等几天再说。

风水先生听出了刘编编的话中话，知道刘编编好一口鸦片烟。等下午茶喝得差不多后，风水先生拉起刘编编找馆子喝酒吃饭，晚上又领刘编编去烟馆消遣了。

如此一番下来，风水先生与刘编编说好，明天上午就去双流。

第二天上午，刘编编与风水先生，还有风水先生另带的一人，三人去了双流。

就在离刘编编家不远的一个地方,叫鲢鱼寺潘家沟鸡市墩,远有山近有水,有一处叫三弯九道拐的地方。按风水讲,有山有水有平原,山主人丁水主财,左青龙右白虎。这里正是一处天然的风水宝地。

风水先生极目远眺,东望望,西看看,然后从挎包里掏出阴阳罗盘,在地上田头,东摆一下,西放一会儿。最后,与带来的人嘀咕起来。

这带来的人,正是在成都丁忧的京官乔树枏。风水先生如此这般地给乔树枏讲了起来……

原来,风水先生是乔树枏请来寻找母安之地的。

于是,乔树枏把母亲尹太夫人安葬于此,还在此买了田地,建了房。这里,就成了乔家祖茔,庐墓所在地了。

这一年,是1894年,距今已有126年了。

我终于知道了我们擦耳岩金桥镇的土地上,还有这样的历史文化人物。有趣的是,因为考察,我也就与乔家有了缘分。而乔家后人与我几乎无话不谈,特别是乔新乔老教授,给我讲了很多乔家旧事。这对我的考察是十分有利的。

1917年,即清朝灭亡后的第五年,乔树枏这位曾经的川籍最高京官,川汉铁路驻京总理,学部左丞,在北京法源寺病故。后由其孙乔大壮等,从北京将乔树枏灵柩送回老家成都,于1919年,葬于双流潘家沟母亲尹太夫人墓处。

葬祖父回京后,乔大壮与家人,照了张全家福,以作纪念。

图9-7　乔大壮全家像/乔新供图

照片前排左起依次为无忝(碑上是无逸),乔曾劬(大壮),无遏,抱在怀中的是无竞,曾祖母王太夫人,无斁,祖母。后排左起依次为母亲高希祖,曾熹，曾佑，婶婶尹氏。

1942年，乔大壮之妻高公涞希祖在重庆病故，乔大壮悲痛万分，由其子无斁、无度两兄弟，从重庆逆水行船，将母灵柩运回双流，葬于祖茔。不幸的是，无度在回重庆途中感染破伤风，不治而故。

1948年，乔大壮在苏州梅桥自沉，后由其子无遏用飞机送柩回双流，葬于祖茔潘家沟。

至此，乔家前后有四座墓，葬在了双流鲢鱼寺潘家沟祖茔地。

(二) 乔家人寻碑重堆乔大壮坟

20世纪五六十年代，各地开荒拓地种粮，许多墓茔被夷。乔家祖茔也未能幸免，坟墓被平，墓碑、墓志铭、骨灰坛等相继遗失。

1981年，乔无疆来到双流，在双流文史专家王泽枋的陪同下寻墓，未果。

1982年，双流文史专家陈伟芳等，相继寻找到乔大壮墓碑和骨灰坛等（如图9-8所示）。

图9-8 乔大壮新对墓/乔新供图

1983年，56岁的乔新（乔大壮之子）来到双流擦耳岩乡鲢鱼村乔家祖茔地，在姚兆元家自留地处，放置乔大壮墓碑和乔大壮骨灰坛，重堆简易坟墓（如图9-8右图所示）。

乔新说："骨灰坛是老爸从台湾带回自用的。"

新堆坟是用20块蒸汽灰砖将骨灰坛围住堆起的简易坟墓。因无地方可堆，新坟墓就堆在了姚兆元家自留地处，并有字条为证（如图9-9所示）。

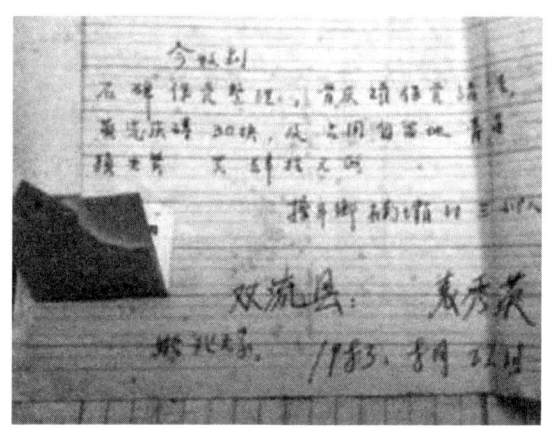

图 9-9 新堆墓收据/乔新供图

字条内容为：今收到石碑管理费，骨灰坛保管清洁、蒸汽灰砖 20 块，及占用自留地、青苗损失费，共肆拾元正。双流县擦耳岩乡南坝村袁秀英（姚兆元母）1983 年 8 月 22 日。

后不久，社会上刮起盗墓偷古物之风。乔大壮新坟堆前所立墓碑，上有"国立台湾大学教授"字样，让人以为坟中有"宝藏"，不久新坟被盗，墓碑、骨灰坛均被盗走，至今没有下落。

（三）乔大壮墓的双碑

1985 年 3 月，乔无竞来蓉，到擦耳乡鲢鱼村，住村民姚兆元家，又与该村村民刘少成一起，寻找到尹太恭人墓志铭和乔大壮墓碑半截。

乔无竞在信中说，（1985 年）3 月 7 日那天，是农历正月十六，这是大爷（乔大壮）的生日，他们在大爷坟前燃香烛、放鞭炮、插坟飘子，此为当地习俗，表达后代祭墓之意。

从乔无竞信中得知，此时的乔大壮新堆坟前，已经没有徐森玉写的墓碑了。乔无竞找到的乔大壮半截碑，是乔大壮自写的另一块墓碑。碑上刻有乔大壮后人名，而徐森玉写的碑没有后代人名。

据乔家书信记载，乔家的四座墓，有五块墓碑、一块墓志铭。分别是尹太恭人墓碑、乔树枏墓碑、高希祖墓碑、乔大壮墓的徐森玉所写字碑和乔大壮自写字碑，尹太恭人墓志铭。

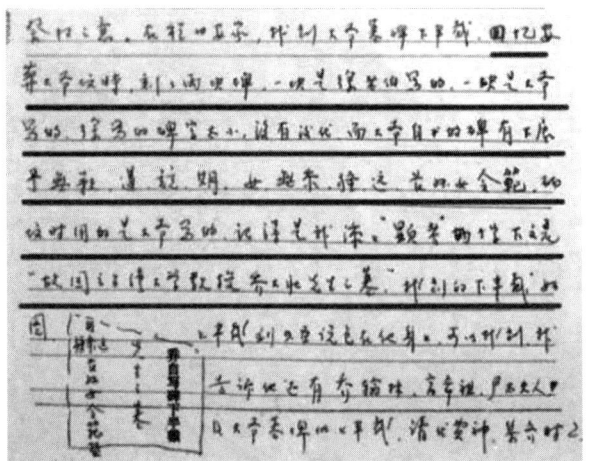

图 9-10　乔无竞信件/乔新供图

乔无竞在家信中说:"回忆安葬大爷坟时,刻了两块碑,一块是徐老伯写的,一块是大爷写的。记得是我添上'显考'两个字。"

由此可见,1983 年乔新所立的乔大壮碑,是"吴兴徐鸿宝"即徐森玉所写之碑。1985 年乔无竞寻找到的,是乔大壮自写的,落有乔大壮后辈人名的半截碑。可见,乔大壮墓竟是双碑。

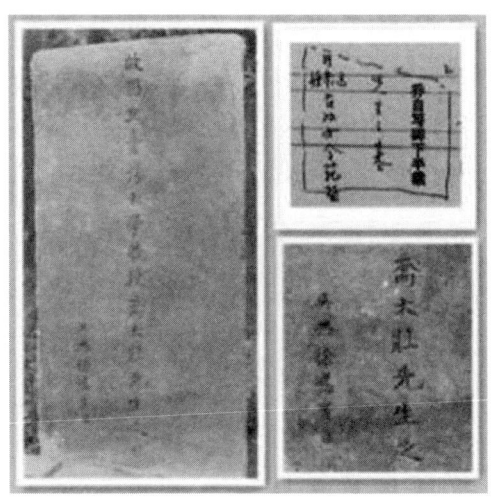

图 9-11　乔大壮双碑/乔新供图

(四)多年来文化人的不懈呼吁

乔家人不断地寻墓,引起了双流各方人士的关注。从 20 世纪 80 年代开始,双流资深文史专家王泽枋、陈伟芳等人,一直呼吁重建乔大壮墓,挖掘双流历史文化，开发双流文化旅游资源，建设打造新农村文化等。

1993年，陈伟芳、熊德成、陈世云三位双流文史专家，到金桥镇鲢鱼村，找到了徐森玉写的乔大壮碑和尹太恭人墓志铭。

后各位文史专家，再次向政府部门建议，开发挖掘历史文化资源，恢复重建乔大壮庐墓。为此，陈伟芳于2006年6月写下《被荒草湮没的词坛飞将乔大壮》一文，于2015年8月写下《始知真放在精微》一文，以纪念乔大壮，并在有关媒体发表。

2015年7月11日，我在金桥镇鲢鱼社区村民姚兆元家，找到了乔家尹太恭人墓志铭碑，又在另一农户家的洗衣台上，找到了用作洗衣台板的乔树枏墓碑。

图9-12　尹太恭人墓志铭　　图9-13　乔树枏墓碑

为此，我将考察情况整理后，于2015年12月写成《关于在岷江干流金马河双流段沿河两岸区域拟建成都旅游新城区的策划建议及说明（附：双流金桥镇历史文化及旅游开发）》（以下简称《建议》）一文，发送至成都市市长信箱，得到成都市旅游局和双流旅游局的电话回复。2016年11月，我汇总考察情况，写成《远去的擦耳岩》《神秘美丽的双流岷江河畔》等纪实文章，送至双流区金桥镇政府及区有关部门、媒体等。

图9-14　考察后所写三本册子

2017年6月12日，乔大壮的小儿子乔老五（乔新教授）携夫人及三个女儿，来双流祭祖，看墓碑，由陈伟芳专家、李国队长（双流文物考古队）、郑俊伦，以及双流报记者刘贤虎等陪同。

陈伟芳老师在姚兆元处看到了我所写的《神秘美丽的双流岷江河畔》，他打电话给我，要我参加。乔新教授在网上搜索看到了我写的考察乔大壮的文章，也打电话相约见面。

我们在双流文管所见面，看了尹太恭人墓志铭碑，又陪同乔新教授去了金桥镇鲢鱼寺原墓地，乔教授家人烧香拜祖茔，午饭后又去看了还在一村民家堆积物下压着的乔树枏墓碑，后返回双流。

2018年初，四川资深记者、作家庞惊涛，为研究乔大壮与钱锺书，到双流考察了乔大壮墓荒地。为此写有《一波三折的乔大壮墓重建》一文。

2018年7月，四川文艺界在乔大壮故地双流区召开"始知真放在精微——乔大壮诗词书印艺术研讨会"，以纪念一代词宗、篆刻大家乔大壮。专家们呼吁开发利用乔大壮艺术资源，将乔大壮艺术融入本地发展中去，与乡村振兴、文化旅游发展相结合，使历史文化名人资源更好地为当下文化发展服务。

文史专家们的不断呼吁，引起了双流区相关部门的重视。后来，尹太恭人墓志铭碑和乔树枏墓碑被双流区文物管理所收藏。

（五）落实恢复乔大壮墓茔地

2018年初，金桥镇鲢鱼社区潘家沟楠坝村，在当地村民老墓地侧，终于落实了一处地，以恢复乔大壮墓茔。

图9-15　参加乔墓封土仪式人员/刘贤虎摄

2018年1月17日，在金桥镇政府和鲢鱼社区的支持下，举行了乔大壮墓茔封土仪式，仪式由乔大壮与钱锺书研究者、资深记者、作家庞惊涛主持。乔大壮之子、91岁的南京航空航天大学教授乔新，及乔大壮孙辈乔棣、乔红等人参加了封土仪式。参加仪式的还有双流区文史专家陈伟芳，篆刻家陈建新等十多人。

2018年4月8日清明节后，乔新教授一行四人，来到双流区金桥镇，得到陈杨林镇长等人的热情接待，陈伟芳、庞惊涛等人一路作陪。

图9-16　金桥镇政府接待乔新教授一行

（六）乔大壮墓茔重建得到重视

乔大壮墓茔终于动工了。金桥镇鲢鱼社区墓茔工程的总负责人刘剑，尽管在向我们诉苦，说资金问题没到位，但他还是保证，2019年4月5日清明节前全部完工。

图9-17　图为文史专家王泽枋、陈伟芳等现场指导

乔大壮墓茔工程建设，得到有关部门及专家的关注重视。

2019年3月15日，双流区委史志办地方志编撰科，特邀文史专家王泽枋、陈伟芳等，在乔大壮庐墓施工负责人、鲢鱼社区支部书记刘剑的陪同下，对庐墓的坊联、墓碑、墓志铭等处用字，进行了现场检查、指导、审核。

2019年3月22日下午5点，乔大壮墓茔迎来了几位对乔大壮及其艺术的仰慕者。这几位慕名而来的客人，引起了双流区有关部门及金桥镇政府的重视，于是陪同前来作接待介绍等。

图9-18　客人在乔大壮墓茔

这几位客人是：成都市政协原副主席，成都市关工委常务副主任李铀先生；成都市政协原副主席，省政协常委戴晓雁先生；曾任泸州医学院（现西南医科大学）、四川省中医药科学院党委书记，现任西南医科大学关工委常务副主任（主持工作）的尹杰霖先生；四川省减灾中心主任，四川省减灾委员会专家委副主任兰永生先生。

前来接待客人的有成都市双流区委、区政协、有关部门领导等。文史专家陈伟芳先生作为乔大壮墓茔的总设计人，特到现场作介绍讲解。

尹杰霖先生为四川省人民政府文史研究馆特约馆员，乔大壮墓茔之地，正是生他养他的土地，深厚的家乡情怀难以言表。

（七）双流区领导确定举行落成谒墓仪式

3月28日上午，张瑞琴副区长与区文体旅局、金桥镇党政领导等来到乔大壮墓茔地，视察乔大壮墓茔的完工情况。同行的还有资深记者、作家庞惊涛先生。

图 9—19　双流区副区长张瑞琴等视察乔大壮墓茔打造情况/李永成摄

张副区长察看了乔大壮墓茔现场后，又问了乔大壮纪念馆的事。

就乔墓重建落成谒墓仪式之事，张副区长当即决定由区文旅局和金桥镇政府主办，请庞惊涛先生主持。

2019年4月5日清明节，乔大壮墓重建落成谒墓仪式如期举行。

乔大壮墓重建落成意味着什么？意味着，经历了125年沧桑的乔家祖茔，终于以新的面貌出现在人们眼前，这里既是乔家祖茔，更是我国著名近代词人、书法篆刻艺术家乔大壮先生的墓茔，在成都市双流区得到开发、保护和宣传，更是双流区金桥镇鲢鱼社区挖掘历史文化、振兴新农村建设而开发打造的中国传统文化旅游资源的独特品牌。

乔大壮墓茔的重建落成，有利于进一步宣传双流区历史文化，标志着历史文化在双流区的充分开发利用。乔大壮墓茔，成了双流区的又一历史文化旅游标志地。

（八）乔大壮墓茔重建落成谒墓仪式

2019年4月5日清明节，金马河畔的双流金桥镇鲢鱼社区潘家沟，举行了乔大壮墓茔重建落成谒墓仪式。仪式由成都市双流区文体旅局和金桥镇政府主办，特邀四川著名作家、资深媒体记者庞惊涛主持，四川省历史学会会长谭继和等前来参加仪式。四川省及成都市等11家新闻媒体报道了此事。

这是为安息于金马河畔的历史文化名人举行的一次意义深远的谒墓仪式。

图 9-20　乔大壮墓茔重建落成谒墓仪式活动

图 9-21　乔大壮之子乔新携后代共 18 人，参加谒墓仪式活动

2019 年 7 月 30 日，双流区委书记韩轶考察本区历史文化情况，来到乔大壮墓茔地。

图9-22 双流区委书记韩轶在乔大壮墓地考察

（九）乔大壮墓茔的三大要点及特色

乔大壮是民国时期，在文化艺术界享有极高声誉的词人、书法篆刻家，在诗词、书法篆刻等方面均有精深造诣，被词学大家唐圭璋誉为"词坛飞将"，被印学界称为"南乔北齐"，与齐白石同列入《印学史》。其诗词、行楷和篆刻，被称为"乔翁三绝"。

乔大壮墓茔是指整个墓群，包括牌坊、墓道、围栏、三座墓等。其中，牌坊为四柱三门冲天柱，乔大壮墓为夫妻合墓等。

墓茔由双流知名文史专家陈伟芳先生总体设计，双流区金桥镇鲢鱼社区负责主建。

乔大壮墓茔在设计上具有三大要点：第一，墓茔对乔大壮诗词、书法、篆刻艺术进行了展现，并附有当代名家名人与之相关的词章诗句、书丹墨宝等，充分展示出乔大壮在中国艺术界具有的地位。第二，墓茔凸显了乔大壮及其祖父乔树枬一身正气、受人敬仰的气质品格。第三，乔大壮墓设计别致，布局精巧，结构紧凑，巧妙地把印章风格与书法艺术融入到整体建筑结构中，以简洁精妙的建筑结构，承载丰富的词章墨宝。把以往名人墓茔肃穆中透着压抑的格调，改进为肃穆中略带轻松明快的氛围，让人在瞻仰名人墓茔的过程中欣赏艺术、感受文化。

乔大壮墓茔颇具特色：牌坊简朴却不失灵秀，坊联碑文字精墨俊尽显大家风采；墓茔处处彰显着深厚的民族传统文化，展现出庐墓牌坊独特的景致景观。中国书法是人类社会的艺术瑰宝，它既是人类必不可少的交流工具，更是高尚的视觉艺术，经历了几千年的发展演变，已成为中华民族聪慧和创造力的集中体现。因此，瞻仰乔大壮墓茔，不仅是敬仰乔大壮先生，更能得到中国民族传统文化的熏陶。

(十) 墓茔独具匠心的设计

乔大壮墓前的左右两神兽印柱，代表着乔大壮在印学界与齐白石同列入《印学史》，被称为"南乔北齐"的崇高地位。印柱上"望崦嵫而勿迫，恐鹈鴂之先鸣"，是乔大壮应鲁迅之邀所写，这副对联至今尚悬挂于北京鲁迅故居博物馆，这代表着乔大壮与鲁迅在文化艺术上的相互欣赏，以及四川双流的乔大壮墓与北京的鲁迅故居博物馆虽远隔千山万水但却遥相呼应的深厚关系。

图 9-23 乔大壮墓

乔大壮墓茔的碑文坊联等，反映出文化艺术界名人对乔大壮的评价。乔大壮为徐悲鸿刻章，乔大壮与章士钊、沈尹默、朱自清、叶圣陶、潘伯鹰、唐圭璋等知名人士于抗战时期在重庆成立著名文学团体"饮河诗社"，乔大壮与张大千、傅抱石等人的交往等，均有体现。

我省著名书法家、西泠印社理事郭强，著名书法家姚德淳、陈明德等为庐墓写了碑志坊联。

图 9-24 乔大壮墓茔碑文坊联

(十一) 重建乔大壮墓茔基本情况

乔大壮祖籍四川华阳。1895年,其祖父乔树枏置地葬曾祖母尹太夫人于双流治西鸡市墩,今双流区金桥镇鲢鱼社区潘家沟。乔树枏于北京病故后,由乔大壮先生于1919年将其祖父葬于此。1942年,先生夫人高公涞希祖病故,葬于祖茔。1948年7月,大壮先生辞世,是年11月葬于此。1958年扩耕拓荒,乔家祖茔被夷。1983年前后,寻回先生骨灰坛和墓碑,新堆坟,后惜被盗遗失,至2019年重建完成。

随着乔大壮先生及作品受到重视和研究,乔大壮墓及祖茔的重建引起有识之士的重视,21世纪以来,双流区的文史专家多次提议重建乔大壮墓,得到四川省、成都市文化界人士的积极响应,在金桥镇政府及鲢鱼社区的重视和推动下,乔大壮先生墓及祖茔于2019年得以重建,一代词人与其祖父、曾祖母及夫人,终归安土。

1. 乔大壮与夫人合墓

乔大壮名曾劬,字大壮,生于1892年,四川华阳人。早年就读于北京京师大学堂译学馆(北京大学前身)专学法文,毕业后在清学部京师图书馆就业,与鲁迅同事达四年,1935年任中央大学艺术系教授。后任重庆中央大学师范学院词学教授,1947年夏,任台湾大学中文系教授。1948年3月,乔大壮担任台湾大学中文系主任。1948年7月3日,乔大壮自沉于苏州平门梅村桥下,当年11月,其遗骨由儿子奉回双流,葬于金桥潘家沟祖茔。其夫人高公涞希祖,1942年安葬于此。此次重建,将乔大壮与夫人合墓。

夫人高公涞希祖,系四川泸州高家望族之闺秀,高楷之孙女,其伯祖父高树、高枏,与乔大壮祖父乔树枏为同事,高树、高枏、高楷共九兄弟,此三人排行七八九,高希祖与乔大壮凭媒议婚,先得高楷允,后遇阻力,高树为之保婚。大壮先生与夫人伉俪情笃,夫人去世后,先生夜夜于灵柩旁饮酒达旦,儿辈见其哀痛过甚,即租船扶柩回双流祖茔。大壮先生作《生查子》:"舵楼东逝波,鹢首

图9-25 乔大壮夫妻/乔新供图

西沈月。何以一心人,自此无期别。犯雾蔫

江来，打鼓凌晨发。君去骨成尘，我住头如雪。"足见其情深意笃。

图 9-26　乔树枏墓（左）、乔大壮夫妻合墓（中）、乔母尹太夫人墓（右）

2. 乔树枏墓

乔树枏（楠）（1849—1917），字茂轩，又字损庵，系乔大壮祖父，四川华阳人。乔树枏早负文誉，同治拔贡分发刑部，精研刑律，折狱明允。历任主事、郎中，擢御史，迁学部左丞。乔树枏一身正气，同治年间任江南道监察御史，曾为清廷在山东"黄崖惨案"中错杀良民之事上奏力争平冤，从而蜚声朝野。光绪年间任刑部司官时，参与康、梁维新变法。戊戌变法失败，六君子被害，乔树枏又仗义为川人刘光第、杨锐收殓，名动京师。谭嗣同狱中所留题壁诗"望门投止思张俭，忍死须臾待杜根。我自横刀向天笑，去留肝胆两昆仑"也由乔树枏抄录而得以流传。20 世纪初，任学部左臣，积极作为，保护敦煌文物有功。1907 年任川汉铁路驻京总理。袁世凯窃国称帝，慕其名，拟官之，他峻拒不受伪职。民国成立后，绝意时事，长居北京法源寺，于 1917 年故。1919 年，由孙乔大壮扶柩回籍，安葬于此。马其昶为乔树枏撰写《学部左丞乔君墓表》。

3. 乔母尹太夫人墓

尹太夫人，为乔大壮之曾祖母，乔树枏之母。四川郫县人，1825 年生，68 岁去北京，于 1894 年 4 月在北京病故，1894 年 12 月乔树枏护柩至成都，1895 年 10 月，经介绍，乔树枏置地于双流县治西之鸡市埫，今金桥镇鲢鱼寺潘家沟，建庐墓，葬母于此。

图 9-27　乔家墓茔

墓碑前有《尹太恭人墓志铭》，乔树枏撰。

三、刘沅及后人

(一) 刘沅：川西夫子、四川大儒

刘沅，字止唐，一字讷如，清代举人，号清阳居士。乾隆三十二年（1767），刘沅出生于今双流县柑梓乡三圣村。25岁时考取举人，但此后三次参加会试不中，终未能成为进士。三十岁后即绝意仕进，在家奉养老母，潜心经史，讲学课徒，著书立说，惠及后人。嘉庆十八年（1813），刘沅移居成都南门淳化街（今锦江宾馆西门），建一宅院。院中有株老槐树，不知植于何代，枝繁叶茂，浓荫掩映，苍劲刚健，雍穆恬静，乃名宅，曰"槐轩"。此后四十二年，刘沅一直在此治学讲学，未尝有一日懈怠，直至1855年逝世。

作为清代著名的儒学大师、教育家、宗教思想家、医学家，其学术被称为槐轩之学，影响深远，被后世尊为槐轩学派、刘门教以及川中中医火神派的开派师祖。其著作《槐轩全书》，以儒学元典精神为根本，融道入儒，会通禅佛，体大精深，鸿篇巨制。

刘沅治学不分门户，融汉宋、古今文、儒释道三教于一体，提倡以天理人情折中是非，其学多有独创。世人尊称他为"一代大儒""通天教主""川西夫子"。

刘沅创立的"槐轩学派"，在四川国学界有深远影响。清末民初，蜀中国学大师，多出其门。而"槐轩书院"的故址，正是今天位于成都人民南路的锦江宾馆。

槐轩书院的教学成绩十分显著。据《清史稿·刘沅传》记载：四十余年来，"著弟子籍者前后数千人，成进士登贤书（即中举人）者百余人，明经贡士三百余人……贤名播于乡曲者指不胜曲"。仅以刘沅子孙为例，八十年内，竟有八人中翰林和中举，时人誉为"八龙挺秀"，在四川传为佳话。刘沅的"槐轩"也成了四川最负盛名的大型书院式私塾，学生最多时竟达三百余人，学习期限最长的达十余年。

刘沅一生著述宏富，后人加以整理考订，于光绪年间刻印成《槐轩全书》。他做学问放得开视野，务求触类旁通而又能独立思考，善取各家之长，力避各家之短，自成一家之言，在文史哲和中医诸领域都取得了令人瞩目的成就。

刘沅的槐轩之学，主要指《槐轩全书》里的经学、史学、理学。《槐轩全书》收录刘沅注解的儒家经典《四书恒解》《诗经恒解》《书经恒解》《周易恒

解》《礼记恒解》《春秋恒解》《周官恒解》《仪礼恒解》《孝经直解》，理学著作《槐轩约言》《子问》《又问》《正讹》《拾余四种》《俗言》，文史著作《史存》《明良志略》《槐轩杂著》《壎箎集》，教育著作《蒙训》《下学梯航》等。

近年来，学界对槐轩学派赞誉甚高，研究甚多。下面引用著名诗人、《新周刊》总主笔胡赳赳在《槐轩学派的浴火重生》中的一段话：

> 槐轩学派是近代史上的一个奇迹。目下有后来居上之势。蜀国本就多奇才、异士、正果，其山川之汇，巫密之合，无不表明此域圣通。槐轩之学有几大特点：一是儒门正宗，一心复性，毫不标新立异、增惑添弊；二是汇通佛老，济世慈航，尤有丹道火神派，阳主阴随，大放异彩；三是刘咸炘《推十书》的异峰突起，学究中西，与祖上刘沅成驼峰并峙，扩大源流，可谓"双流"不虚。槐轩之学亦有几个可待研究之处：一、止唐先生开悟的确切阶段；二、天才学者刘咸炘的产生及成因；三、槐轩学派与马一浮新理学、南怀瑾南学、熊十力新儒家等学派的断代横向比较研究；四、对野云老人的学术研究；五、槐轩之学对现代台湾的影响。心性之学，止于至善。槐轩佳话，千古流传。

刘沅曾对都江堰内外江进行研究，写有《内江外江考》等。

刘沅在《内江外江考》中记载："江从岷山而出""入灌口者""会于邑城之西。水由离堆外行，无山约束，所以惊涨，常为民患。李冰析为二渠，附山趾者曰内江，较远者曰外江"，"外江则金马江，岷江之正流也，由其旧源呼之，亦曰皂江。此水直趋东南，不特全蜀志水皆汇，即金沙江亦自叙州而入，故《禹贡》纪中国治水之始，以之为正，而不言金沙"。

刘沅在《大朗堰记》中有"金马江，岷江之正流也"的记载；在《彭镇第一桥记》中开篇即道"金马江之支流柳江"。

刘沅关于"金马江，岷江之正流也"等多处记载，为纠正史志中"1933年叠溪洪水冲宽金马河河床，形成岷江正流"的有误记载，提供了重要证明。

刘沅为清代四川大儒，"川西夫子"，槐轩学派创始人，双流文化大家。刘沅生于离金马河不远的三圣村（旧名云栖里），死后也葬于金马河畔的刘家宗祠地。

（二）刘沅后人：四川非凡人物

刘咸炘（1896—1932），字鉴泉，别号宥斋。清光绪丙申年（1896）冬月二十九日出生于成都纯化街"儒林第"祖宅。祖父刘沅,字止唐,父亲刘梖文,字子维,均为蜀中知名学者。刘咸炘著述很多,已成书的共计236部,475卷,总名《推十书》。已刻印的有十之七八,其余的手稿,有些散失了,有些现存于四川省图书馆。"推十"是其书斋的名称。

刘咸荣(1857—1949),字豫波,成都双流人。清光绪二十三年(1897)拔贡,曾任内阁中书。精诗文,娴书法。与其两个弟弟并称"双流三刘"。刘咸荣是民国时期成都著名的"五老七贤"之一,是李劼人的老师。他一生投身教育,潜心劝善,身体力行,办刊物,施赈济,每天鬻字的收入,七成捐办赈济事业,三成家用。刘咸荣精通经史,尤长诗词书画,他的字遒劲飘逸,有黄庭坚书法的意趣。

刘东父(1902—1980),名恒壁,字东父,当代诗人、书画家,四川双流人。号旷翁,又号乐无居士等。有《刘东父书洛神赋》《旷翁诗钞》《旷翁书画》等传世。生前为四川省政协委员、四川省文史资料工作委员会委员。刘东父先生出身诗礼世家,其曾祖刘沅,父刘桂文,外祖父李汝南(字湘石,著名书画家),伯伯刘咸荣,四叔刘咸炘。刘东父成长在传统文化氛围十分浓厚的家庭里,受到前辈的熏陶自不待言。

(三)彭镇政府重修刘沅墓茔

刘沅墓茔因年久失修,墓破碑残,杂草丛生(如图9-28左图所示)。2017年,刘沅后代为其重立了碑(如图9-28右图所示)。

图9-28 刘沅原墓地

文史专家陈伟芳老师,多次向双流区有关部门、彭镇政府等建议,推动双流历史文化发展,开发打造历史文化名人景点,修建刘沅墓茔。2017年底,彭镇政府毅然出资决定重建刘沅墓茔。2018年初,由陈伟芳担任总设计的刘沅墓茔开工建设,2018年春,刘沅墓茔正式建成。

图 9-29　陈伟芳专家在刘沅墓茔重建现场

图 9-30　建成后的刘沅墓茔

图 9-30　刘沅墓茔牌坊

四、刘沅珍藏及槐轩活动

（一）双流棠湖中学刘沅书香珍藏

在双流区文史专家陈伟芳先生的支持下，双流棠湖中学建立了刘沅书香馆，收藏了大量刘沅槐轩珍贵的书物字幅等。

图9-32　双流棠湖中学刘沅书香馆藏

（二）成都博物馆刘沅纪念

成都博物馆对刘沅及其槐轩也有宣传展示（如图9-33所示）。

图9-33　成都博物馆刘沅画像及介绍

(三)四川省开展刘沅槐轩系列活动

2019年12月21日,四川省刘沅槐轩学传承创新鉴赏与研究系列活动,由四川省人民政府文史研究馆、省文化旅游厅、成都市双流区人民政府主办,省图书馆、省文化馆、省社科院、省历史学会等联合承办,旨在通过梳理研究刘氏家族家学渊源,弘扬传承四川刘氏学术思想,让"槐轩学、推十学"走进当代,让槐轩思想活在当下,"梳学理、正视听、树风尚、续传承",打造蜀中历史名人文化品牌。双流区领导及文史专家等,积极参加刘沅槐轩系列活动(如图9-34所示)。

图9-34 双流区人大常委会副主任鲜明致辞及双流区文旅体局领导及文史专家等参加活动

图9-35 四川省历史学会谭继和会长与双流文史专家陈伟芳等留影

下　篇
旅游优势显著的金马河

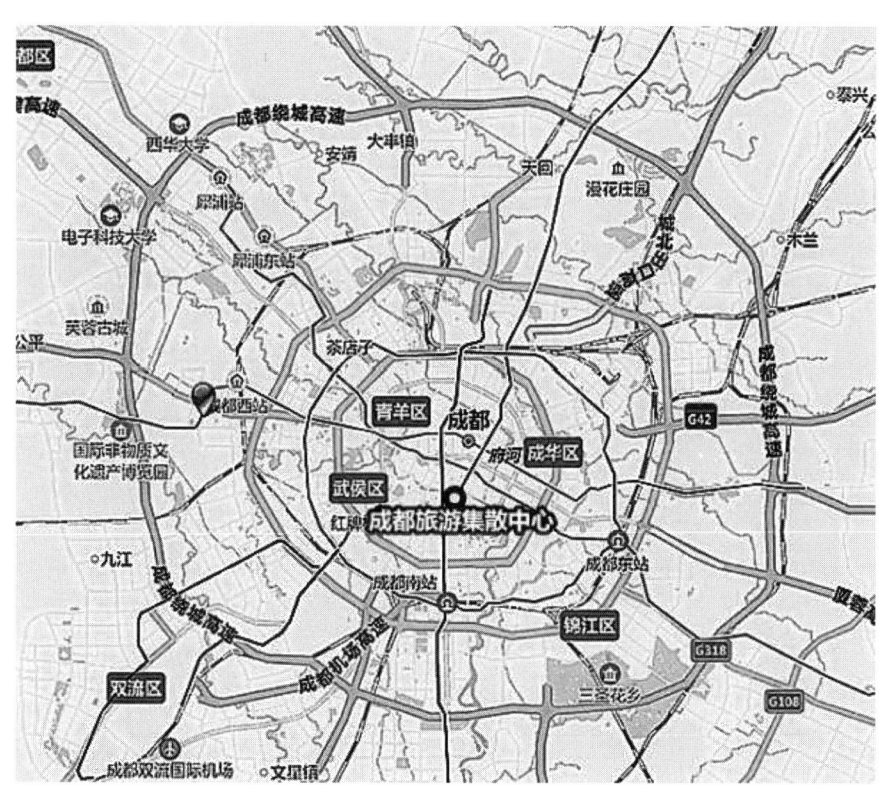

第十章
金马河双流河畔呈现显著的旅游区位优势

本章提要：金马河双流河畔，地处成都平原川西坝子中心，具有独特显著的旅游发展优势：四川旅游集散中心地理位置优势，历史文化资源优势，两岸宽阔的河湾沙滩空间优势，四通八达的交通路线优势。

一、显著的旅游集散中心地理位置

金马河中下游双流段河畔，右岸长 8.58 公里，左岸长 12.53 公里，境内河道总长 13.95 公里。金马河双流河畔，位于距成都中心城区约 25 公里的西边，紧临第二绕城高速，由此去大成都各旅游景点均方便快捷，是地理位置良好的旅游集散中心。

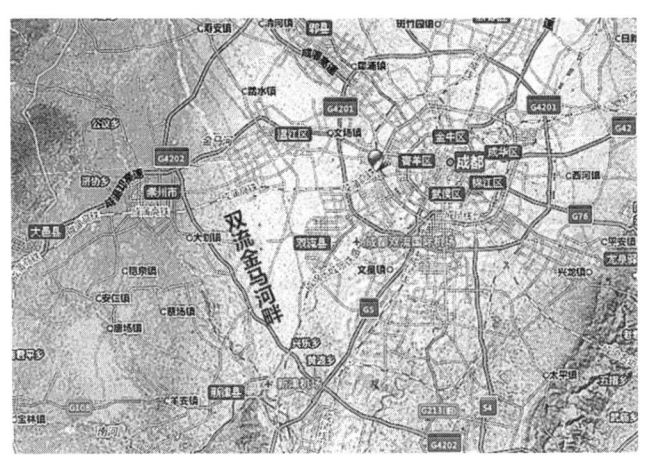

图 10—1 双流金马河卫星图

随着成都城市发展和交通环境的成熟完善，金马河双流段的旅游区位优势日益显著。从这里出发，北上九寨黄龙旅游，南下乐山峨眉旅游，都十分方便快捷。这里不仅是旅游周转住宿集散点，也是岷江金马河特色风景游览点。

从这里出发，可使北上南下的旅游车辆，不再进出成都中心城区夜宿周转，避开进出拥挤堵塞的成都中心城区，方便快捷地去往我省各旅游目的地。

双流金马河畔，这一得天独厚的地理位置，是成都其他区域所不具有的，也无法被替代。因此，这里的旅游周转集散的区位优势，十分显著突出。

二、独特的历史文化旅游资源

金马河独特丰富的历史文化，是发展旅游的资源优势。王勃"海内存知己""风烟望五津"的标志地五津涉头津、天下第一神奇古渡、中国风景名胜川西第一廊桥、神奇的擦耳之岩、诸多历史名人传奇等，都可成为开发打造风景旅游区的资源优势。

我们可以因地制宜，利用金马河双流河畔河湾沙洲，开发打造各种旅游景点和旅游项目等。

三、宽阔的两岸河湾沙滩空间

岷江金马河双流段流域共有 13.95 公里长，上接温江金马，下至新津兴义。沿河东岸主要由彭镇（金桥镇）和黄水镇管辖，西岸由双流、崇州分段管辖。

修都江堰前，金马河是岷江在成都平原上的大江大河，受洪水的冲积，两边河岸被冲积得很宽，两岸留下了宽阔的河湾沙石地层，面上薄薄的一层沙土，下面全是厚厚的沙石。修建都江堰后，金马河就成了泄洪河道，每年的雨季都要受洪水冲击。一涨洪水，大量的沙石冲击而来，形成河湾滩涂。21 世纪初，紫坪铺水库修建好后，金马河才没有了洪水的忧患。自从河堤修直建好后，原岷江金马河两岸大量的河湾滩涂被隔离出来。从金桥镇金红路顺路而下，沿途河岸全都是沙洲地和沙田，有大量沙石荒地、鱼塘等。由于河湾沙滩贫瘠，不适宜种庄稼，且卵石多，无法机械耕作，因此，目前两岸只能用于建养鱼场，栽树种菜。临江地带巨大的闲置空间，极有利于旅游开发。

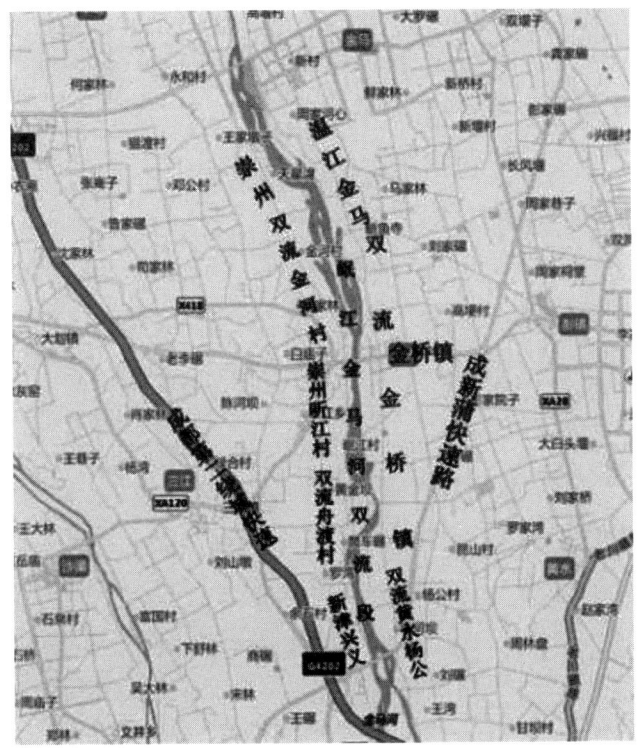

图 10-2　金马河双流河畔两岸宽阔的河湾沙洲

利用河湾沙洲发展旅游是符合国家规定的。2014 年 8 月 21 日，国务院印发《关于促进旅游业改革发展的若干意见》，部署进一步促进旅游业改革发展，提出到 2020 年，境内旅游总消费额达到 5.5 万亿元，城乡居民年人均出游 4.5 次，旅游业增加值占国内生产总值的比重超过 5%。同时指出，加快旅游业改革发展，是适应人民群众消费升级和产业结构调整的必然要求。推动旅游产品向观光、休闲、度假并重转变，满足多样化、多层次的旅游消费需求。将带薪年休假制度落实情况纳入各地政府议事日程，作为劳动监察和职工权益保障的重要内容。发展旅游业，促进旅游消费，是发展经济的主要措施之一，也是国民经济发展的客观需要。

开发利用岷江金马河两岸大量的河湾滩涂闲置荒地，不占用基本农田，完全符合国务院《关于促进旅游业改革发展的若干意见》中的优化土地利用政策，即"进一步细化利用荒地、荒坡、荒滩、垃圾场、废弃矿山、边远海岛和石漠化土地开发旅游项目的支持措施"。因此，开发打造双流岷江河畔，完全符合国家规划要求。

四、方便快捷、四通八达的交通路线

金马河双流河畔，处于成都第二绕城高速路内侧，成新蒲快速路、成温邛快速路等，已将岷江金马河双流河畔围成了"金三角"。同时，这里离双流机场仅有9公里，附近有成温邛高速、成雅高速等；有地铁3号线双流站，机场10号线等；成绵乐旅游快铁双流站，川藏快铁双流站等，将双流河畔夹在其中。成都第二绕城高速，紧依双流河畔，把成都四周的高速路和机场等都连接在一起。

这里天上、地面、地下，都形成了完善的交通网，一出门就上高速，可以方便快捷地去往我省各旅游目的地。进出方便，来去自由，完全具备了打造岷江金马河旅游新区、四川旅游集散服务中心的条件。

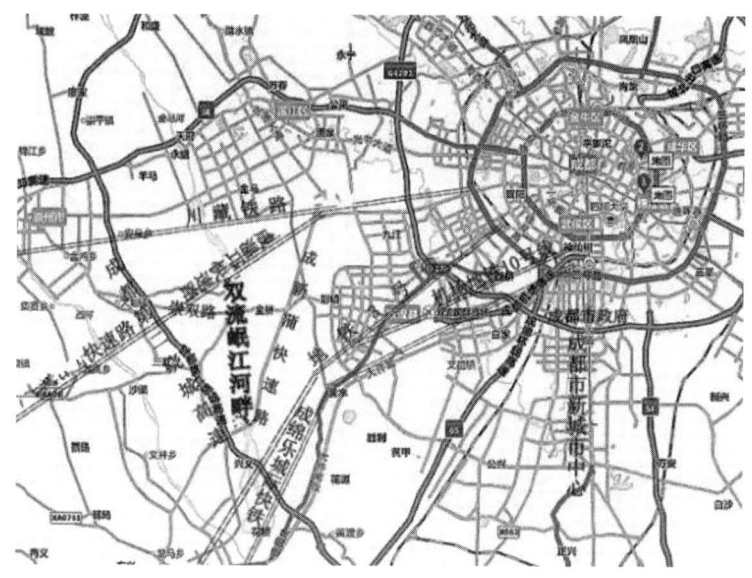

图10-3 金马河双流段地理位置及交通环境图

第十一章
我省旅游线路模式出现难以避免的发展弊端

本章提要：我省目前的旅游线路模式，是以成都市区为旅游集散中心，形成往返式辐射型特征。随着旅游业和城市的发展，这一旅游线路模式特征，使成都中心城区出现难以克服的发展弊端，成都中心城区交通压力增大，空气污染，环境恶化。只有对旅游集散中心的位置做出调整，才能适应我省旅游业的长期发展。

一、我省旅游线路辐射特征

我省是旅游大省，成都是我国著名的旅游城市。一直以来，成都市区在我省旅游发展中承担了两个功能，一个是游览功能，另一个是我省旅游周转集散的轴心功能。

我省旅游，主要是以成都为周转集散中心，面向全省各旅游目的地往返式旅行，形成我省独特的旅游线路辐射特征。

我省拥有五处世界遗产，是游客来我省旅游必去的游览目的地。我省旅游线路主要有成都—九寨沟、黄龙；成都—峨眉山、乐山；成都—都江堰、青城山；成都—熊猫基地等。可以看出，这些线路是以成都市区为中心，周转住宿集散都在成都市区。

来我省旅游的客人，主要有旅行团和半自游行两种方式，80％的外地游客是乘飞机来，第一站就是双流机场，入住成都（目前已出现自驾车来川旅行，也是以成都市区为中心），结束旅游时也多是由成都市区去双流机场离开四川。

长久以来，我省大多数旅游线路都是以成都市区为轴心，以成都中心城区为旅游集散住宿周转地。可见，成都中心城区一直承担着四川旅游集散的轴心服务功能。

图 11－1　行驶在中心城区的旅游大巴

二、难以避免的发展弊端

随着成都城市的发展和我省旅游业的发展，成都中心城区作为旅游集散服务中心，已经不堪重负。目前成都中心城区人口密度过大，交通压力过大，环境受到挑战，城市病日益严重。

2020年1月17日，全省文化和旅游工作会议在阆中召开，根据统计，我省2019年接待国内旅游人数7.51亿人次，接待入境游客414.78万人次。据成都市统计局"2019年全年成都市经济运行情况"新闻发布稿（2020年1月23日），成都2019年全市旅游总人数达2.8亿人次（见表11－1）。也就是说，平均每天有76.7万旅游人次在中心城区集散，若按38人坐一辆大巴算，每天就有两万辆旅游大巴进出中心城区。

表 11－1　近六年成都旅游人次统计（2014—2019）

年份	全国	四川	成都
2019	60.60亿人次	7.51亿人次	2.8亿人次
2018	56.39亿人次	7.02亿人次	2.4亿人次
2017	50.01亿人次	6.69亿人次	2.1亿人次
2016	44.4亿人次	6.30亿人次	1.98亿人次
2015	40.0亿人次	5.93万人次	1.91亿人次
2014	36.1亿人次	5.35亿人次	1.86亿人次

注：2020年3月11日，央视13频道公布，2019年国内旅游共计60.60亿人次。

每天平均有两万辆旅游大巴进出一、二环中心城区，为尽量避开早晚上下班高峰，旅游大巴不得不早出晚归。还因多数旅店没有大巴车位可停，大巴车不得不开到三环路外找车位停车，第二天一早，又得挤进中心城区去接游客，再挤出城去旅游目的地。早晚各接送一次游客，大巴车得四次进出中心城区。同时，每天还有为76.7万游客住宿餐饮服务的运输车辆等。

而旅游大巴车一般都是大汽油车，每天两万辆大汽油车在中心城区行驶，造成的空气污染是可想而知的。

2014年4月20日，《成都商报》载文《成都拟划城市增长边界 中心城区人口控制在700万内》，文中说，大城市过大，小城镇过小，中小城市发展滞后，城镇结构不合理，发展不平衡是成都目前面临的第一问题。成都中心城区正呈现出单中心聚集发展态势，中心城区人口密度过大，环境面临挑战，城市病日益突出。成都市规划局为此拟订了"控制中心城规模、大力发展卫星城"的主要措施（2015年12月，国务院批复，成都中心城区常住人口不超过620万）。

人多车多，是目前成都中心城区的现状，而我省旅游以成都中心城区为轴心的模式特征，使得中心城区城市病日益严重。

三、中心城区环境恶化迫使旅游集散中心转移

成都城区承担着两大旅游功能，一是游览功能，二是我省旅游周转集散的轴心功能。成都作为历史文化名城，其游览功能需要维护好，不能转移，但针对后一功能，可根据实际情况，重新布局，将旅游集散中心从城区转移。随着旅游业的发展，来成都旅游的人数还将增多，但中心城区已没有能力接待逐年增长的游客并提供住宿和集散服务。

成都是著名的旅游城市，但成都中心城区可以不作为旅游住宿和旅游集散中心地，而是把旅游住宿集散服务功能与旅游游览功能分开，将集散住宿服务中心转移到更适合的地方，从而减轻成都中心城区的环境压力。这符合成都城市发展的客观需要，也是迫切需要解决的发展问题。

成都中心城区出现的旅游服务布局问题，属于旅游发展中的"富贵病"。但"富贵病"也是病，也得治。治愈"富贵病"的关键，就是把旅游集散服务及周转住宿服务功能转移出去，调整到适合的地方。

根据目前的旅游发展情况，考虑到未来旅游发展的无限潜力，笔者认为双流金马河金桥镇河畔最适合承接这一旅游服务功能，是我省旅游线路模式下最

佳的中心轴地理位置区域。

  目前,双流金马河畔区位优势明显,交通环境成熟,已成为成都西边待发展的"金三角"。

第十二章
双流河畔发展旅游业的主客观需求和连带效应

本章提要：金马河双流河畔发展旅游业，是当前社会城市发展的需要，是成都发展卫星城市的需要，是本地区域发展、农村劳动力转移安置的需要，其发展的连带作用和吸附效应都是十分显著的。

一、城市化发展的需要

目前，我国的城市化水平还较低。2018年9月11日，搜狐财经有一篇名为《中国城市化率会达到多少？会达到日本93%的水平吗？》的文章，文中对世界各国的城市化水平进行了比较（如图12-1所示）。

国家	城市化率%	国家	城市化率%
中国	58.52	美国	81.45
英国	82.34	法国	79.29
德国	75.09	意大利	68.82
日本	93.02	加拿大	81.65
巴西	85.43	印度	32.37
俄罗斯	73.92	韩国	82.36
阿根廷	91.60	澳大利亚	89.29
印尼	53.0	墨西哥	78.97
荷兰	89.91	沙特	82.93
南非	64.3	西班牙	79.35
瑞士	73.84	土耳其	72.89

图12-1 世界部分国家城市化水平比较

从图 12-1 中可以看到，中国的城市化率不足 60%，而发达国家城市化水平普遍在 80%~90%，城市化水平最高的人口大国是日本，达到了 93.02%，而美国和英法德则要低一些，在 80% 左右。和中国发展水平相近的土耳其是 72.89%，墨西哥是 78.97%。

可见，中国目前的城市化水平偏低，低于中国的经济发展水平。按照中国的人均 GDP 测算，中国现在的城市化理论数值应是 70% 左右，但实际数值比理论数值低了约 12%。

"中国的城市化率会达到 90% 以上。"专家如是说。①

2019 年 8 月 28 日，由南都观察、南都公益基金会主办的南都观察 2019 夏季论坛在北京 M 剧场顺利举办，论坛主题为"我们还需要城市化吗"。2019 年 4 月，国家发改委发布了 2019 年新型城镇化建设重点任务，把推进"农业转移人口市民化"放在了非常重要的位置。专家们如是说：城市化率的不断提高和经济发展水平有关，这是全球的普遍规律，是不得违背的客观规律；而中国目前巨额的农业补贴已经让财政不堪重负；中国人口和 GDP 的空间布局之间是错位的，城市化率必须要提高；每个国家的经济发展和城市发展是高度相关的，如果还停留在农业社会里，肯定是不会发展的；城市化是现代化必不可少的组成部分；坚信中国的城市化率会达到 90% 以上；道理非常简单，人口只有跟 GDP 的份额一致，城乡差距才会基本消失。

如此看来，金马河双流河畔发展成卫星城市，是成都城市布局的需要，也是川西平原城市建立和发展的需要。在岷江金马河双流段建一座旅游城市，产业明确，定位清晰，是非常有必要的。

二、成都发展卫星城市的需要

成都中心城区人口密度过大，城市病严重，大城市过大，小城镇过小，中小城市发展滞后，城镇结构不合理，发展不平衡，这是成都城市发展面临的首要问题。

为此，成都市规划局拟订有"控制中心城规模、大力发展卫星城"的规划措施。

因此，双流金马河畔的金桥镇等小乡镇，发展为成都的卫星城市，是大成

---

① 参见《中国发展简报》2019 年 8 月 29 日所载文章：《南都观察 2019 夏季论坛："我们还需要城市化吗"》。

都城市发展的需要。

三、本地区域发展的需要

（一）两岸农村劳动力转移安置的需要

尽管目前双流金马河两岸利用河湾湿地等开发成养鱼场，利用沙洲地种树办果园等，但效益较低，不能吸引大量农村劳动力转移安置。

随着新农村的振兴发展，土地承包集中，农村大量劳动力闲置，年轻人纷纷外出找工作，但随着大量劳动密集型企业的转移，文化程度不高的年轻人，已经不像前几年那么好找工作了。现在农村高中及以下学历的年轻人，已经成了新型闲置待业人员。

发展旅游产业，是转移安置金马河双流河畔大量劳动力的最佳方法。

（二）双流金马河畔城乡发展的需要

现在的农村乡镇，看似发展了，但闲置的街道商铺过多。如双流区西域的金桥镇、黄水镇等，看似发展迅速，但街道上非常冷清。如彭镇的老街，金桥镇的擦耳岩，黄水镇的杨公场等，冷清得让人心中发颤。乡镇都是自我服务的，没有新的业态，不能吸引外来消费，修建那么多街道商铺，就只能闲置了。

目前一些农村乡镇的发展，完全是"左手为右手"的自我服务发展，没有新业态，越发展越过剩。本书第六章第十二节（擦耳岩街的现代传奇：最穷最富有的冷街鬼镇），就是对乡镇发展过剩的调查，可供参考。

四、发展的连带效应

（一）助力成都中心城区优化发展

金马河双流河畔发展旅游，将使得成都中心城区旅游周转集散服务功能外移，减轻成都中心城区的环境压力。将旅游住宿周转集散服务功能转移到金马河双流河畔来，其发展的连带效应是明显的。

成都城市发展，需要有一个相对宽裕的空间，自然要对一些不适合在中心城区发展的城市功能进行调整。首都北京就把原有的一些功能进行了转移，建了一个新区雄安。当年成都荷花池商贸集散中心，也因成都城市发展的需要而调整出去了。成都市区作为旅游住宿周转和集散服务中心，已不能适应城市发展的需要，应该做出调整。

试想，每天有两万辆旅游大巴在中心城区接送游客，带来的环境压力有多大？况且我省接待的游客数量还在逐年增加，成都中心城区早已不堪重负。

因此，金马河双流河畔发展旅游，不光能促进其自身的发展，更有利于成都市的发展，能有效缓解成都中心城区的人口、交通和环境压力。

（二）优化我省旅游线路模式

把我省各旅游线路的周转集散中心，调整到金马河双流河畔，减少进出成都中心城区的旅游大巴，从而优化了我省的旅游周转线路，效益也是显著的。

成都是我省重要的游览胜地，但成都中心城区可以不作为四川旅游集散中心地。将成都中心城区的旅游集散服务功能转移出来，寻找适合的新区域重新布局，是解决主城区诸多问题的关键所在，也是优化我省旅游线路模式布局，促进长远发展的关键所在。

笔者认为，金马河双流河畔，是我省旅游住宿周转和集散服务中心的最佳地理位置。相比成都中心城区，这里随进随出，没有进城堵车、上下班高峰的烦恼，来回所用时间至少也要节约两个小时，这既减少旅游大巴两小时的用车耗油，也减少游客两小时的乘车劳累。旅游服务公司减轻了耗油成本，游客也享受到更优质的服务。

来我省旅游的游客，大部分是乘飞机来游九寨黄龙和乐山峨眉的，他们下飞机的第一天晚上，就住宿在成都中心城区的宾馆酒店，第二天一早就去九寨黄龙或乐山峨眉，回来后又住中心城区，第二天又赶往乐山峨眉或九寨黄龙。基本上有三个晚上是在中心城区住宿周转，费时费力。而如果将住宿周转中心转移到金马河双流河畔，则往返各景点更加方便，也减少了堵车的烦恼。

目前，坐落在一环路的新南门汽车站，早该转移出成都中心城区了。

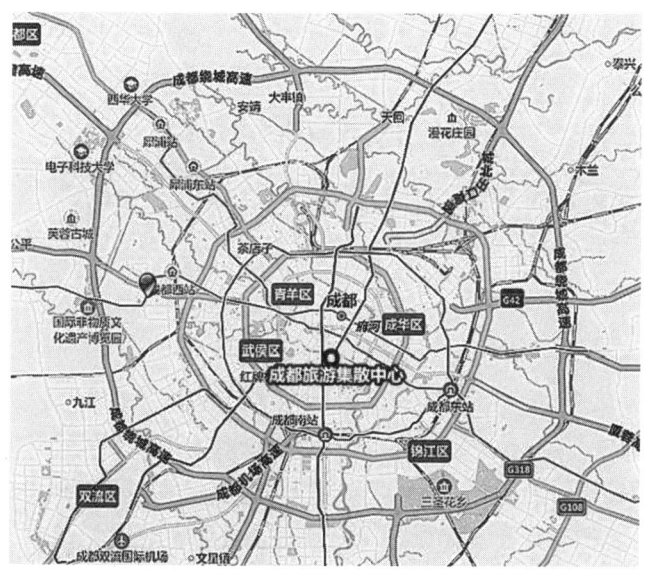

图 12-2　旅游大巴进出繁忙的成都旅游集散中心

五、对相关产业的吸附和带动

金马河双流河畔发展旅游业，不光能带动交通业、酒店业、餐饮业、娱乐休闲业的发展，还将吸引商务活动、会务会展、教育培训、文艺演出、体育赛事等，其吸附效应也是明显的。

在旅游游览和旅游周转集散服务两大基本功能的带动吸附下，其他相关产业将得到极大的发展空间。

第十三章
金马河双流河畔已具备基本发展条件

本章提要：近年来，金马河已不必履行泄洪排洪任务，成都市政府对金马河已做出"建设成为国家级旅游、休闲、度假示范区"的规划，金马河双流河畔，从全省的旅游线路布局来看，处于最佳的旅游中心位置，成为发展的"金三角"。

一、金马河已消除水灾威胁

紫坪铺水库位于都江堰市麻溪乡紫坪铺紫坪村境内，距都江堰4.5公里。

都江堰外江金马河，自修都江堰后，就专司排洪泄洪。受上游岷江山区雨季的影响，每年都有山洪暴发，每年洪水都要冲击金马河，冲毁金马河河道，特别是受上游龙门山地震带影响，地震形成的堰塞湖一旦溃决则引发洪水，造成灾难性后果。据史料记载，1911—1949年间，都江堰市境内先后发生洪涝灾害22次，其中最严重的是1933年的叠溪地震洪水灾害。新中国成立后也常发生水灾，尤以1964年7月20至22日最为严重。金马河90%以上的堤防工程被冲毁过，因此，金马河一直被定性为排洪泄洪河道。

直到2008年，都江堰上游建了紫坪铺水库后，岷江上游的洪水洪峰得到遏制，不再有洪灾。金马河排洪泄洪的历史从此被改变。特别是2008年的"5·12"大地震中，紫坪铺水库安然无恙，更说明金马河发生水灾的危险性基本消除。

由于上游修建了紫坪铺水库，发挥了削峰滞洪的功能性作用，金马河不再发生洪灾了，尽管金马河现在还定性为排洪防洪河道，但基本上已没有了洪灾的威胁。

二、成都市政府对岷江金马河的规划

鉴于金马河洪灾已被消除,成都市政府对金马河进行了新的规划。2011年,政府公布了《岷江干流成都段(金马河)综合整治规划》,这是进一步治理保护岷江和开发岷江的发展蓝图。在规划中,对岷江干流金马河的功能定位不再是单纯的"排洪泄洪",而是要将其打造成为成都平原上的一条水生态长廊。2020年前,把金马河建设成为"水清、水活、水净、水美"、江河湿地水景交相辉映、蓝天碧水与绿色城市相互融合、人水和谐的滨水生态旅游胜地;2030年前,将金马河建设成为国家级旅游、休闲、度假示范区,金马河两岸成为成都平原上的一条生态长廊。

可见,成都市已经把金马河作为国家级旅游生态长廊来看待和打造了。

金马河的功能定位,不再是单纯的"排洪泄洪",而是要将其打造成为成都平原上人水和谐的滨水生态旅游胜地,一条美丽的水生态长廊。

图13-1 双流金马河意境图

三、我省旅游线路模式"金三角"

金马河双流河畔,在四川旅游线路模式中,已成为发展旅游的"金三角"。这是由当前旅游发展的大形势,以及这里的空间环境和地理位置所决定的。岷江金马河双流河畔,面对成都旅游城市,背靠我省著名旅游景点众多的西域大山,紧临成都第二绕城高速,处于全省旅游中心节点上,成为全省位置最佳的旅游集散中心地。随着成都城市发展和交通环境的成熟完善，双流金马河畔成为四川旅游集散中心的区位优势愈加明显。凭借天然河畔条件，在这里打造四川省级旅游集散中心，具有成都及其他任何区域都无法比拟的优势。

新"一江一路"和老"一江一路"，使双流河畔发展旅游具备充足的条件，成为待发展的"金三角"。

新"一江一路"，是指岷江金马河双流河畔两岸河湾湿地卵石沙洲地等，具有宽阔的发展空间，紧临成都第二绕城高速，可作为旅游集散周转中心，连接全省各旅游目的地，交通方便快速，是替代成都中心城区旅游集散周转服务的最佳理想区域。

老"一江一路"，是指岷江金马河千年流淌而来的历史文化，以及崇州去成都最近的古道古渡，交汇于双流金桥镇擦耳岩所积攒的丰厚的历史文化底蕴。

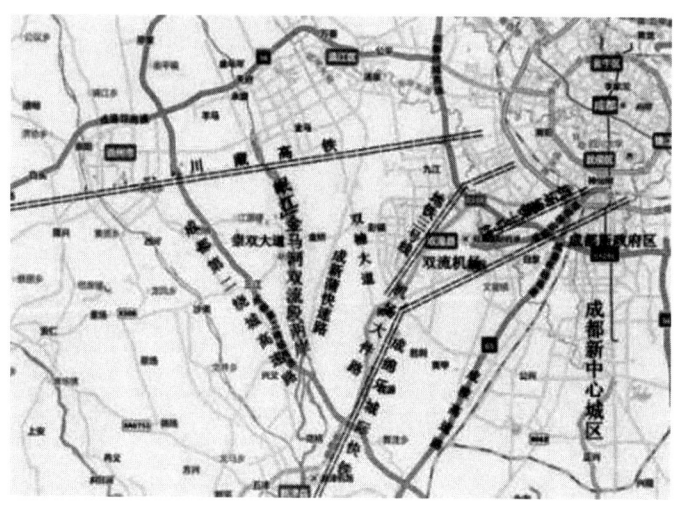

图 13-2　岷江金马河双流河畔图

第十四章
金马河双流河畔明确清晰的城市功能定位

本章提要：金马河双流河畔发展成为我省旅游之都，具有旅游集散和旅游游览两大功能，未来发展定位清晰明确。

一、旅游集散和旅游游览是发展成旅游之都的功能性定位

规划布局旅游周转集散服务中心，是根据我省旅游线路及交通现状，改善和优化我省旅游线路模式的一大创举，意义深远。

金马河双流河畔，地域广阔，交通方便，是替代成都中心城区承担旅游周转集散服务的最佳选择。

而金马河双流河畔，不仅有旅游周转集散功能，其历史文化独特丰厚，适宜规划打造旅游景点，也将成为旅游游览圣地。这里有名扬海外的廊桥，有"海内存知己""风烟望五津"的古蜀地域标注地，有神奇的千年古渡等，都是可以规划打造的独特风景名胜，具有极高的历史文化价值。

金马河双流河畔规划打造我省旅游之都，不仅优化改善了我省旅游路线，还增加了我省旅游景区景点，至少增加游客一天的旅游时间，其旅游效益和社会效益不言而喻。因此说，金马河双流河畔发展旅游，就是规划发展了一座旅游产业城。

根据金马河双流河畔的地理位置，非常适合发展旅游产业，定位清晰明确。成都中心城区只作为旅游游览地，不再作为旅游周转集散中心，把金马河双流河畔作为我省旅游周转住宿集散中心，同时又有许多旅游景点，未来发展可期。

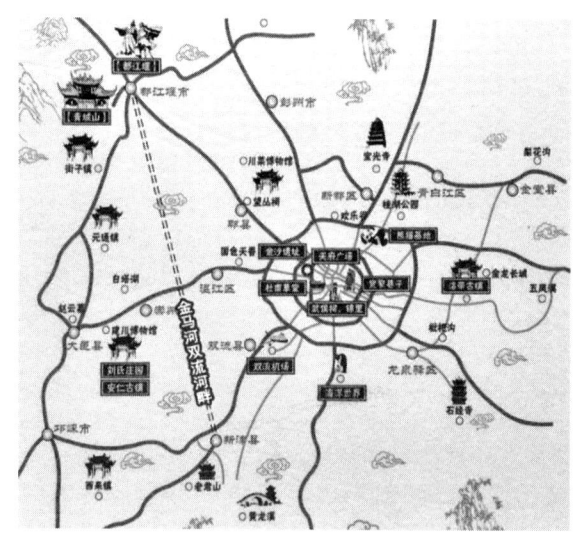

图 14-1 金马河双流河畔优良的地理位置

二、旅游周转集散功能

把金马河双流河畔开发打造成四川旅游集散中心,省内旅游均以此为出发点,具有以下优势。

图 14-2 金马河双流段四周已成熟的交通路线

(一)进出四川旅游的门户

除四川境内的游客外,外省游客来四川旅游,约80%选择乘飞机。若将金马河双流河畔作为旅游集散中心,游客到四川旅游,一下飞机,就可乘车到旅游集散周转中心住宿休息。这里比进成都中心城区住宿方便多了。旅游结束离开四川去机场，这里也方便快捷。这里完全是外地游客进出四川旅游的门户。双流机场离这里约九公里，未来的天府机场，通过第二绕城高速，来往也非常方便（如图14－3所示）。

图14－3　双流机场、天府机场与金马河双流段的位置

（二）去往四川各旅游目的地

金马河双流段旅游集散中心，紧靠在成都第二绕城高速路内侧，上至九寨黄龙，下去乐山峨眉，方便快捷，再没有进出成都中心城区堵车的烦恼。

（三）成都周边一日游

从这里出发，北上可达都江堰、青城山、街子古镇，西去崇州市、大邑、安仁博物馆、西岭雪山，南去新津花舞人间、蒲江石象湖，东去成都中心城区的草堂、武侯祠、金沙遗址等，均方便快捷（如图14－4所示）。

此外，这里是去雅

图14－4　金马河双流段作为四川旅游集散中心与各旅游目的地的位置

安、去四川西蜀山区旅游的最佳出发地，可作为四川成都旅游的房车集中营地。我国房车游方兴未艾，应及早规划筹谋，双流岷江河畔打造四川旅游之都，正是我省房车旅游的最佳集散中心地，也是外地来成都旅游的房车最佳集中栖息地。

三、旅游游览功能

金马河双流河畔不仅可开发打造成四川旅游集散中心，更是一座成都平原川西坝子中腹的旅游城，一座岷江金马河上的旅游城，四川特色旅游之都。这里可开发多个旅游景点，至少可让游客多出一天的旅游游览时间，本书第十五章将对此进行详述。

四、旅游之都功能概要图示

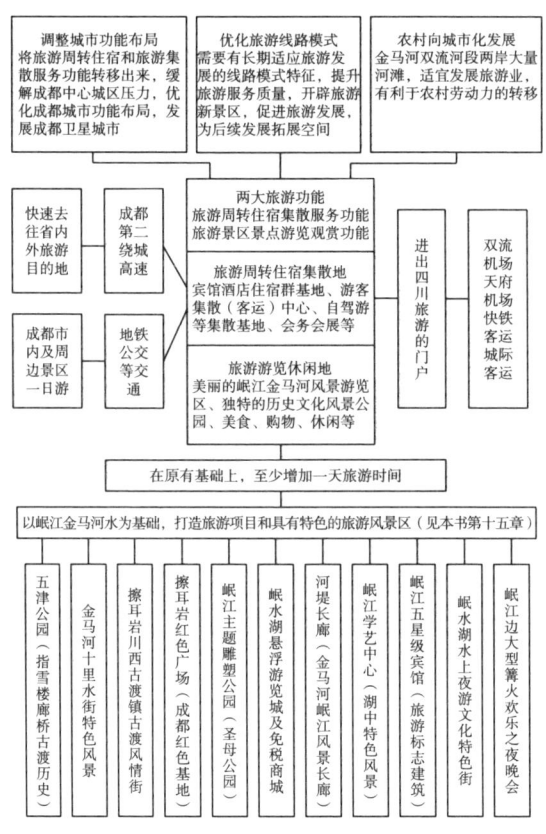

岷江主题雕塑公园

第十五章
最适宜开发打造的旅游景区公园及项目等

本章提要：金马河双流河畔总体规划思路建议：河东为旅游游览区，河西为旅游住宿周转集散服务区。建议开发打造的景区景点及项目主要有五津公园、金马河岷江主题雕塑公园、岷江河堤长廊、岷水湖十里水街、擦耳岩红色广场、擦耳岩古渡镇及十里水街等。

一、风烟望五津公园（简称五津公园）

"风烟望五津"，取自初唐王勃《送杜少府之任蜀州》一诗开篇"城阙辅三秦，风烟望五津"之句，作为公园之名，是有深厚历史意义和现实价值的。

"城阙辅三秦"，是指陕西，三秦是陕西的三个地方，这是历史可寻，也是明确了然的。而"风烟望五津"之句，都知道是指四川，但究竟是指四川的哪里，哪条河上的五津，一直以来，都没有定论。这成了四川历史文化上一个不小的遗憾。

王勃这首诗中的"海内存知己，天涯若比邻"为千古名句，其"风烟望五津"一句也常被人提起，许多人问："风烟望五津"是指你们四川的哪里？哪条河？哪五个渡？

因此，建议在岷江金马河边的金桥镇擦耳岩古渡边，开发打造风烟望五津公园，就是向天下华人明确，"风烟望五津"，就是指这里。因为这里就是经考证的五津之涉头津。

王勃《送杜少府之任蜀州》中的"风烟望五津"，是指四川成都平原上弥漫的雾气，更是指从都江堰到新津这段岷江金马河上笼罩着的浓厚烟雾水汽，指浓雾下金马河上的五津即五个渡，双流擦耳岩古渡，就是五津之一的涉头津。因此，这里就是"风烟望五津"的对应地域，况且，涉头津是五津中最具典型意义,最具代表性的古渡,因此,在这里开发打造五津公园,具有很高的历史价值。

王勃送杜少府到蜀州,从成都出发,若走近路的话,杜少府就该在擦耳岩渡过河去蜀州。因为这里的对岸,就是当年的蜀州(今天的崇州听江村)。

东晋史学家常璩所撰的《华阳国志》中,有"其大江,自湔堰下至犍为有五津"的记载,常璩是蜀郡江原小亭乡(今崇州市三江镇)人,常在擦耳岩渡过河去成都,他对"四曰沙(涉)头津,刘璋时,召东州民居此"的特别注解,正是双流擦耳岩古渡即为涉头津的佐证。

南宋陆游在此写下《自江源过双流不宿径行至成都》一诗,其诗句"断筰飘飘挂渡头",就是描写这里的擦耳岩"筰索挂船"渡,其诗名也说明了从这里过河去成都最近。

杜甫在金马河上写有《陪李七司马皂江上观造竹桥》诗,证实了自李冰修都江堰内江分水后,岷江正流金马河出现了冬春季枯水、搭竹桥过河,夏秋季丰水、驾船摆渡过河的特征。

清朝武官名将杨遇春,在甘陕当总督,有一年回家乡崇州,在这里过河时,不慎从马上摔了下来,擦破了耳朵,于是把这里称为"擦耳岩"。

这里众多的历史人物和丰厚的历史文化,正是打造风烟望五津公园的历史意义所在。

图 15-1　五津公园意境图

二、公园里可开发打造的景点景物

(一)涉头津遗址

金马河双流擦耳岩,经考证为五津之涉头津遗址,也即擦耳岩古渡。这里既是东晋常璩常来往于家乡崇州与成都的必经津渡,也是王勃送杜少府之任蜀州走近路过河之处,更是陆游自江源过双流不宿径行至成都的古渡。因此为重要的古渡文化遗址,有历史人物和著名诗句留存的遗址,应重点策划设计并开发打造。

涉头津也是承载朋友情感、表达朋友深厚情谊的地方，在开发打造时可突出这一点。

(二) "望津楼"，又可名"指雪楼"

"望津楼"，即登楼可望岷江金马河五津渡之意；"指雪楼"是指登楼可观西岭雪山，更能遥指岷山千里雪，蕴含杜甫"窗含西岭千秋雪"和毛泽东"更喜岷山千里雪"之诗意。

每年春夏之交，当多日雨后，天气晴朗，阳光明媚，空气清新的时候，成都平原的西边天上，会出现金光闪闪的雪山美景，非常美丽壮观，比海市蜃楼还要美丽神奇，这就是我们成都平原的第一大自然奇观（如图15-2所示）。

这就是唐代杜甫诗里写的"窗含西岭千秋雪"之美景，也是明蜀王朱让栩"岷山雪霁排银壁"的"岷江晴雪"，是成都著名的风景。

成都平原常年无雪，但成都周围，却有着一年四季都不融化的雪山，如四姑娘山、宝顶雪山、海螺沟、贡嘎雪山、西岭雪山等。天气好时，这一美景奇观就会出现。

图15-2 成都苏坡桥人行天桥上远眺雪山

有一次，我在杜甫草堂里听到有两位外地游客骂杜甫是骗子，说到草堂里来看"窗含西岭千秋雪，门泊东吴万里船"，结果啥都没有。

这是我们现代人把城市建筑修高了，遮挡了杜甫描绘的美景，让杜甫背了黑锅。在岷江金马河边修建指雪楼，就是弥补成都旅游的这一缺陷，也是对杜甫这两句诗的诠释。

何况，当年红军千军万马爬雪山过草地，"更喜岷山千里雪，三军过后尽开颜"，有伟人毛泽东的名诗赞赏岷山雪景，可见岷山雪的历史文化价值。

可见，修建指雪楼，其旅游价值和历史文化价值都是很高的。开发打造"望津楼""指雪楼"，就是开发打造千里岷江第一楼，川西平原第一景观楼。

上有世界名景都江堰，下有浪漫水城新津县，登上岷江第一楼，远可遥指岷山皑皑千里雪，近则俯瞰岷江潺潺一线水。

岷江水轻芦苇静，一抹晚霞雁声落。登楼何时急，西霞落雁时。

（三）中国风景名胜——晚清成都平原第一廊桥

擦耳岩廊桥建于约120年前的清朝晚期，作为中国风景名胜，载入《中国名胜》画册，并再版五次，扬名国内外，成为成都川西平原上的第一廊桥。

重建擦耳岩廊桥，恢复当年享誉国内外的风景名胜，就是保护金马河上的历史文化，保护老祖宗创造的廊桥建筑艺术，展示劳动人民的建桥智慧成果，再现成都川西平原上的第一廊桥风景。

修建恢复擦耳岩廊桥，其旅游价值、观赏价值、历史价值、建筑审美价值、文化艺术价值等，都是很高的。

廊桥的修建，可在五津公园内开辟湖泊，在湖泊上按廊桥原样，一比一重建廊桥。切忌打造成现代廊桥，以保持当年被载入《中国名胜》画册时的古朴韵味。

重建擦耳岩廊桥，能够为成都这一世界文化名城增添古文化色彩，展示成都深厚的历史文化底蕴。

图15-3　擦耳岩廊桥意境图

（四）中国第一神奇古渡——双流擦耳岩千年古渡

可在五津公园里辟地打造擦耳岩古渡的驾船摆渡体验项目，向游客展示其智慧驾船摆渡的原理。

这是我国不用人撑船划桨，没有机器动力，靠一根长绳牵挂吊船于河中，借河水流动之力驾船摆渡的神奇古渡，距今已有约1800年历史了。这既是我国的神奇古渡，也是世界的神奇古渡（至今未发现世界上还有比擦耳岩渡更早的相同方式的船渡）。

擦耳岩古渡的劳动人民与大自然拼搏奋斗，发明创造了三项我国最早历史纪录。开发打造擦耳岩古渡，就是要展示古渡方式原理，展示这三项纪录，展示老祖宗的聪明才智，展示古代劳动人民的智慧结晶，这也是中华民族的智慧和财富，是继都江堰后的又一劳动人民的智慧成果。

擦耳岩古渡是岷江金马河的古渡文化遗产，是我国第一神奇古渡，天府之国的古渡瑰宝。

图 15-4　简单神奇，用一根绳索拴吊渡船的擦耳岩古渡示意图

（五）金马河最窄河道奇观——擦耳之岩

都江堰管理局的地图中特别标注出了擦耳岩，之所以特别标注擦耳岩，是因为这里是金马河最窄的河口（如图 15-5、15-6 所示）。

图 15-5　都江堰管理局图

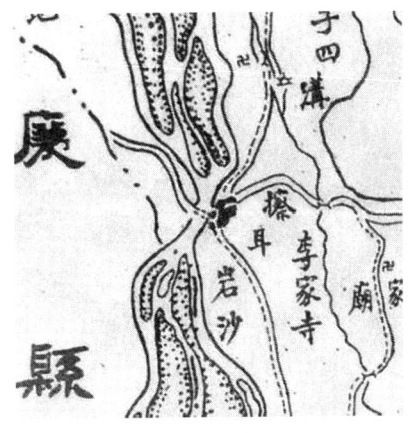

图 15-6　民国九年（1920）
双流地形图中的擦耳岩

表面上看，这里的擦耳之岩没有什么特别值得炫耀的风景，实际上，擦耳之岩却创造了两大奇迹，其一是擦耳岩神奇古渡，其二是擦耳岩梦幻廊桥。这里有宋家庵、金马庙，还有金马救人的传说等（详见本书第五章）。

图15-7　美丽的岷江金马河擦耳岩河堤，犹如神龙卧榻

（六）修建乔大壮纪念馆和刘沅槐轩书院

建议将乔大壮纪念馆和刘沅槐轩书院修建在公园内（相关内容见本书第九章）。政府一直在寻找建两馆之地，但建在何处都不如建在公园里。因为参观学习、维护管理，是两馆长期存在的最大问题。唯其建在公园里，才是两馆最好的去处。这样不但有利于两馆的长期生存，更是增添了公园的文化底蕴。将历史文化集中打造，是开放展示本地历史文化的最好方式。

（七）历史人物雕塑小景

可将与岷江金马河及本地有关的历史文化人物打造成人物雕塑像群。

常璩：《华阳国志》中对五津之涉头津有特别注解，证明涉头津就是双流擦耳岩古渡。

王勃：《送杜少府之任蜀州》之"风烟望五津"。

杜甫：《陪李七司马皂江上观造竹桥》诗中表现了金马河冬春枯水搭临时桥过河的特点。

陆游：《自江源过双流不宿径行至成都》一诗中记载了去成都最近的渡口，以及独特的篙索挂船渡。

杨遇春：清朝大将，陕甘总督，在此过河跌跤，故名"擦耳岩"。

刘沅：四川大儒，著有《内江外江考》《大朗堰记》，记载金马河为岷江正流，现葬于双流彭镇岷江金马河畔。

乔树枏：晚清川籍京官，一身正气，两袖清风，保护敦煌文物有功，现葬于双流彭镇岷江金马河畔。

乔大壮：中国近代词人，书法篆刻家，被业界誉为"词坛飞将""北齐南乔"，现葬于彭镇岷江金马河畔。

王枬：双流擦耳岩人，清末民初川汉铁路双流股东代表，成都人民公园内辛亥保路死事纪念碑总设计人，葬于擦耳岩下游东岸河滩，原墓被河水冲毁，墓地被开发占用。

三、开发打造"风烟望五津公园"的现实价值

这里汇聚了众多的历史人物，他们留下了珍贵的诗篇和有趣的故事，使金马河拥有独特的渡口文化：东晋常璩《华阳国志》中记载了五津；初唐王勃写有"风烟望五津"；杜甫曾在皂江上观看搭竹桥；陆游在此乘渡船过河去成都；杨遇春与擦耳岩之名的由来等。

《送杜少府之任蜀州》一诗，是我国古诗经典代表作之一，其中"海内存知己，天涯若比邻"成为千古名句。五津公园就是最能恰当诠释这首诗的地方。王勃送杜少府去蜀州，擦耳岩渡的对岸便是蜀州了。"风烟望五津"，就是指这条岷江金马河上弥漫着的烟雾，以及烟雾弥漫下的五处江边古渡。在这里能够身临其境地感受王勃诗中的深沉韵味。

这里也是常璩《华阳国志》中的"五津"之涉头津，涉头津是五津的典型代表，在这里修建五津公园，是很有必要，也非常适合的。

更为重要的是，修建风烟望五津公园，可以弥补蜀地历史文化之遗憾。多少年来，人们都在问，《送杜少府之任蜀州》里"风烟望五津"的五津，在四川哪里，是哪条河，哪五个渡？不知道五津在哪里，实为遗憾。在此修建五津公园，昭示五津所在地，可弥补这一缺憾。打造金马河双流段旅游风景，挖掘历史文化，也能提升本地经济文化价值。

四、擦耳岩红色广场

擦耳岩红色广场，是以成都市十二桥烈士徐茂森、徐海东的革命事迹，以及中共地下党在新中国成立前夕，在岷江金马河畔一带所开展的革命活动（详见本书第六章）为内容，打造的红色教育游览广场。取"擦耳岩红色广场"之名，一是因为故事就发生在擦耳岩古渡镇，二是因为成都市十二桥烈士简介中

记载的就是"擦耳岩联络站"。

　　修建擦耳岩广场的目的，主要是开发打造这里的红色旅游资源，把这里打造成成都重要的爱国教育基地之一。

　　成都文化公园十二桥三十六位烈士墓，有烈士名字，却没有介绍这些烈士的革命事迹。打造擦耳岩广场，一定要把他们的革命事迹等一并展示出来，让后人在祭奠烈士时，了解烈士的事迹，让后人受到真切的爱国教育，让他们认识到，新中国的建立，是千千万万烈士用鲜血换来的。

　　用雕塑展示两位烈士的形象和联络站革命事迹，是我们打造擦耳岩红色广场的最好形式。修建擦耳岩红色广场，展示烈士故事，特别是在黎明前的黑暗里，成都及川西地区的地下党许多可歌可泣的革命活动故事，以广场形式，记载发生在这里的革命历史（如图15-8、15-9所示）。同时，这也是挖掘岷江金马河畔的红色旅游资源元素，打造旅游之都的游览内容之一。

图15-8　徐茂森、徐海东烈士塑像示意图

图15-9　中共地下党擦耳岩联络站革命事迹墙示意图

五、擦耳岩古渡镇

现在的擦耳岩街已经没了街的味道，连人的气息都很少，一片清冷。白天是冷街，晚上就成鬼镇了（详见本书第六章）。

图 15-10　擦耳岩老街

对擦耳岩街的开发打造，主要分为两个部分，一是打造原擦耳岩老街部分，二是扩大古镇部分。

打造擦耳岩老街部分有两个要点，一是保持原街道和街形，以恢复原擦耳岩街模样为主，二是在老街的街头和街尾，各修建一处牌坊（如图 15-11、15-12所示）。

图 15-11　擦耳岩街口牌坊示意图　　图 15-12　江边街口牌坊示意图

牌联为：

放翁自江源过双流不宿径行之成都，宫保河边马惊跌落擦耳祭祖回崇州。

千年渡口镇，万世流芳地。

一江载五津悠悠古渡今在何处，一翁喊过渡声声唤舟吼声犹在。

巧借江水开渡船，一筏一舟已千年。

因擦耳岩古渡口镇太小，需扩大古镇规模，即打造川西风情古镇部分。其打造要点是用具有川西坝子特点的元素，展现出川西坝子与古镇相结合的田园风情。可在金马河引水，通过擦耳岩街，到下游进入岷水湖。

什么是川西坝子风情？笔者认为，其突出体现在川西民居与川西小溪水。川西民居与其他水乡古镇的最大不同点，就是临水河沟的不同。其他水乡古镇一般是大河大溪，而川西民居一般是临屋小沟小溪（如图 15-13、15-14 所示）。

图 15-13　大水河边街铺，均不是川西小溪风情

图 15-14　川西平原的房屋与小溪紧密相处

"川西坝子多夜雨，半夜溪水窜床底；门槛蹬坐可洗衣，灶房拿瓢可舀水"，以及"巴山夜雨涨秋池"，就是川西民居风情的真实写照，也是川西坝子的千年记忆。

图 15—15　成都锦里秋池

成都锦里展示了一些川西的风情元素，可惜太少了。因此，可在擦耳岩老街边，打造川西风情古镇，体现出岷江边成都川西坝子古镇的真正味道。

六、岷江主题雕塑公园

岷江圣母公园，就是以岷江水利文化为内容的岷江主题公园。

一座雕塑就是一座公园。世界上，借助某种信念或崇拜，打造大型雕塑像的著名公园，比比皆是。如美国的自由女神像和巴西的耶稣像，我们四川乐山的大佛等，都是如此。岷江是四川的母亲河，我们借助美好愿望而塑造岷江圣母像，就是要崇拜岷江，宣传岷江，保护岷江，爱护岷江。其目的就是要爱护我们现在的生存环境。

水是世间万物的生命本原，它滋养了生命，孕育了文化。灿烂辉煌的古巴蜀文化即是在奔腾不息的岷江水的浸润下发展延续的。古巴蜀的兴衰史，就是一部亲水、敬水、拜水的史诗。岷江冲积出了成都平原，孕育了古蜀文明。先秦时期的蜀地，一片汪洋，川西坝子上，水至则泽国一片，苍莽遍野；水退则一片沼泽之国。李冰父子于公元前 256 年修建了都江堰，使成都平原成为水旱从人、沃野千里的"天府之国"。21 世纪初，修建了紫坪铺水库，利用水库的蓄水滞洪调节功能，基本解除了岷江金马河的洪水威胁。

没有岷江，就没有成都平原，就没有天府之国，就没有四川的今天。岷江是四川人民的母亲河，岷江对天府之国的作用和贡献是巨大的、无可比拟的。岷江以前对四川人民做出了贡献，今后还照样做贡献。因此，修建岷江圣母公园，塑造岷江圣母形象，就是为了唤起人们对岷江的崇拜和热爱。

修建岷江圣母公园，可分为岷江圣母广场、九十神女像、岷江水利文化影像展示、岷江水利大事件雕塑群等几大部分。

（一）岷江圣母广场

建岷江圣母大型雕塑像，是为了表达四川人感激岷江、敬仰岷江、爱护岷江的心情，使岷江在人们心中人格化、神圣化，体现的是四川人民的崇敬心理。

> 是你开创了成都平原，是你滋润了国之天府。
> 你的恩泽千秋万代，岷江啊——
> 你是天府儿女永远敬仰的圣母！

图 15-16　岷江圣母像示意图

建造的岷江圣母像，高大、庄重、安详，以体现岷江对沿江儿女们的无私奉献、博爱慈祥。岷江圣母形象塑造得如何，至关重要（如图 15-16 所示）。

（二）九十神女像

九十神女像，就是以九十余条汇入岷江的支流为原型，建造九十余尊少女雕塑，并以支流的名字命名，其雕塑形象，可取材于支流当地主要民族的少女形象。在每尊雕塑像下注明支流的流量、对岷江主流的影响、当地的民族风情等。

（三）岷江水利文化展示

用电影纪录片、影像资料片、图片等，向人们全面介绍岷江，使人们全面了解岷江。从岷江发源地，岷江的形成，到岷江汇入长江的全流域情况。岷江冲积出了成都平原，都江堰的建成创造出天府之国，到岷江主干金马河出现的水灾，沿岸人民抢修河堤的影片记录，再到都江堰上游修了紫坪铺水库消除了百年一遇的水灾等，详细介绍岷江上游、中游、下游的情况，以及岷江上游的少数民族风情等。

（四）岷江水利大事件雕塑群

岷江水利大事件雕塑群可由以下几部分构成：

（1）岷江大洪水冲积出成都平原，成都平原一片森林及沼泽湿地。

（2）李冰父子修都江堰，成都平原自流灌溉，形成天府之国。

（3）1964年7月21日金马河洪水暴涨，擦耳岩街被洪水淹没。县境沿河各公社被淹农田3426亩，冲毁水利工程55处，房屋470间。擦耳公社河西的3个大队以及红石公社九大队、杨公公社十四大队计13个生产队391户1635人被洪水四面包围十余小时。县委、县人委组织机关干部250人，调动机车18辆，木船71只赴灾区抗洪抢险。省委、省人委调来吊车和6只大型木船增援。迄至23日，被困群众才全部脱险。民航派出安尔飞机两架，救济被洪水围困的灾民，抛救济包（内包裹热馒头）。

（4）岷江金马河"冲登子"（上游森林伐木顺水漂来，漫天大水，全河漂伐木，场景十分壮观，犹如千军万马在奔腾）。

（5）沿岸人民（如双流全县人民）年年修金马河的情景。图15-17为20世纪六七十年代，双流民工无偿岁修金马河，全部是肩挑沙石堆垒河堤，人工手拿铁锄深挖基沟，剧烈的体力劳动是现在的人无法想象的。一定要塑造他们的群雕像，让岷江历史文化永远记住他们。

修建岷江水利大事件雕塑群的目的，就是以雕塑形式展示岷江水利水患，展现岷江人民的艰辛和付出，让人们不要忘记保护岷江，爱护岷江的生态环境。

可借鉴北戴河奥林匹克运动公园里的雕塑墙形式，打造岷江公园（如图15-18所示）。

图15-17 岁修金马河

图15-18 北戴河奥林匹克运动公园里的雕塑墙

利用金马河边原有的河滩沙石滩涂，以自然景观形式，修建岷江圣母公园，将曲径小桥、优雅景致、雕塑小品等配置于自然景观中，作为公园的基本色调。每年端午节，可仿古蜀人开展祭祀岷江圣母活动，以带动旅游气氛。

七、岷江河堤长廊

可在双流岷江畔河堤上，打造成岷江历史文化与观光休闲相结合的十五里河堤长廊。

目前，北京颐和园长廊是中国最大、最长、最负盛名的游廊，也是世界第一长廊，建在颐和园万寿山南坡与昆明湖之间的狭长地带，全长728米，共273间，是中国古典园林中最长的游廊。颐和园长廊还是一条五光十色的画廊，廊间的每根梁上都绘有彩画,共 14000 余幅,色彩鲜明,富丽堂皇,长廊在 1990 年就被收入了《吉尼斯世界纪录大全》。

目前在建的是甘肃兰州长廊,全长 5.9 公里,号称华夏第一长廊。已建成 1.9 公里对游人开放,长廊根据兰山地形顺势而建,主体在兰山山顶的东北侧。整条长廊蜿蜒、曲折、起伏,犹如一条翻腾的巨龙游走在兰山之巅。如长龙卧坡,气势不凡,蔚为壮观。

图 15-19　甘肃兰州,建在兰山顶上的长廊/引自网络

将岷江金马河河堤打造成历史文化与观光休闲相结合的长廊,主要是因为这段河堤特别适合建成长廊。

从金桥镇的擦耳岩大桥到成新蒲路的金马河大桥,约 7.5 公里。站在岷江东岸河堤上,东边是拟建的岷水湖十里水街、岷江雕塑主题公园等,西边是岷江金马河。将其打造为十五里岷江河堤长廊,在长度上可谓"中华第一景观长廊",长廊里可以用绘画、文字等形式介绍岷江金马河的历史文化、典故传说,以及川西坝子故事、四川方言等,凸显地方文化特色。

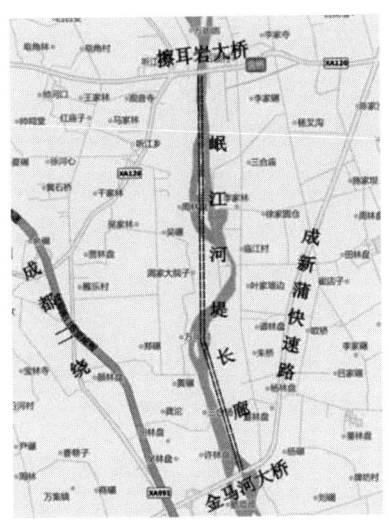

图 15-20　从地图上看岷江十五里河堤长廊

图 15-21 建在岷江旅游景区湖边和金马河之间的十五里河堤长廊 PS 示意图

岷江金马河不仅有很多美丽的传说,还有很多古老的渡口,在没有桥以前,起着十分重要的交通作用。但随着社会的发展,桥梁大量修建,"五津"消失了,古渡口消失了,渡口文化也消失了。远的不说,具有"五津"代表意义的擦耳岩千年的渡口,也被桥替代了,而且已消失得无影无踪 20 年了。我们不能修了桥就忘了渡,这些渡口都应该在长廊上记载下来。

四川方言是四川文化宝库中的一个重要组成部分,将四川方言展示出来,展现在游客面前,是十分必要的,也能保护我们四川方言不被历史长河冲刷掉。

河堤长廊既是旅游景点,也是本地人休闲健身的好去处,是岷江金马河上一道亮丽的风景线。

八、岷水湖十里水街

双流岷江河畔东岸,从擦耳岩老街以下,原是长长的河湾滩涂,现为厂房、库房、渔场等,可将其开发打造为湿地湖泊公园,形成宽约 500 米,长 5000 米的大湖,展现美丽的湖泊风光。

图 15-22 图为现在的十里渔场等

岷水湖因湖水来自岷江而得名。在岷水湖的四周（或湖面上），修建旅游观光、游览、休闲、美食、购物等为一体的十里水上特色旅游街，形成独特的岷江水文化特色旅游。

岷江十里旅游水街的打造，可以泰国四方水上市场为参照范本，借鉴成都远洋太古里的建筑风格，以水上悬浮建筑为特色，形成独特新颖的水上游览街。

图15-23 泰国四方水上市场游览实景图

图15-24 水街示意图

还可将支撑建筑物的基础隐于内,使建筑物看上去呈悬浮状(如图15-25所示),从而形成悬浮建筑感观。若湖中建筑都这样打造,就形成了十里悬浮旅游水街了,旅游吸引力就更强。

图15-25 具有悬浮感的建筑/引自网络

在岷水湖上打造独特新颖的旅游水街,既有川西民居风味又有现代建筑气息的建筑风格,悬浮于湖面,具有独特的水上建筑风格和较高的旅游观赏价值。

九、标志性建筑风景

景区打造标志性建筑很重要,它既是地域标志,也是风景旅游区的品质标牌,更是一道美丽的风景线。

标志性建筑一般以宾馆酒店和歌舞剧院为主。因此,建议在金马河双流河畔风景区,配套打造高档酒店和歌舞剧院。

十、岷江夜游文化

作为四川旅游集散中心,白天游客外出去各旅游目的地,傍晚开始回来住宿,夜间游客相对多,这是旅游集散中心的一大特点。因此,开发"岷江之夜"旅游项目,打造夜游文化,是集散中心旅游经济创收的功能之一。为游客安排和组织好夜游活动,打造岷江之夜独特靓丽的品牌,充分利用旅游集散中心的黄金创收时间。

目前在成都的夜间旅游活动组织不足,缺乏特色。在金马河畔打造四川旅游集散中心,就可以很好地组织开发夜游活动,挖掘成都旅游潜力。

(一)"岷江之夜"篝火晚会

"岷江之夜"篝火晚会,是夜游活动之一,是专门为来此住宿的游客准备的大型篝火狂欢晚会,让游客过一个欢乐愉快的夜晚。

岷江篝火晚会在内容和形式上要有传承和创新,争取打造成成都旅游第一篝火晚会,成为四川旅游的篝火晚会名牌。

图 15-26 岷江之夜篝火晚会演出和游客参与示意图/引自网络

(二)"岷江之夜"文艺演出

岷江沿岸的民族民俗文化特色,完全可以通过歌舞形式表现出来,在演艺厅演出。各种演出可作为旅游内容之一,以丰富游客的夜间活动。

图 15-27 演艺厅内民族歌舞等演出示意/引自网络

(三)岷江夜游美食街

四川美食众多,旅游集散中心附近应汇聚四川特色火锅、川菜、小吃等高、中档次的美食,供游客品尝享受,打造旅游之都美食城。

四川的火锅双流的粉,成都的抄手擦耳岩的"郑主席"(郑煮血)。四川各地美食应有尽有,应有一条街集中展示,也应有一条夜市美食旅游街集中体现。

图 15-28　多种多样的小吃

(四) 夜街夜市景

夜街夜市是旅游城市创新发展新模式,旅游集散中心通宵都有游客来往,夜街夜市能满足来往游客的需要,因此,夜街夜市的开发很重要。

图 15-29　夜市示意图/引自网络

后记
书稿出版前的经历

书稿出版前，经历了三次探讨评议，得到了以陈伟芳为首的双流区文史专家们的指导帮助，更得到了四川省历史学会会长谭继和等著名专家教授的指导评议，也得到了双流区有关政府部门领导的出版资助支持。这是本书成书过程中非常重要的环节，不能不记录下来。

一、重视金马河历史文化研究的双流区文史专家们

我从2014年开始对金马河进行考察研究，于2016年底写出了十余万字的考察纪实《神秘美丽的双流岷江河畔》，后来，双流区文史专家陈伟芳老师在村民姚兆元那里得到我的这本册子，于是陈老师主动打电话联系了我，就此，我认识了陈伟芳老师。

陈老师对我考察研究的金马河历史文化很重视。我俩相约，在双流棠湖边，就金马河历史文化的考察研究进行畅谈。陈老师对双流历史文化十分了解，学识渊博，给我很深的印象和很大的启发，我就此写了篇随笔《棠湖熏风邀芳园》。

金马河历史文化，也引起了双流区文史专家们的重视。

2018年11月1日，陈伟芳老师带着双流文史研究者伍兴德、陈世云、李文旭等，和我一起到双流区西域金桥擦耳岩，对金马河历史文化进行实地考察，受到了金桥镇党政的热情接待和欢迎。

图1　陈伟芳等考察人员得到金桥党政刘志敏先生等人的热情接待

我们来到金桥镇李家寺的大朗堰河（即沙滓河）进行实地考察，对当地的百姓进行了访问。我们对擦耳岩老街、中共地下党擦耳岩联络站（徐茂森茶馆）、成都二徐烈士纪念碑、擦耳岩古渡遗址、擦耳岩西安廊桥桥址等进行了实地考察，后又去了鲢鱼社区潘家沟乔大壮乔树枏庐墓、鲢鱼寺花龙门等，进行了实地访问考察。

图2　考察组在金桥镇走访考察等

陈老师还不时组织我们开展探讨活动，不拘形式，三人或五人，随时开展探讨。

图 3　2019 年 5 月 25 日陈伟芳与大家座谈探讨

陈老师不仅是一名文史研究者，还是书法艺术家。他一生研习诗书画印，其人其作被收录于《中国当代书法名家墨迹》《中国当代书法篆刻家辞典》《中国当代艺术界名人录》等，参编双流历史文化丛书之《双流历代书画名人》《双流历代诗钞》《双流历代词集》等，出版了《陈伟芳书画篆刻艺术》《瞿上风物——陈伟芳诗书画印作品集》《问道槐轩——芳园典藏刘沅诗文碑帖古籍善本》《双流历代碑记》等著作。

这次陈老师欣然为本书题名，让我受宠若惊，欣喜不已。

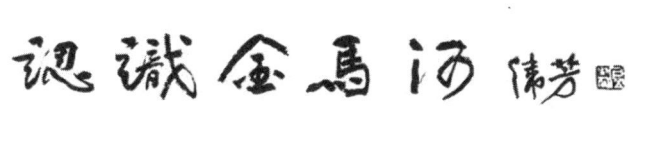

图 4　陈伟芳为本书题写的书名

二、召开三次双流历史文化研讨/究会

（一）第一次双流金马河历史文化研讨会

2018年12月4日，在陈伟芳、伍兴德等人的倡议筹划组织下，双流区文史专家及文化人士，在双流白衣下街100号（盐知道食府），召开了第一次金马河历史文化研讨会。参会的有双流资深历史文化专家王泽枋、双流知名文史专家陈伟芳、双流诗词楹联学会名誉会长伍兴德、双流剪纸艺术师陈世云、双流档案文史专家熊德成、双流诗词楹联学会会长魏宏斌和副会长李文旭，加上我一共八人。

图5　专家们对探讨金马河历史文化热情很高

图 6 第一次金马河历史文化研讨会与会专家学者

王泽枋与我都是双流金马河边的老擦耳岩人,他对我考察研究金马河感到很高兴,很支持,他谈到金马河就滔滔不绝。据他说,在明清时,就有放楠木冲登子(冲木排),那时北京修紫禁城,在茂县汶川一带山上砍伐金丝楠木,就是走金马河冲下长江,送到北京的。他嘱咐我,考察金马河,要动态看待金马河历史。

王泽枋的父亲王世通,是民国时双流县参议员,祖父王枏(楠),是成都人民公园"辛亥秋保路死事纪念碑"的总设计施工人。

王老师一直在双流做史志方面的工作,写有42万字的专著《双流100名人传》,又与田宏梁合作,主编了介绍双流历史文化的重要书籍《千古蚕丛路 沧桑话双流》,曾担任《双流县志》副总编辑等。王泽枋老师在双流区有历史文化"活辞典"之称。

熊德成是双流区档案文史专家,他很重视档案的历史记载,也重视实地考察,并撰写了许多历史文化研究文章。双流重要

图 7 王泽枋专家对笔者说:要动态研究金马河

的一本历史书籍《千古蚕丛路 沧桑话双流》中，就登载了熊老师所写的14篇双流历史文化文章，并与人合作写了3篇。特别是熊老师对双流瞿上历史的实地考察和研究所写的文章，更是让人钦佩。我还从区政协的《双流文史资料》上得知，熊老师在双流共编撰和写作有80余万字的史志文章等。

熊德成老师为我提供了非常珍贵的金马河水灾历史调查手绘图、照片等资料，让我在考察金马河历史的过程中，得到了真实的第一手资料。熊老师对金马河历史有研究，鉴于金马河历史的复杂性，熊老师嘱咐我一定要小心，不可轻易下结论。

图8 第二排中间为熊德成

（二）第二次双流金马河历史文化研讨会

2019年8月25日，在陈伟芳、伍兴德等人的再次倡议筹划组织下，第二次双流金马河历史文化研讨会在双流明诚堂召开。本次研讨会邀请了双流区委宣传部副部长、区文联主席刘泽夫，金桥镇党委书记陈廷刚，双流区政协文史委李玉虎、双流区委史志办地方志编撰科科长李思建、双流文物管理所考古队队长李国、空港科创集团总经理李华、双流区文旅体创意产业联合会秘书长陈颖、空港融媒记者刘贤虎等，还特邀四川大学历史文化学院、古籍研究所专家彭华教授参加。到会的专家学者有王泽枋、陈伟芳、伍兴德、熊德成、魏宏斌、李文旭、陈世云等。会议由陈伟芳主持。

那天正是星期天，但大家都放弃了休息，前来参加研讨会。空港科创集团总经理李华，因重要公务不能前来参加会议，遂派空港文旅集团负责人李吉瑞、文元伍两人参加。

图 9　第二次研讨会　　　　　　　图 10　彭华教授在研讨会上

彭华教授在研讨会上讲道："对蒋老师的《六考证论证五津》，我认为，第一，学理性强。蒋老师的论述思路清晰，条理清楚，学理性强，基本上做到了自圆其说，这就是成功的地方。第二，突破口好。我觉得最为关键的，是蒋老师在立论上抓住了涉头津这一突破口，论证了涉头津就是擦耳岩，然后由此推论其他四津，这种论证思路、论述方式，在理论上是站得住脚的。蒋老师找到了这一突破口，这是非常棒的，也是文章成功的地方。"

图 11　第二次研讨会留影

（三）第三次双流金马河历史文化研究会

2019 年 11 月 14 日，在金桥镇党委书记陈廷刚，以及文史专家陈伟芳、伍兴德等人的倡议下，金桥镇党政重视支持，第三届双流金马河历史文化研究会在双流天艺浓园生活艺术园召开。研究会得到双流区各部门领导的重视，指导单位有双流区委宣传部、双流区委办公室、双流区政府办公室、双流区委史志办、双流区政协文史委、双流区文体旅局、双流区金桥镇党委、双流区金桥镇政府。主办单位为双流历史文化研究会。承办单位为双流区文旅体创意产业联合会、双流金马河历史文化研究会、棠湖中学、东升一中、双流瞿上文化工作室、天艺浓园艺术生活体验馆。协办单位为空港融媒、双流区诗词楹联学会。

本次研究会得到了四川省历史学会谭继和会长的支持，并莅临会议。莅临会议的还有西南民族大学教授祁和晖，四川大学历史文化学院、古籍研究所教授彭华，南京航空航天大学教授、乔大壮之子乔新等。

参加本次研究会的有双流区部门领导，中学校领导，双流区及外地有关双流金马河历史文化人物研究专家学者等近三十人。

会议由双流历史文化研究会陈伟芳会长主持。

图 12　第三次研究会

谭继和会长在会上讲到了金马河历史的复杂性研究，金马河文化遗产的研究，双流历史文化研究等。他认为，双流的历史文化是丰厚的，"带二江之双流，抗峨眉之重阻"，是双流的地名文化，也是文化遗产。双流金马河的历史名人是值得研究的。"过去，我们对乔氏家族的研究不够。从乔树枏到乔大壮，把乔大壮只看成书法篆刻家，是远远不够的。1948年国民党大规模迁往台湾，乔大壮在台湾大学教书任教，他完全可以留在台湾，但他却返回了大陆，这就是他的政治态度和行动。总之，要用长远的眼光来看待金马河的历史文化研究。蒋剑康先生的考察研究，是肯定的。希望双流继续对金马河历史文化等开展深入的研究。"

祁和晖教授讲道："读了这本书后，我觉得，剑康君是做了田野功夫和文献功夫的，他以金马河为经线，把金马河上碎碎点点的珠玉都串起来，这个想法、思路是很好的，这就是成果。对五津在何处，他提出了自圆其说的看法，我非常同意彭华君的观点，肯定了你（指蒋剑康）的成绩，又指出了下一步要下的功夫。涉头津在双流我是同意这个观点的，你这个考证立得住。金马河是古河床，就像你说金马河是岷江古河床，我都同意你的这个看法，因为不大可能是内江的哪一条河流是岷江古河床。你的研究成果，对双流，尤其是金马河滨水两岸的建设，提出了自己的看法和文创建设思路，我认为，这既合理，又有可行性，对今后建设都是很好的参考资料。"

彭华教授强调了上次会上的评议观点，这本书经过细心打磨，是可以做成一本"双流金马河历史文化读本"的，可进校园，可对外交流，成为地方文化名片。

图13　谭继和、祁和晖、陈伟芳和笔者在会后的合影

图 14　第三次研究会合影

三、双流区政府部门领导的重视支持

金马河历史文化的研究,一直得到双流区政府部门领导的重视支持。区委宣传部刘泽夫副部长、区委史志办李思健科长、区政协文史委李玉虎副主任、区文游局钟胜生、区档案局高存勇副局长等,都莅临会场。尤其是第二次研讨会,是在一个星期天召开的,但领导们牺牲自己的休息时间,全天参加了研讨会。

双流区金桥镇党委陈廷刚书记,对此更是重视,他两次并全天候参加会议,他在会上讲到,双流金马河历史文化,就是金桥镇的历史文化,就是金桥镇的根和魂。

陈廷刚书记在第二次研讨会上说道:"今天很感动,各位利用周末的时间,在这里相聚一堂,研究的是我们金桥镇金马河畔这边的文化,这是一个民间发起的研讨会,特别感动!这个研讨会的规格还很高,请到了四川大学彭华教授来参加,学术水平就非常高了,向各位专家致敬。你们的辛勤付出和前期的深入研究,是很让人感动的。这里表个态,蒋老师的出书之事,我们一定支持。这不光因为蒋老师是金桥镇人,重要的是书的研究对象和内容,就是我们金马河,就是我们双流金桥镇,就是我们这里的历史文化。文化是一个地方的根和魂,挖掘本地历史文化,投入和支持是应该的、值得的。双流区委区政府,在文化的关注和推动上,有明显的变化。韩轶书记来后,对我们双流的历史文化,是情有独钟的。韩书记去牧马山,来我们金桥镇,都是调研历史文化。怎样把金马河的历史文化呈现出来,展示出来,这是我们目前正在做的工作。结合不忘初心，牢记使命，我们正在准备打造红色文化，正在做一些工作。金马河不仅是双流的金马河，更是成都的金马河，一定要从更高层面来宣传好金马河，打造好我们双流金马河历史文化。"

陈书记在第三次研究会上说道："就这次研究会，有四川省历史文化学会谭继和会长，有不远万里来的乔新老教授，有祁和晖教授，彭华教授，非常感激各位教授、专家对双流金马河历史文化研究的重视，并发表了诸多高论。为了这次研究会能够顺利召开，我们也在下面默默地做了很多支持工作（实际上是金桥镇党委政府资助主办）。我们对蒋老先生的研究成果十分满意，这本书的出版，我们很支持。我们党政对这次研究会寄予了很高的希望，一定会认真听取各位专家教授的意见。历史文化研究，这仅仅是开始，怎样用好这些研究成果，在文创领域及文化打造方面做出我们党政的贡献，这是我们下来要思考的课题。"

陈廷刚书记很重视历史文化，支持对金马河双流文化的探讨，称赞文史专家们的探讨研究精神，并表示将资助有关金马河历史文化书籍的出版。

四、关键时刻的作家庞惊涛

在开展双流金马河历史文化活动中，不得不提到四川省记者协会副秘书长、资深记者、四川作家、钱锺书研究专家庞惊涛，没有他在关键时刻的积极支持和作为，双流金马河历史文化系列活动中重要的乔大壮墓茔重建落成谒墓仪式，恐怕就逊色太多。

庞老师2018年出版了《钱锺书与天府学人》一书，书中着重讲到了钱锺书与乔大壮的关系。庞惊涛之前研究钱锺书与乔大壮，就一直在寻找乔大壮的墓茔。

2017年底，庞惊涛在双流文史专家陈伟芳的带领下，找到乔大壮原被夷平的墓茔地。在两位专家的建议说服下，社区在公共墓园旁的荒草闲地处，拟划出一小块作为乔大壮墓茔恢复重建地。2018年1月17日，庞惊涛主持举行了乔大壮墓茔封土仪式，并敬重地写了主持词，主持前也征询了专家陈伟芳、陈建新等人的意见。

一年后，乔大壮墓茔重建工程完成。为宣传我国近代词人、文化艺术家乔大壮，拟在清明节举办一次高规格的双流历史文化名人纪念活动，但是，这个仪式活动由谁来主办承办呢？大家心里一时没有了谱。

图 15　庞惊涛（左一）和他的主持稿

不得不说，乔大壮墓茔的重建，一直处于似有主管而又无主管状态。乔大壮墓茔的土建工程部分，由金桥镇鲢鱼社区主建，并得到了双流区有关部门和金桥镇政府的资助，但从墓茔设计到碑文坊联的文化建设部分，全是由陈伟芳、庞惊涛等文化人操持主办。可以说，乔大壮墓茔从总体设计，到每块碑、坊上用哪几位历史著名人物的诗词联，请四川哪几位著名书法家书写等，都是陈伟芳、庞惊涛两人在费心操持，精心安排，而我负责跑腿，并撰写墓茔的设计特色、墓茔特点、二维码扫描内容介绍等。

墓茔建成后，举不举办谒墓仪式，怎样举办谒墓仪式？出主意拿办法，这种务虚又务实的事，自然就落到了我们三人头上。

墓是由金桥镇鲢鱼社区主建的，其中有双流区有关部门和金桥镇政府的资助支持，由鲢鱼社区主办，但在宣传上力度还不够。后来我们找了金桥镇政府，政府答复说清明节因要祭祀擦耳岩革命烈士，希望我们民间文化人士主办，政府通过鲢鱼社区资助支持。就此，我们不得不准备，由我们民间文化人主办主持这次活动。

但大家都不甘心，还是希望这次仪式活动由政府来主办，规格更高、声势更大，才达得到希望的宣传效果。为此，庞惊涛说再想想办法。

庞惊涛想到了因工作关系认识双流区副区长张瑞琴，便立即与张副区长联系。

峰回路转，经过一次次努力，乔大壮墓茔重建落成谒墓仪式最终圆满完成。

庞惊涛在关键时刻起到了关键作用，而这一切又都隐藏在静悄悄的幕后。好在有照片说明这一事实。图 16 中，庞惊涛"反客为主"，滔滔不绝地向张副区长等领导作介绍（另可参见本书第九章相关内容）。

图 16　庞惊涛在乔大壮墓茔现场作介绍

之所以要记录下这些，是因为，尽管陈伟芳、庞惊涛等人在幕后默默努力地做工作，但还是被人误解。有好心人特地打电话来劝说陈老师等人不要插手乔大壮墓茔之事，说那是政府的事，我们民间人士不要干预插手；还有人直接打电话说"你们不要当'堂·吉诃德'，多管闲事"。（附：对于乔大壮墓茔，乔家人有个"亥山朝向"要求，就此事，陈伟芳和我专门找鲢鱼社区再次请风水先生到现场测试，经再次测试符合"亥山朝向"要求，并在现场打电话，请风水先生亲口告诉远在江苏南京的乔新教授重建墓茔符合"亥山朝向"要求。为此陈老师和我专程跑了一下午。）

若不在此作记录，日后面对庞惊涛"反客为主"的照片，还有谁知道这背后的一幕呢？乔大壮墓茔从落实墓茔地到墓茔落成谒墓仪式，陈伟芳和庞惊涛等人起到了重要的推动作用，功不可没。

五、媒体对金马河历史文化的关注

金马河历史文化的研究和开展的一系列活动，媒体一直很重视。乔大壮墓茔重建落成谒墓活动，就有十余家四川及成都市媒体的报道。

《成都晚报》2018年9月28日以《中国第一神奇古渡渡船一摆就是一千六百年》为题配图报道了金马河历史文化，双流区政协的《双流文史》第23辑以《古渡擦耳岩》为题介绍了双流金马河历史，双流媒体还有《双流擦耳岩神奇的千年古渡》等相关文章及报道。

媒体很关心金马河历史文化的研究和相关活动，也十分关注本书的出版，特别是双流融媒体，在此表示感谢。

六、家人的支持

对金马河的考察研究和写作过程中，离不开家人的支持。爱人与我是初中同班同学，同是双流金桥镇人，她自然也很支持我，支持考察挖掘家乡的历史文化。

2019年，我在写作本书的同时，还应邀担任了双流区委史志办《乔大壮人物专辑》的编辑撰写工作。

不幸的是，爱人生病了。爱人身体一直不好，多病缠身。2002年，爱人患子宫癌并做了切除，2019年上半年又被查出颈腺癌等病，不得不频繁地住院治疗。我也不得不放下写作去照顾、护理她。爱人知道我的写作需要时间，她身体稍好些后，便主动承担家务，尽量腾时间给我，这才使我较顺利地完成了写作和编辑任务。

家人支持不言谢。要谢的是，当年我俩都是受家乡的推荐读书离开农村的。感激家乡，是我俩永远的心愿。为挖掘和研究家乡的历史文化做事，是应该的，也是我们永远的乡愁。

附文：

棠湖熏风邀芳园

我是1977年离开家乡出去读书工作的，2014年退休回到家乡，对家乡双流的文史专家都不认识。于是，有时间，就想拜访认识双流的文史专家。

秋天来了，天气凉爽起来，该是相邀好友喝茶聊天的时候了。我打电话邀约了人见面喝茶，这人是五十二年前，给我留下深刻印象的一位老师。

我们相约在双流棠湖公园熏风楼边，棠湖中学大门前见。

这天上午，天气晴朗，阳光明媚，空气格外清新。我来到相约点后，给老师打了个电话，他很快就来了。

图17 双流棠湖熏风桥

老师骑一辆山地自行车，穿一件圆领短袖浅色绵绸衫，一条浅灰色休闲裤，一双胶底运动鞋。老师下了车，双手扶着车把，看起来瘦高健硕，灰白的头发，健康阳光、精神矍铄。

老师姓陈，叫陈伟芳。

棠湖公园的熏风楼，楼下一弯棠湖溪水，溪水上游边有一座小山，山上一座高高的七层塔，叫熏风塔，溪水清澈见底，溪边树木成荫，临溪摆着几张雅致的茶桌和藤椅。

"这儿好，这儿好。"陈老师架好自行车，在溪边的一张茶桌前说着。

我便与陈老师选了一张茶桌面对面坐下，要了两杯飘雪。

"这里宁静清爽，棠湖水柔美，有灵气。"陈老师不停地赞美。

陈老师手里拿着两本印刷精致的16开书，他递了过来，对我说，这是他新近出版的书，赠予我。我受宠若惊，忙双手接了过来。这两本书都是陈老师编著的，一本是《海棠——中国成都首届海棠花节》，另一本是芳园典藏刘沅诗文碑帖古籍善本《问道槐轩》，很珍贵。

两个月前，我与陈老师已经见过一次面。见面的前一天，陈老师打电话给我。

"喂，你是蒋剑康吗？"

"啊，啥事？"我很不礼貌，爱理不理地回答，显得有些不耐烦。这年头，诈骗电话太多，还知道你的名字。

"我是陈伟芳。"

对方停顿了一下，显然感觉到我的态度欠佳，但还是继续打电话给我，说明来意。

"明天，乔大壮九十多岁的儿子乔新教授及一行人，要来双流祭祖，请你来陪同一下。"

"好！好！"我一听，是说乔大壮的儿子乔老及后人来双流的事，连忙答应。其实之前，乔老已经与我通了电话，说他要来双流，并相约见面。

乔新，南京航空航天大学教授，乔大壮的小儿子。乔大壮是民国时期的著名词人、书法篆刻艺术家，在文化艺术界享有极高声誉；乔大壮的祖父乔树枏，是清朝末年的学部左丞，祖孙俩都入土于我们双流金桥镇的金马河边。我这几年考察家乡双流岷江金马河，写了一本考察纪实《神秘美丽的双流岷江河畔》，其中提及乔大壮及乔树枏之事。就因此事，乔老知道了我，陈伟芳老师也知道了我。

第二天，我们在双流文物管理所见面了。因是接待乔新教授及一行人，我与陈老师交谈较少。

来到金桥镇鲢鱼社区，乔大壮的墓茔地路边，在片刻的小憩中，陈老师问我是哪里人，现住哪里。我说是擦耳岩人，现住成都。他又问我小时候在哪里读书，我说擦耳岩李家寺小学。"知道有一年老师跳《逛新城》舞蹈不？"陈老师又问。我说："知道知道。"那是1965年的六一儿童节，学校搭台表演节目，那年我十岁，我还上台朗诵《把牢底坐穿》的诗。学校最后的压轴节目，是老师表演的舞蹈《逛新城》，由一位帅气的男老师和一位漂亮的女老师表演。这让我们生长在农村，从来就没有见过文艺表演的孩子大为惊叹，自然留下了一辈子的深刻印象。女老师姓周，是我初中班主任裴老师的爱人，男老师是谁，一直不知道。

"那年我二十岁，在擦耳岩李家寺小学教书，跳《逛新城》的那个男的，就是我。"

没想到，当年帅气十足的文艺青年老师，就是眼前的陈老师，我感叹万分。

此时，陈老师拿出我写的那本考察纪实册子，翻了几页，转了话题，指着册子对我说："你是花了不少功夫的。"

图 18　笔者与陈伟芳专家、乔新教授在一村民家门前小坐交流

我本想说说所写册子内容之事，请教陈老师，不过本次出行是以接待乔新教授之事为主，小憩片刻，我们结束话题走了。

当时，我对陈老师并不了解，回来后做了点功课，网上一搜，陈老师了不得，现是双流的一位硕果累累、学识渊博的知名文史专家！

短暂的第一次接触，陈老师留给我的是亲切和蔼、没有距离感的一位文化长者形象。

这次邀陈老师棠湖喝茶，是要请教陈老师，我考察研究岷江金马河的历史文化问题。陈老师侃侃而谈，就我提出的问题作答。

陈老师还就我们双流区的历史文化摆谈开了。从瞿上文化摆到了槐轩文化，从刘沅"川西夫子"摆到了乔大壮"词坛飞将"，从双流东边的牧马山摆到了双流西边金马河。我也就金马河自古就是岷江正流、擦耳岩千年古渡原理、发现擦耳岩百年前廊桥地址等问题，与陈老师交流。

突然，陈老师的手机响了，是陈老师的夫人打来的，叫陈老师回家吃饭了。原来，不知不觉已过中午十二点，到了该吃午饭的时候了。我与陈老师谈兴正浓，陈老师回了夫人话，"不回来了，你自己吃"。

但肚子还真的感觉饿了，若去找地方吃饭，就断了话题，败了兴头。陈老师说："干脆我们不走，就在这里叫碗面吃如何？"我说"要得"，于是就叫茶店老板给我们来两碗小面，又继续了我们的话题。

过了一会儿，面来了，我们边吃边聊。放下筷子，又继续聊。

哪知，小面下了肚，一会儿的功夫，人的倦意来了。吃了午饭，多数人是要午睡的，陈老师与我也不例外。于是，我们不得不终止摆谈。

陈老师站起身来，向我摆了个手势说道："我们不是终止摆谈哈，是暂告一段落，下次相邀再摆。"

陈老师来到停在树边的自行车旁，扶着车把，蹬开脚架，骑上车走了。

我目送陈老师离去。

我虽也有倦意，但与陈老师交谈的兴趣还未消。于是，从熏风楼进了棠湖公园，顺着棠湖溪水去了熏风塔。

我一路翻阅着陈老师送的《问道槐轩》，其中有刘沅撰文的《双流熏风楼记》，芳园书释为：熏风楼在城南熏风塔下，登楼眺览，玉垒西浮，岷江东注，甘泉北涌，牧马南环，胜迹地灵，有西蜀岳阳楼之喻，为双流古迹之一。

我翻阅欣赏着美文，不禁来到熏风塔楼处，合上书，绕楼一周，欣赏了一番熏风美景，品味了楼柱横梁上的楹联横匾。可惜的是熏风阁楼门关着，没能登上楼阁。

悻悻下来，绕棠湖及亭榭漫游一圈，又欣赏了陈老师及双流名家们的亭柱楹联。

图 19　陈伟芳所书楹联

快出棠湖大门时，一堵屏风墙吸引了我，墙背上有一方新刻文《瞿上海棠赋》，这是一方与棠湖永久共存的美文，落款为：陈伟芳撰并书。

我忽然想起，手里还拿着陈老师送我的两本书，一本是陈老师编撰的《海棠——中国成都首届海棠花节》，一本是芳园典藏刘沅诗文碑帖古籍善本《问道槐轩》。

芳园，何许名士？陈伟芳，字明德，号石语堂主、石室主人，别署芳园。研习诗、书、画、印五十年，其作品多次参加全国和国际展等，其人其作被收录于《中国当代书法名家墨迹》《中国当代书法篆刻家辞典》《中国当代艺术界名人录》等书中,陈老师多年潜心于地方历史文化、文物古迹的收集、整理、研究及其开发利用。先后撰写了《双流中学赋》《双流赋》《瞿上海棠赋》等,发表了《华阳出土东汉纵目古俑考》《双流西晋社稷刻石》《黄龙溪黄龙甘露碑》《刘沅老子辨石刻拓本考》《静惠禅师祠堂记石刻》等文,参编双流历史文化丛书之《双流历代书画名人》《双流历代诗钞》《双流历代词集》,并参与《古镇黄龙溪》《千古蚕丛路 沧桑话双流》等书的撰写,出版了《陈伟芳书画篆刻艺术》《瞿上风物——陈伟芳诗书画印作品集》《问道槐轩》《海棠——中国成都首届海棠花节》等著作。

图20 双流棠湖公园陈伟芳撰书《瞿上海棠赋》

陈伟芳老师是硕果累累的文史专家,诗赋书法艺术家。

双流棠湖,不光有海棠,有翠湖,有熏风楼塔,更有文人墨客,有浓郁的历史文化氛围。棠湖熏风邀芳园,在这块历史文化氛围浓郁的美景胜地,与老师面对面地交流畅谈,接受老师的一次指教,这让我余生够用了。

图21 陈伟芳艺术馆典藏暨《双流历代碑记》拓本写本特展

想到此,我忽然暗笑起来,这老头儿好,一杯清茶、一碗小面就可以了。

我想着，下次在哪里又邀他。

不得不说，陈伟芳老师对我考察研究金马河指导很多。

一年后，陈老师又于 2018 年 10 月 9 日，在成都双流棠湖公园举办了陈伟芳艺术馆典藏暨《双流历代碑记》拓本写本特展。此次特展内容包括陈伟芳先生的书法作品和五十年历藏珍品，可谓让人大饱眼福。

主要参考资料

一、文献集成

冯广宏. 都江堰文献集成：历史文献卷·先秦至清代［G］. 成都：巴蜀书社，2007.

四川省地方志编纂委员会. 四川历代方志集成：第二辑（10）（温江县志嘉庆版、民国版）［G］. 北京：国家图书出版社，2015.

四川省地方志编纂委员会. 四川历代方志集成：第二辑（13）（灌县志民国版）［G］. 北京：国家图书出版社，2015.

四川省地方志编纂委员会. 四川历代方志集成：第二辑（18）（新津县志康熙版、道光版）［G］. 北京：国家图书出版社，2015.

四川省地方志编纂委员会. 四川历代方志集成：第二辑（7）（双流县志嘉庆版、光绪版、民国版）［G］. 北京：国家图书出版社，2015.

四川省水利电力厅，重庆市水利电力局. 巴蜀江河辞典［Z］. 2004.

宋育仁. 重修四川通志稿（外一种）［G］. 王嘉陵，整理. 北京：国家图书出版社，2015.

吴会蓉，冯广宏. 都江堰文献集成：历史文献卷·现代卷［G］. 成都：巴蜀书社，2013.

二、史志

成都市交通局，中国民用航空西南管理局，成都铁路分局，四川省地方铁路局彭山分局. 成都市交通志［Z］. 成都：四川人民出版社，1994.

成都市政协文史学习委员会. 成都文史资料选编：解放战争卷上·黎明前夜[G]. 成都：四川人民出版社，2007.

都江堰市地方志办公室. 都江堰市志（1986—2005）[Z]. 北京：方志出版社，2013.

冯广宏. 岷江志[Z]. 成都：四川省水利电力厅，1990.

罗元黼. 崇庆县志校注[M]. 周九香，校注. 成都：四川大学出版社，2014.

双流县地名领导小组. 四川省双流县地名录[Z]. 内部资料，1988.

双流县交通局. 双流县交通志[Z]. 内部资料，2008.

双流县交通局编纂办公室. 双流县交通志[Z]. 内部资料，1988.

双流县旧志丛书整理委员会. 双流县志（民国版）[Z]. 北京：中国文史出版社，2014.

双流县旧志丛书整理委员会. 双流县志（乾隆版）[Z]. 北京：中国文史出版社，2014.

双流县水利电力志编辑组. 双流县水利电力志[Z]. 内部资料，1986.

四川省崇庆县新县志编纂委员会. 崇庆县志（1911—1985）（增订版）[Z]. 四川省崇州市地方志办公室，增订. 成都：四川人民出版社，2015.

四川省崇庆县志编纂委员会. 崇庆县志[Z]. 成都：四川人民出版社，1991.

四川省崇州市志编纂委员会. 崇州市志（1986—2000）[Z]. 成都：四川人民出版社，2004.

四川省地方志编纂委员会. 都江堰市志[Z]. 成都：四川辞书出版社，1993.

四川省地方志编纂委员会. 四川省志·交通志（上册）[Z]. 成都：四川科学技术出版社，1995.

四川省灌县志编纂委员会. 灌县志[Z]. 成都：四川人民出版社，1991.

四川省夹江编史修志委员会. 夹江县志[Z]. 成都：四川人民出版社，1989.

四川省简阳县志编纂委员会. 简阳县志[Z]. 成都：巴蜀书社，1995.

四川省交通厅公路局. 四川省公路志[Z]. 成都：四川人民出版社，1994.

四川省双流区地方志编纂委员会. 双流县志（1911—1985）[Z]. 成都：四川科学技术出版社，2016.

四川省双流县地方志编纂委员会. 双流县志（1986—2005）[Z]. 成都：四川科学技术出版社，2011.

四川省双流县志编纂委员会. 双流县志[Z]. 成都：四川人民出版社，1992.

四川省温江县志编纂委员会. 温江县志[Z]. 成都：四川人民出版社，1990.

四川省新津县志编纂委员会. 新津县志（1986—2005）[Z]. 北京：方志出版

社，2012.
四川省新津县志编纂委员会. 新津县志［Z］. 成都：四川人民出版社，1989.
中华文化通志编委会. 中华文化通志：水利与交通志［Z］. 上海：上海人民出版社，1998.

三、专著

常璩. 华阳国志校补图注［M］. 任乃强，校注. 上海：上海古籍出版社，2017.
常璩. 华阳国志校注（增订版）［M］. 刘琳，校注. 成都：成都时代出版社，2007.
常璩. 华阳国志校注［M］. 刘琳，校注. 成都：巴蜀书社，1984.
冯广宏. 都江堰创建史［M］. 成都：巴蜀书社，2014.
郦道元. 水经注［M］. 史念林，等注. 北京：华夏出版社，2006.
郦道元. 水经注［M］. 易洪川，李伟，译. 重庆：重庆出版社，2008.
流沙河. 老成都·芙蓉秋梦［M］. 重庆：重庆大学出版社，2017.
宋如海，等. 古堰流芳福泽万世：都江堰［M］. 北京：中国大百科全书出版社，2012.
谭良啸，吴刚. 文物为成都作证［M］. 成都：成都时代出版社，2015.
谭徐明. 都江堰史［M］. 北京：中国水利水电出版社，2009.
田宏梁，王泽枋. 千年蚕丛路沧桑话双流［M］. 成都：四川辞书出版社，2006.
王泽枋. 双流100名人传［M］. 北京：中国文史出版社，2008.
章夫. 水润天府［M］. 成都：成都时代出版社，2007.
宗良. 往事如烟［M］. 内部资料，2012.

四、论文

成都二江考［M］//蒙文通. 巴蜀古史论述. 成都：四川人民出版社，2019.
林赶秋. 花重"锦官城" 风烟望"五津"［N］. 成都晚报，2018-5-4.
刘沅. 内江外江考［Z］//双流县旧志丛书整理委员会. 双流县志（民国版）. 北京：中国文史出版社，2014.
刘中文. "五津"究竟在哪里［J］. 中国地名（地名溯源），2018（12）.

刘中文."五津"小考[J].北方论丛,1997（6）.

秦代蜀民的社会贡献《关于兴修水利》[M]//任乃强.四川上古史新探.成都：四川人民出版社,2019.

肖姗姗,文莎."风烟望五津"里的五津在四川的哪条河上？[N].川报观察,2018-8-24.

一楼波外许抠衣——钱钟书与乔大壮[M]//庞惊涛.钱钟书与天府学人.成都：四川人民出版社,2018.

张起."五津"寻踪[J].中华文化论坛,2012（2）.

周洁薇.几千年舟船过渡的历史　三渡水：唐诗吟咏的古渡口[N].成都晚报,2009-11-19.

声 明

本书多数图片为本人摄影，但也用了一些专家学者、老师和好友的摄影作品，在此向专家学者、老师和好友说声谢谢。此外，也有从大众媒体上引用的图片和文章文字等，书中已尽量注明引用出处和原作者，但也有些找不到原作者姓名和联系方式的，在此特向原作者致歉，并敬请原作者与我联系。联系方式：13281816511。

本书对金马河的考察研究和出版，得到了成都市双流区金桥镇（现彭镇）党委、政府的资助支持，谨此致谢！